DESCUBRIMIENTO DE LA VERDAD DE SANTERÍA

Publicado inicialmente en el idioma Inglés en 1982, *The Santería Experience* recibió aclamación crítica como el relato autobiográfico de una mujer sobre un sistema mágico-religioso que continúa siendo un enigma para el mundo cristiano. Ahora Llewellyn está orgulloso de presentar esta obra clásica sobre Santería en su nueva y extendida edición en Español. Migene González-Wippler fue la primera escritora en revelar los complejos rituales de Santería al público de habla inglesa. Como investigadora y practicante, Migene habla de sus experiencias personales en la religión y describe los extraños poderes de los sacerdotes y por qué son tan renuentes en discutir su religión con extraños.

Esta edición revisada contiene un apéndice sobre las prácticas mágicas de Santería, proporcionando formas en las cuales usted puede participar en esta religión. Aprenda cómo invocar Orishas específicos (deidades) para ayudarle a lograr sus objetivos. Invoque a Oshún para ayudar a atraer el amor de alguien o invoque Elegguá para abrir sus caminos y atraer la buena suerte. El libro también le enseñará cuál Orisha es su protector o ángel guardián. Permítale que le ayude a armonizar sus fuerzas interiores, y habrá descubierto tal vez el regalo más grande que Santería le puede ofrecer.

LA AUTORA

Migene González-Wippler nació en Puerto Rico y es licenciada en Psicología y Antropología por las universidades de Puerto Rico y Columbia. Ha trabajado como redactora científica para la Interscience Division de John Wiley, el Instituto Americano de Física y el museo de Historia Natural Americano de Nueva York, y como redactora de inglés para las Naciones Unidas en Viena donde ha vivido durante muchos años.

CORRESPONDENCIA

Para contactar o escribir a la autora, o si desea más información sobre este libro, envíe su correspondencia a Llewellyn Worldwide para ser remitida al autor. La casa editora y el autor agradecen su interés y comentarios en la lectura de este libro y sus beneficios obtenidos. Llewellyn Worldwide no garantiza que todas las cartas enviadas serán contestadas, pero si le aseguramos que serán remitidas al autor.

Favor escribir a:

Migene González-Wippler
℅ Llewellyn Worldwide
2143 Wooddale Drive, Dept. 1-56718-335-2
Woodbury, MN 55125-2989 U.S.A.

Incluya un sobre estampillado con su dirección y $US1.00 para cubrir costos de correo. Fuera de los Estados Unidos incluya el cupón de correo internacional.

SANTERÍA

MIS EXPERIENCIAS EN LA RELIGIÓN

MIGENE GONZÁLEZ-WIPPLER

Traducido al idioma Español por
Alberto Rodríguez y Edgar Rojas

Llewellyn Español
Woodbury, MN 55125-2989
U.S.A.

PRIMERA EDICIÓN
Primera impresión, 1999
cuarta impresión, 2005

Edición y coordinación general: Edgar Rojas
Editor colaboradora: María Teresa Rojas
Diseño del interior: Pam Keesey
Diseño de portada: Anne Marie Garrison
Título original: *The Santería Experience*
Traducción: Alberto Rodríguez y Edgar Rojas

Librería del Congreso. Información sobre esta publicación.
Library of Congress Cataloging-in-Publication Data

González-Wippler, Migene.
    [Santería experience. Spanish]
    Santería : mis experiencias en la religión / Migene González-
Wippler ; traducción, Alberto Rodriguez y Edgar Rojas. — 1ª. ed.
    p.   cm.
    Includes bibliographical references and index.
    ISBN: 1-56718-335-2 (trade paper)
    1. Santeria. 2. González-Wippler, Migene. I. Title.
[BL2532.S3G6718   1998]
299'.674--dc21   98-36044
                                                       CIP

Llewellyn Español
Una División de Llewellyn Worldwide, Ltd.
2143 Wooddale Drive, Dept. 1-56718-335-2
Woodbury, MN 55125-2989 U.S.A.
www.llewellynespanol.com

CONTENIDO

PRÓLOGO

Santería: mis experiencias en la religión es un relato autobiográfico de la iniciación de la niñez a una religión practicada clandestinamente. La señora González-Wippler ignora intencionalmente el denso y a menudo enmarañante oscurantismo empleado siempre por la mayoría de los escritores de Santería. En su lugar, ella recompensa a sus lectores con el impacto primitivo y emocional de sus experiencias personales con una religión que es tal vez una de las influencias más significativas en los pueblos hispánicos del Caribe.

Santería, como otras antiguas religiones, es transmitida a través de la tradición oral de una generación a otra. Contiene no sólo la historia de un pueblo resuelto a sobrevivir contra la subyugante desigualdad, sino también su comportamiento ritual, inscrito enérgicamente en su conciencia a través del constante sufrimiento y persecución.

El desarrollo del interés académico en los beneficios sociales y psicológicos que se van a ganar a través de la práctica de Santería ha tenido como resultado muchos proyectos de investigación, principalmente patrocinados por los departamentos de psiquiatría de muchas escuelas médicas. Entre los más prominentes investigadores están la doctora Vivian Garrison de la Facultad de Medicina de Nueva Jersey y la Doctora Mercedes Sandoval de la Facultad de Medicina de la Universidad de Miami. La actual investigación está en su mayoría dirigida a entender mejor la práctica de los efectos de Santería en sus creyentes y cómo les ayuda a enfrentar los problemas de ajuste. Cantidades cada vez más grandes de norteamericanos, tanto negros como blancos, están practicando Santería y son también el objeto de mucha especulación e interés académico.

Santería emergió como una lucha por la sobrevivencia cultural e ideológica entre el esclavizado pueblo Yoruba africano occidental y la iglesia católica romana en unión con el imperio español. Los esclavos transformaron la forzada adoración de los santos católicos en la enmascarada adoración de sus ancestros espirituales. Durante siglos, el resultante sistema mágico religioso siguió siendo un enigma para el mundo cristiano. Sólo hasta hace poco han salido a la luz algunas de las prácticas tradicionales de Santería. El primer estudio importante se tituló *Negros brujos*, escrito por Fernando Ortiz en Cuba aproximadamente en 1902 y disponible sólo en español. El siguiente trabajo importante, *El monte*, también sólo disponible en español y considerado como el estudio definitivo de Santería, fue escrito en Cuba por Lydia Cabrera, sobrina de Ortiz.

A diferencia de Ortiz y Cabrera, quienes describen la Santería en términos objetivos, González-Wippler informa sus propios encuentros con la religión tanto como investigadora como practicante. Ella es la primera escritora que presenta al público de habla hispana todo el impacto emocional y los complejos rituales de Santería.

Debe anotarse que Santería no está confinada al Caribe y Sudamérica. Como resultado de la migración de grandes cantidades de Caribeños hacia los Estados Unidos y Canadá, es ahora practicado en las grandes ciudades de estos países, ganando inevitablemente conversos entre muchos norteamericanos de variadas clases étnicas. Estas contracorrientes de reciente migración han encendido nuevo interés en la herencia cultural hispana y africana de América.

Según la doctora Mercedes Sandoval, "La razón por la cual Santería ha emergido tan poderosamente reside precisamente en la esencia intrínseca de este complejo religioso. Santería es el resultado de un proceso de trescientos años de aculturación que todavía no se ha completado. Puesto que está siempre abierta a nuevas creencias, nuevos dioses y nuevos rituales, la Santería está siempre bien preparada para lidiar con nuevas situaciones y beneficiarse de ellas".

Santería: mis experiencias en la religión suministra una intuición personal especialmente valiosa en la "habilidad" de Santería para aprovechar lo mejor de cualquier situación. También de gran valor son las interpretaciones personales de la señora González-Wippler acerca de los poderes de los Orishas y su papel importante en el desarrollo de la mente humana.

— Andrés I. Pérez y Mena

PREFACIO

DE LA EDICIÓN REVISADA Y AMPLIADA

La primera edición en Inglés de *The Santería Experience* fue publicada por Prentice-Hall en 1982 y recibió la misma aclamación crítica disfrutada por mi primer libro sobre el tema, *Santería: African Magic in Latin America* (Crown, 1973). Incluso ambos libros sufrieron lo que yo llamo el síndrome de Santería, en efecto, errores causados por la reticencia tradicional del sacerdocio de Santería. Los sacerdotes y sacerdotisas de Santería (conocidos como santeros y santeras), usualmente rehusan a discutir los secretos de la religión con extraños. Cuando se ven obligados, a menudo dan información errada al investigador. Mi primer libro, basado en gran parte en esta falsa información, contenía muchos errores. El segundo libro, *The Santería Experience*, ha tenido mejor aceptación debido a que durante el período entre los dos libros yo había recibido varias de las iniciaciones de Santería y había ganado la confianza y el respeto de muchos miembros del sacerdocio de Santería. Algunos errores todavía se introdujeron, pero fueron debido principalmente a información de segunda mano. No fue sino hasta que escribí *Santería: The Religión* (Harmony Books/Crown, 1989) que pude presentar al mundo académico y al público en general un tratado correcto y minuciosamente revisado sobre el tema de Santería. Por entonces conocía las prácticas y rituales de esta religión en alguna profundidad y podía discernir la verdad de la falsedad en los datos recibidos. Incluso, a pesar de los errores contenidos en los primeros dos libros, son considerados trascendentales porque ilustran el celo con el cual los santeros guardan los misterios de su religión.

Santería: mis experiencias en la religión era y todavía es un libro polémico porque trata abiertamente con uno de los aspectos más controversiales de Santería: el sacrificio de animales. Todas las principales religiones del mundo están involucradas en rituales de sangre pero han encontrado formas de practicar estas antiguas ceremonias sin ofender las sensibilidades públicas. Las leyes de sacrificio judías e islámicas son muy estrictas y de conformidad con los códigos de salud. Aún los rituales de purificación de Keporoth, practicados por los judíos hasidicos en la víspera de Yom Kippur y que culminan con el sacrificio de miles de pollos, es hecho con la aprobación de las agencias de la ciudad.

La mayoría de los animales sacrificados en los rituales de Santería son comidos por los practicantes. El problema que tienen es que no están organizados y no tienen licencias para sacrificarlos. Su insistencia en salvaguardar los secretos de su religión agrava los problemas de los santeros porque mucha gente considera que la razón de estos secretos puede ser que los santeros tengan algo que ocultar. Esto no es cierto. En todos los años que he estado investigando las prácticas de Santería nunca he visto u oído de alguna costumbre siniestra relacionada con la religión. Lo que los santeros están protegiendo es su sistema iniciatorio, altamente complejo, del cual el sacrificio animal es sólo una pequeña parte. El sistema iniciatorio de Santería se ocupa de antiguos misterios de la tierra y la extracción de impresionantes poderes cósmicos. Esto es lo que los santeros están tratando de proteger.

Me gustaría dar un ejemplo de los poderes cósmicos que acabo de mencionar. El mismo año en que *Santería: mis experiencias en la religión* fue inicialmente publicado, mi madre sufrió una embolia que la dejó completamente paralizada y cerca de la muerte. Estaba tan enferma que su médico privado me dijo que su condición era desesperada y que deberíamos prepararnos para lo peor. Estaba perturbada por las noticias. Soy hija única y siempre fui muy apegada a mi mamá. Por entonces, el babalawo Pancho Mora, a quien menciono en el capítulo 14 de este libro, estaba todavía vivo. El babalawo es el alto sacerdote de Santería, y el depositario de poderes muy reales y extraordinarios. Pancho Mora era el más viejo de los babalawos, un hombre sabio y compasivo, con mucho conocimiento. El me había dado dos de las principales iniciaciones de Santería, Elegguá y los Guerreros y el *Cofá* de Orúnla, lo más cercano que una mujer puede llegar a los misterios del babalawo.

Tan pronto como me enteré que mi madre no iba a sobrevivir fui a ver a Pancho Mora. Varios meses antes el anciano me había dicho que uno de sus talentos especiales era negociar con la muerte por la vida de un ser humano. Este talento estaba ligado a una de las leyendas de Santería, en la cual Orúnla, el Orisha patrón/santo del babalawo, cerró un trato con la muerte. Este trato concede a Orúnla y a sus sacerdotes, los babalawos, el poder de mantener a la muerte lejos de una persona sin importar su condición. No todos los babalawos tienen el poder de alejar a una persona de la muerte, sólo aquellos con ciertos conocimientos.

Sabía que la idea de que algún antiguo y primitivo ritual pudiera salvar a mi mamá de la muerte desafiaba toda lógica, pero estaba desesperada. Y mis experiencias con Santería me habían enseñando que hay misterios en esta religión que transcienden las fronteras de la imaginación.

Cuando le expliqué a Pancho Mora la condición de mi mamá él me dijo que ella tenía que recibir varios rituales de purificación con algodón, manteca de cacao, cascarilla —cáscara de huevo en polvo— y dos palomas blancas. Las palomas debían ser frotadas cuidadosamente sobre su cuerpo y luego liberadas para que pudieran volar lejos. Ella debía entonces usar un brazalete hecho de cuentas intercaladas en amarillo y verde, conocido como el *idé* o la "bandera de Orúnla". El me dio el brazalete con instrucciones especiales sobre como debía ser puesto en su muñeca. Este brazalete era una señal para que la muerte no se llevara a la persona que lo usara. Quien lleve este brazalete no puede morir, me dijo, hasta que un acuerdo haya sido alcanzado entre la muerte y Orúnla o sus sacerdotes. Si hay razones kármicas por las cuales la persona que usa el brazalete debe morir, este debe ser retirado. Mientras sea usado, la muerte no puede atacar a esa persona. El brazalete, que todos los babalawos usan por obvias razones, me había sido dado por Pancho Mora cuando recibí el *Cofá*, y ya sabia de sus supuestos poderes.

No fue fácil dirigir las purificaciones ordenadas por el babalawo en una unidad de cuidado intensivo, pero el doctor de mi mamá era un viejo amigo de la familia y pude conseguir su ayuda para los rituales. Tan pronto como las purificaciones fueron hechas, amarré el brazalete en la muñeca de mi mamá. Debido a que las cuentas eran muy pequeñas, el cordón en el cual estaban ensartadas era muy delgado y lo aseguré anudándolo varias veces. La única forma de quitarlo era cortando el hilo.

Tan pronto como se completó el ritual, la condición de mi mamá mejoró dramáticamente, se le quitó el respirador y aunque todavía estaba paralizada, fue trasladada de la unidad de cuidados intensivos y llevada a un cuarto semi-privado. Ella compartía este cuarto con una anciana que estaba gravemente enferma de cáncer del estómago.

Varios días después fui a ver a mi mamá y, para mi total asombro, vi que el brazalete había sido removido de su muñeca y colocado cerca de la mesa de noche. Lo que era doblemente extraño era que el brazalete había sido removido sin desatar los nudos que yo había hecho en el hilo. De pronto me sentí oprimida, como si una sombra oscura hubiera entrado al cuarto. La atmósfera parecía irrespirable y sentí que tenía que salir para buscar aire fresco. Le dije a mi hijo, que estaba conmigo, que se quedara con mi mamá mientras salía durante unos minutos.

Tan pronto como salí del cuarto sentí como si un gran peso hubiera sido quitado de mis hombros. Inmediatamente fui al puesto de la enfermera y le pregunté quien le había quitado el brazalete a mi mamá y por qué, ya que su doctor había permitido su uso por razones religiosas. La enfermera jefe llamo inmediatamente a las otras enfermeras en el piso y les preguntó si alguna de ellas había quitado el idé. Pero ninguna de las enfermeras que estaban de turno ni las que habían estado antes sabían nada del brazalete. Sintiéndome más desconcertada que nunca, volví al cuarto de mi mamá.

Tan pronto entré a la habitación me di cuenta que el cuarto estaba más ligero. Me senté cerca de mi mamá y recogí el brazalete otra vez. Miré cuidadosamente los nudos, que parecían más apretados que nunca. Después de unos minutos mi hijo me preguntó si no notaba algo diferente en el cuarto. Dije sólo que se sentía menos opresivo. El me dijo entonces que mientras yo había estado fuera la señora que compartía el cuarto de mi mamá había muerto. Su cuerpo había sido sacado fuera de la habitación y su cama cambiada. Mi cabello se puso de punta a medida que él me contaba la historia. De pronto recordé que Pancho Mora me había contado que la muerte no puede llevarse a nadie que use el idé, o entrar a un cuarto donde se use el brazalete. ¿Era esa la razón de por qué el idé de mi mamá había sido removido? Y ya que yo estaba también usando un idé, ¿tenía yo que salir del cuarto para que la muerte pudiera entrar? Sé que estas preguntas son incontestables. Todo lo que sé es que mi mamá vivió once años después de esta experiencia. Ninguno de los especialistas que la vio entonces puede entender cómo pudo ella haber sobrevivido tan terrible enfermedad.

Me tomé algún tiempo para contar esta historia muy personal porque ayuda a ilustrar algunos de los extraños poderes de los sacerdotes de Santería y las razones de por qué son tan renuentes en discutir su religión con extraños. Historias como la que acabo de relatar son muy comunes en Santería. Están entre las muchas razones, aunque no las más importantes, de por qué esta religión Afro-cubana continúa creciendo en popularidad.

La razón más importante para la popularidad de Santería no son los poderes ganados a través de las iniciaciones y la adoración de deidades africanas, sino más bien el conocimiento de si mismo que es adquirido a través de la identificación con las fuerzas y ritmos naturales; la maravillosa integración del alma humana con el alma de la naturaleza; la comprensión de antiguos misterios, y la adquisición de una sabiduría al parecer perdida en la confusión de nuestra sociedad moderna.

Esta primera edición de *Santería: mis experiencias en la religión* ha sido ampliada para incluir algunas de las prácticas mágicas de los santeros. Ha sido también revisada y corregida. Es un libro muy personal y, porque es autobiográfico, es también revelador. Espero que su mensaje sea entendido y que la magia de Santería llegue a cada lector.

— Migene González-Wippler
New York, verano de 1998

INTRODUCCIÓN

¿Quiénes son estos "trabajadores milagrosos" conocidos como santeros? ¿Y qué es Santería? Estas preguntas me las he hecho muchas veces desde la primera vez que escribí acerca de esta religión. Todavía estoy buscando las concluyentes y axiomáticas respuestas. Dudo que alguna vez las encuentre, porque Santería es una religión de misterio, y las religiones de misterio no están destinadas a ser totalmente entendidas. Uno sólo puede entender su esencia. Su verdadero significado está para siempre oculto, al estilo de un témpano de hielo, en las profundidades de la inconsciencia humana.

Los misterios de Santería están profundamente arraigados en el suelo africano, en el país de Nigeria, la patria del pueblo Yoruba. Con la trata de esclavos, miles de yorubas fueron traídos al nuevo mundo durante los pasados cuatro siglos. Con ellos trajeron la colorida mitología y las prácticas mágicas de su religión, conocidas en Cuba como Lucumí y en Brasil como Macumba.

En Latinoamérica los Yorubas fueron profundamente influenciados por la fe católica y particularmente por los santos católicos, los cuales ellos identificaron con sus dioses y diosas. Este sincretismo o combinación espontánea de las religiones Yoruba y católica, dio nacimiento a la Santería, una palabra que significa la adoración de santos. Los dioses Yoruba, u Orishas, llegaron a ser conocidos tanto por sus nombres católicos como africanos. Algunas veces un Orisha masculino se identificaba con una santa. Un caso típico es el de Changó, el dios del fuego, identificado con Santa Bárbara, virgen mártir de la edad media.

Los Orishas son la mismísima alma de santería. El objetivo central del santero es adorar a los santos, guardar sus fiestas, obedecer sus órdenes y dirigir sus rituales. A cambio de esta absoluta sumisión, él gana grandes poderes sobrenaturales, protección contra el mal, y la habilidad de predecir el futuro e incluso controlarlo ese futuro según su voluntad.

Con todos estos beneficios complementarios y atractivos, Santería no tiene problema con las relaciones públicas. En los pasados doscientos años, muchos millones de personas en latinoamérica (y más recientemente en los Estados Unidos) han sido iniciados en la religión. Pero a pesar de la siempre creciente popularidad de Santería, no es fácil irrumpir en sus filas interiores.

La razón de por qué el santero es tan renuente a aceptar nuevos conversos es precisamente su celo y devoción a su fe. Profundamente consciente de la curiosidad y codicia que los poderes de los Orishas pueden despertar en el corazón humano, el santero cautelosamente huye de la mirada pública y practica su religión en el más grande secreto. Usted tiene que ser muy cordialmente recomendado por alguien para que un santero le permita entrar en la privacidad de su hogar. En este punto probablemente llevará a cabo un registro, o proceso de adivinación especial, para averiguar exactamente quien es usted, cuales son sus intenciones, y si merece ser admitido en los secretos de su fe.

Si usted pasa esa prueba inicial, su viaje acaba de empezar. Porque él entonces lo someterá a un período de espera, durante el cual probará aún más su carácter y fuerza interior. Sólo después de que esté completamente satisfecho de que sus intenciones son honorables y su fe inquebrantable accederá a iniciarlo en los misterios de Santería.

Y hay muchas iniciaciones. Durante la primera iniciación, uno recibe los cinco *collares*, conocidos como los *elekes* de Santería. Cada collar es hecho de cuentas de colores diferentes y está consagrado a uno de los cinco más poderosos santos. La última iniciación es conocida como el *asiento* y durante la ceremonia el santo que se cree que es la "madre" o el "padre" del iniciado toma total posesión de él, invistiéndolo en este momento con todos los poderes sobrenaturales del santo. Efectivamente, la intención de la ceremonia es acondicionar (*asentar*) la mente y cuerpo del iniciado de forma que pueda llegar a *ser* el santo que preside la iniciación. En un sentido, la ceremonia del asiento es una forma de renacimiento, y la personalidad que emerge después de la iniciación es completamente nueva, espiritual y psicológica.

Después de la ceremonia del asiento, el santero es investido con el potencial sobrenatural del santo en cuyos misterios fue iniciado. Esto significa que los poderes están en él hasta el punto en el cual él los desarrolle. Mientras más grande sea la dedicación y devoción del santero a su santo, mayores son sus poderes sobrenaturales. Un santero totalmente desarrollado puede adivinar el futuro con extraña exactitud y sus proezas de magia pueden asombrar a la imaginación.

Intrincadamente vinculados a cada iniciación están los juramentos de secreto que acompañan cualquier religión de misterio. Estos votos son severamente guardados en Santería, y son otra razón de por qué el santero es tan reticente con los extraños, tan renuente en discutir sus creencias religiosas. Cuando escribí mi primer libro sobre Santería, sufrí el enojo de muchos santeros, que afirmaban que yo había revelado muchos de los secretos de iniciación y prácticas mágicas al público en general. Aunque algunos otros escritores habían levantado el velo de secreto de la religión, yo fui la primera en escribir acerca de Santería en el idioma inglés, despertando mucho interés en las personas de habla inglesa de todas las clases sociales. Como resultado, numerosos grupos de estudio de Santería fueron formados por todos los Estados Unidos, particularmente en Nueva York y California. En Inglaterra, la Universidad de Cambridge encomió el libro e inició una serie de estudios de la religión. Este ejemplo fue seguido por la Universidad del Estado de Iowa, la Universidad de California y varias otras universidades americanas.

Naturalmente, los santeros vieron con malos ojos todo el interés en sus asuntos privados, y la culpa fue puesta resueltamente a mis pies. Durante este tiempo yo no había sido iniciada aun en ninguno de los misterios de la religión, y por lo tanto no estaba bajo ningún juramento de secreto que me prohibiera revelar los secretos de Santería. Siendo un aleyo o no iniciado, no podía ser castigada por mi indiscreción. Esto fue de suerte para mí porque no es nada envidiable ser el receptor de la ira de un santero. Varios años más tarde, cuando pasé por mi primera iniciación (los collares) a la religión, mi *madrina* —la santera que me inició— me previno contra revelar ninguno de los detalles de esta impresionante ceremonia. "Usted no fue castigada una vez porque era una aleyo", me dijo con su sonrisa tan especial, "pero sí será castigada esta vez". Está demás decir que esta es una ceremonia que no describiré en detalle aqui.

Durante el transcurso de este libro, conocerá alguna gente fascinante y presenciará algunos sucesos extraordinarios. Todos son parte de mi larga experiencia con la Santería. No desperdiciaré su tiempo o el mío tratando de dar una explicación lógica a los fenómenos extraordinarios de Santería. Ya lo he hecho en otras ocasiones, pero no fue realmente necesario. Santería no necesita ninguna forma de apología. Es fuerte y es real. Experiméntela, deléitese en ella, y nunca volverá a ser el mismo.

CAPÍTULO UNO

YORUBA

Arecibo, empotrado en un pliegue de la costa noreste de Puerto Rico, es una de las ciudades más antiguas en el hemisferio occidental. Originariamente una aldea india gobernada por un cacique Taino llamado Aracibo, fue fundada por los conquistadores en 1616.

A finales de la década de los cuarenta, cuando tenía tres años de edad, mi mamá contrató a María, una negra de proporciones gigantescas para que fuera mi nana. La piel de María era como caoba brillante con tonos casi irisados, y su sonrisa era radiante. Nunca la vi enojada o triste, y si alguna vez ella fue presa de este deprimente mal humor humano, siempre me lo ocultó. Para mí María era muy bonita, y sólo tomaba mis comidas si ella comía conmigo y no me dormía a menos que se sentara a mi lado.

María me llevaba a todas partes donde iba: al lugar de mercado donde hacía nuestras compras diarias y al barrio pobre donde vivía su numerosa familia; a misa diariamente, porque era una devota católica; y al almacén de la vecindad donde apostaba ocasionalmente a la lotería. Mi mamá no veía con buenos ojos estas escapadas pero yo estaba tan saludable y tan feliz al cuidado de María que mi mamá con el tiempo se ablandó y la dejó encargarse totalmente de mí.

Cada mañana María me ponía un fresco traje de playa con un gorro que hacía juego, sandalias blancas y medias que ella lavaba a diario para asegurar su blancura. Debajo del gorro, mi largo cabello negro estaba trenzado y amarrado con cintas de seda que hacían juego con el color de mi vestido. A ella le gustaba el olor de las violetas parma, y toda mi ropa despedía una fina fragancia a violetas.

Una vez mi arreglo matutino estaba terminado, me hacía entrar orgullosamente a nuestro comedor, donde mis padres y abuelos elogiaban mi deslumbrante pulcritud. Luego, bajo los ojos vigilantes de María, me sentaba a desayunar sin arrugar mis faldas o ensuciar mis encajes. Después de un sustancioso desayuno María salía majestuosamente de la casa conmigo a rastras, con sus largas e inmaculadas faldas almidonadas. Sobre su hombro llevaba un enorme parasol para protegernos del fiero sol caribeño, mientras que de su muñeca colgaba un abanico que nos traía alivio del sofocante calor. Puesto que el aire acondicionado apenas había hecho su aparición en la isla, el abanico era más que un ornamento. Pero la vanidad femenina había convertido hacía mucho tiempo a un instrumento necesario en un objeto de belleza, y los abanicos se habían vuelto objetos tanto de orgullo como de alivio, algunos de ellos hechos de fino sándalo y pintados a mano con exquisitos paisajes por renombrados artistas. Otros eran de plumas de pavo real o de avestruz, o de encaje floreado bordado con perlas de semilla. María había comprado su abanico a un marinero mercante que lo había traído de España. Su envergadura inusualmente ancha era de ébano, tallado con intrincados diseños florales y realzados con delicados toques de color que hacían a los dibujos de las flores bailar con la luz.

Fue María quien primero me enseñó que con un golpecito de la muñeca y la apertura y cierre de un abanico, una mujer puede decirle a un admirador que está enojada o celosa, que acepta sus insinuaciones o que lo encuentra totalmente aburrido. Ella me enseñó todo esto y más durante los doce años que permanecí a su cuidado.

Me entusiasmaba la idea de ir a la escuela, la cual iniciaría clases al día siguiente después de cumplir cinco años, y hablaba de ello incesantemente con María. Mi mamá me había prometido una bonita fiesta para celebrar mi cumpleaños, y mi abuelo ordeno a un famoso diseñador en San Juan que me confeccionara un vestido de organdí rosado, bordado a mano con pequeñas flores y notas musicales. Los zapatos y medias también eran rosados, como lo eran las cintas de seda para mi cabello. Pero la mañana siguiente, María me vistió con un viejo vestido blanco y me llevó a misa. Ese día no me llevó a desayunar con mi familia. Le estuve preguntando por qué nos habíamos apartado de nuestra rutina diaria, pero dijo que guardara silencio y que hiciera lo que ella me decía.

Después de que la misa terminó, María me llevó a un altar donde estaba una estatua de la virgen María. Mientras me arrodillaba ante la imagen, sacó de su espacioso bolso un gran rosario de madera, y procedió a pasar las cuentas. De pie detrás de mí, rezando en voz baja, colocó su mano sobre mi hombro como si me estuviera presentando a la virgen.

Aún si usted no reza las letanías, una recopilación de cincuenta y tres ave marías y siete padres nuestros es una larga faena si es un niño de cinco años. Mi estómago estaba vacío. Mis rodillas se arqueaban y vibraban y amenazaban doblarse, y tenía que mantener balanceado mi peso primero en una rodilla, luego en la otra. Debo haber presentado un cuadro muy triste ante la Virgen ese día. Pero ni una vez pensé

quejarme a María. Uno no cuestionaba sus órdenes, simplemente las obedecía.

Era ya media mañana cuando salí de la iglesia. Mis rodillas ya no me dolían después de que ella las frotó vigorosamente con su pañuelo, pero mi estómago estaba gruñendo
más fuerte que nunca.

"María, ¿vamos al mercado o a la casa?"

"Yo sé que estás cansada y con hambre", dijo evasivamente, abriendo su parasol y trayéndome debajo de él. "Pero
nunca debes permitirle a tu cuerpo que te diga que hacer. El
debe obedecerte a ti, no tú a él".

Correteé obedientemente cerca de su lado.

"¿Pero cómo me dice mi cuerpo que hacer?".

"Al hacerte sentir cosas", me contestó.

"Te hace sentir hambre, así que tu comes. Cansada, así
que te sientas. Con sueño, de modo que te acuestas. Algunas veces te hace enojarte, así que gritas y pataleteas".

Mi cara se puso roja, recordando mis ocasionales rabietas
de mal genio.

"Pero, María, entonces mi cuerpo no es bueno".

"Oh si lo es, florecita. Debido a tu cuerpo, puedes ver el
cielo, el sol y el mar; puedes oler el perfume de las flores,
cantar y jugar, y amar a tu mamá y papá".

"Y a ti", añadí, acercándome más a ella.

"Y a mí", me dijo, riendo con su risa inigualable. "Pero
recuerda, florecita, tu cuerpo es como un niño pequeño.
Debe enseñársele buenos hábitos y a obedecer. Debe aprender que no podemos siempre comer cuando tenemos hambre o sentarnos cuando estamos cansados o dormir cuando
tenemos sueño. Y la mejor forma de enseñarle a tu cuerpo
estas cosas es de vez en cuando no hacer lo que él le pide
que haga. No siempre", enfatizó. "Sólo algunas veces".

"¿Cómo ahora?" pregunté.

"Como ahora".

Llegamos al paradero del autobus. Con deleite, pensé que íbamos a casa, donde podría comer algo de desayuno y jugar antes de mi fiesta en la tarde.

"Pero sólo comeré un poco", me prometí, recordando las palabras de María, "y sólo jugaré con una muñeca".

Pero no iba a desayunar un poco ni a jugar con muñecas esa mañana.

El autobus traqueteó a lo largo de la carretera tropical hacía nuestra casa. Las palmas y platanales cargados de frutas crecían abundantemente a ambos lados del camino, como lo hacían las flores brillantes del hibisco, la poinciana, y el buganvilla. A nuestra izquierda colinas de suaves laderas alternaban con valles angostos, alfombrados con una gran variedad de tonos verdes. A nuestra derecha, el Atlántico se fundía con el cielo en una majestuosa gama de aguamarina y oro. Algunas cabañas de campesinos, conocidas como *bohíos*, estaban esparcidas en la ladera de la colina, mientras que al lado del océano se elevaban elegantes y lujosas *quintas* de estuco blanco adornado de costosos mosaicos y carpintería española.

Estábamos todavía a unos diez minutos de casa cuando María tiró del cordón del autobus para bajarse. Antes de que supiera lo que estaba pasando me encontré de pie cerca del camino, mirando desaparecer al autobus en la distancia. María abrió su parasol y juntó sus paquetes.

Directamente en frente de nosotros estaba una áspera senda en gran parte cubierta por vegetación. María y yo avanzamos con dificultad a lo largo de esta senda hasta que salimos directamente hacia una parte de la playa oculta del camino principal por una serie de grandes rocas enterradas en la arena. Entre las dunas crecían abundantes uvas marinas tropicales, su fruta dura y amarga brillando como amatistas entre sus ásperas hojas. Algunas palmeras doblaban sus troncos tan cerca de la arena que uno podía agarrar fácilmente los racimos de coco que crecían entre las hojas en forma de abanico.

Nos detuvimos bajo la sombra de una palma mientras María me quitaba los zapatos y medias, y luego se quitaba sus zapatones y las gruesas medias de algodón que siempre usaba. De esta forma descalzas anduvimos a través de la arena caliente.

No me molesté en preguntarle la razón para nuestra desviación, acostumbrada como estaba a ser llevada en todos sus paseos. Tenía el vago presentimiento que esta visita sorpresiva a la playa que siempre había admirado de lejos pero que nunca antes había visitado, era mi regalo de cumpleaños. Intoxicada por el penetrante y fuerte olor del mar, hubiera querido quedarme en la playa por el resto de mi vida.

Cuando finalmente llegué al borde del agua, María colocó sus paquetes en tierra, cerró su parasol y luego calmadamente procedió a rasgar las ropas de mi cuerpo.

No sentí vergüenza. Ella me lavaba y vestía todos los días y me acostaba todas las noches. Había estado de pie desnuda frente de ella muchas veces antes. Todavía no había aprendido a avergonzarme de mi propio cuerpo. Pero su acción tenía una cierta inquietante autoridad que me hizo sentir desvalida y vulnerable más allá de toda descripción. Desprovista de algo más que mis propias ropas, me sentí despojada de identidad, de un sentido de ser. Era como si hubiera muerto de algún modo, estando allí sobre la arena dorada, con el sol como una luz alrededor de mí y el sabor del agua salada en mis labios. Me sentía aturdida y humillada y las lagrimas rodaron silenciosamente por mis mejillas. No entendía las acciones de María, pero sabía que siempre había una razón para todo lo que hacía. (Muchos años después encontraría un eco en las enseñanzas de María en las filosofías de algunas de las religiones más grandes del mundo, especialmente el Zen Budismo. Cuando María rasgó mis ropas y me dejó desnuda frente al mar, sin ningún sentido de ego o identidad, estaba repitiendo el concepto de Zen del perfecto iniciado, que debe estar "desprovisto de egoísmo, de personalidad y de identidad".

De las insondables profundidades de su bolso, María extrajo una botella de jarabe de caña de azúcar y el pañuelo rojo, atado en un nudo, donde cargaba su dinero en menudo. Sólo entonces volteó a mirarme, e inmediatamente su rostro se llenó de consternación.

"Ah, mi florecita, no llores. ¿Tienes miedo de María? ¿Piensas que María puede lastimarte?" Me meció suavemente contra su seno a medida que decía palabras tranquilizadoras.

"Mi florecita, María se sacaría su corazón por ti. María nunca podría hacerte daño."

Lentamente mis lágrimas dejaron de fluir. Levanté mi cara húmeda de su hombro. Sentí que podía interrogarla ahora.

"¿Por qué, María?" pregunté, con labios todavía temblorosos. "¿Por qué hiciste eso?"

"Porque quiero que estés protegida de todo daño. Ahora que vas a la escuela, estarás sola, florecita, sin María para vigilarte. Necesitas protección y sólo Dios y Nuestra Señora pueden dártela junto con sus bendiciones. Por eso te traigo a visitar a la Señora y su verdadero poder, el mar".

A medida que hablaba, abrió la botella de jarabe de caña de azúcar. Probándolo con su índice, ungió mis sienes, labios, muñecas y tobillos con el espeso líquido. Automáticamente lamí el pesado y empalagoso liquido de mis labios.

"Es demasiado dulce", le dije, haciendo una mueca. "No me gusta".

"Tiene que ser dulce para la Senora, tan dulce como sea posible. Nada puede ser demasiado dulce para ella".

María deshizo el nudo de su pañuelo rojo. Contando siete centavos, los presionó en mi mano.

"Aquí tienes, florecita" dijo, cerrando mis dedos alrededor de las monedas. "Este es el pago, *el derecho*, de la Señora. Te doy siete centavos porque siete es su número. Recuerda esto. Siete es el número de la Señora, de Yemayá".

"¿De quién?" pregunté, mirando las monedas. "¿De qué señora está hablando, María? Nuestra Señora, la virgen María, está en la iglesia y en el cielo".

"Si, florecita, pero su verdadero poder está en el mar y en sus aguas. Ella está en el cielo, pero donde el borde de su manto toca la tierra, se convierte en el océano. Las olas y la espuma del mar son sus volantes y sus encajes. Y aquí, en el mar, su nombre es Yemayá".

María pronunció el extraño nombre cuidadosamente para que yo pudiera percibir su melodioso ritmo, "Dilo, florecita. Ye-ma-yá".

Lo repetí después de ella. "Es el nombre más bonito que jamás he escuchado, María".

"El nombre más bonito de todo el mundo", dijo María, riendo alegremente.

"Es el nombre de la señora en africano, en Yoruba. Mi mamá me lo enseñó. Y ahora, mi florecita, tu mamá negra te lo enseña a ti".

Tomó mi mano suavemente y me guió al agua. "Ven, déjame mostrarte como saludar a Yemayá".

Levantando sus voluminosas faldas de modo que las olas no las mojaran, giró su cuerpo a la izquierda y me forzó a hacer lo mismo. Ambas estuvimos con el agua a los tobillos, nuestros cuerpos en ángulos rectos al mar.

"Ve, florecita, nunca entres al océano de frente. Hacerlo así es un reto para Yemayá, es como decir, 'estoy aquí, venga a buscarme'. Y tal vez lo haga. Siempre entra al mar de lado, mejor del lado derecho. Luego dices, '¡*Jekua, Yemayá, Jekua!'* Dilo, florecita".

Miré dudosamente al agua, luego a María. Como la mayoría de los niños puertorriqueños yo había sido criada como una estricta católica, y tenía el vago presentimiento de que el capellán de nuestra parroquia no aprobaría lo que María estaba diciendo. Pero mi confianza en ella había sido firmemente reestablecida y no quería ofenderla. "Jekua, Yemayá, Jekua", repetí obedientemente.

Tan pronto como repetí estas palabras, me sentí aliviada y relajada, como si un vínculo invisible hubiera sido establecido entre el mar y yo. Mi alma se sintió avasallada por un gran amor hacia el mar, que nunca ha dejado de crecer en mí. Jamás me he vuelto a bañar en el mar sin recordar ese increíble sentimiento de amor que iluminó todo mi ser en esos momentos.

"Ve, florecita", dijo María alborozada. "Yemayá te bendice, ella te acepta. Ahora ella siempre te protegerá".

La miré con ojos interrogantes. "¿Es eso lo que significa Jekua?"

"Sí, Jekua significa bendiciones. ¿Y ves como Yemayá te bendice?"

María señaló al agua que hacía espuma suavemente alrededor de mis pies. Pequeños remolinos de espuma envolvieron mis tobillos, luego mis rodillas. De pronto una ola inmensa surgió del mar como un gran brazo verde. Cuando la pared de agua se estrelló sobre mi cabeza, oí a María gritar, "¡Las monedas! ¡las monedas!...¡suelta las monedas!"

Me sentí arrastrada mar adentro, en el medio de una refulgente crisálida, con el tintineo de mil campanas de cristal. Abrí mis brazos para abrazar al mar, y los siete centavos cayeron de mis dedos. Casi inmediatamente, el agua retrocedió y las olas reasumieron su acostumbrado y suave vaivén. Y me encontré de nuevo como antes, hundida hasta los tobillos en la espuma de las olas, parpadeando bajo los rayos del sol de la mañana.

No recuerdo bien lo que sucedió dentro del agua. La persistente memoria es una de sedosas profundidades verdes, de los rayos del sol destellando a través del agua; de suavidad, tibieza y seguridad. Era casi como si hubiera regresado a la matriz del mundo, y me negara a nacer de nuevo. Este episodio en la playa fue mi primera experiencia en la religión Yoruba conocida como Santería.

María solía decirme que la presencia de Yemayá es siempre más fuerte en aguas profundas. Frente a la costa norte de Puerto Rico, en un área conocida como el abismo de Bronson, el piso oceánico se precipita hasta nueve mil metros. Medidas desde esta profundidad, las montañas de Puerto Rico estarían entre las más altas del mundo, con una altura aproximada de diez mil quinientos metros. Lo que caiga dentro de estas aguas se pierde para siempre —dice la leyenda— a menos que a Yemayá se le ofrezca una recompensa a cambio por su botín. A decir verdad, sus demandas son modestas. Siete centavos de cobre brillantes, un poco de jarabe de caña de azúcar, frutas y algunas veces unas pocas velas son suficientes para complacerla. Tal vez no es el valor del regalo lo que Yemayá realmente quiere, sino la fe con la que es dado.

En estas mismas aguas, el 16 de agosto de 1977, lejos de la costa de San Juan, tuvo lugar un incidente que fue reportado por el *San Juan Star*. Durante varias semanas yo había estado en uno de los hoteles que bordean la avenida El Condado, terminando de escribir uno de mis libros. Una tarde, un amigo fue a bucear en las profundas aguas lejos de la costa de San Juan. Cuando regresó, varias horas más tarde, tenía una historia trágica que contar.

Una familia del vecino Santo Domingo había venido a visitar a Puerto Rico por primera vez. Su hijo de trece años de edad no hizo caso de las advertencias sobre las peligrosas corrientes submarinas que rodean la costa de San Juan, y las grandes profundidades de las aguas, y se alejó nadando lejos de la orilla. Probablemente demasiado débil para luchar contra las corrientes, el muchacho de pronto se hundió bajo el agua y no volvió a salir a la superficie. Los salvavidas locales y miembros del escuadrón de rescate policial trataron de localizar su cuerpo, pero de nada sirvieron sus esfuerzos.

La historia se extendió por todo El Condado, y todos los hoteles enviaron partidas de búsqueda para encontrar el cuerpo. La mamá del muchacho estaba determinada a no dejar el cuerpo de su hijo en el mar, ya que ella quería regresarlo a Santo Domingo para darle un adecuado entierro. Pero hacia el final de la tarde del siguiente día, las autoridades cancelaron la búsqueda. La policía estaba segura que las poderosas corrientes submarinas en estas aguas habían llevado al cuerpo hacia el piso oceánico o lo había empotrado en una de las muchas grietas submarinas del arrecife. Pero la madre pidió una partida de búsqueda —la última— suplicó. Si el cuerpo no era encontrado esta vez, ella no insistiría más.

Después de considerar esta petición, las autoridades accedieron a llevar a cabo una ultima búsqueda. Según la historia en el *San Juan Star*, la madre del muchacho llevó consigo cuatro velas blancas. Cuando el barco se había hecho a la mar suficientemente, ella le pidió a los oficiales que pararan las máquinas. En ese lugar preciso ella estaba segura que encontraría el cuerpo de su hijo. Más para complacerla que por otra razón, los oficiales del escuadrón de rescate detuvieron las máquinas del barco.

La mujer entonces se aproximó a la borda del barco y empezó a hacer una apasionada súplica al mar. Arrodillándose en cubierta, sus manos unidas en oración y las lágrimas fluyendo por sus mejillas, le pidió al mar que le devolviera el cuerpo de su hijo. Recordándole al mar que el muchacho estaba muerto, ella propuso que intercambiara su cuerpo por las velas que había traído, puesto que cuatro velas son quemadas alrededor de un ataúd, estas también representaban a su hijo muerto.

A medida que ella hablaba, sacó las velas de su bolso y las arrojó por la borda. Unos pocos minutos después, los oficiales del escuadrón de rescate observaron atónitos como el cuerpo del muchacho salía a la superficie en el mismo lugar donde las velas se habían hundido en el agua.

Si María hubiera estado a bordo de ese barco, no se hubiera sorprendido en lo absoluto. Sin ninguna duda habría afirmado que Yemayá, la Gran Madre Cósmica, se había apiadado de otra madre y había aceptado el intercambio de buena gana, y con sus bendiciones. En cuanto a la aparente crueldad del mar al quitarle la vida al muchacho, María probablemente habría contestado que el mar había sido compasivo, tal vez salvándolo de una vida de sufrimiento y dándole en su lugar vida eterna.

María sostenía que la vida era una ilusión, al igual que la muerte.

"Es sólo otra forma de vida, florecita", me decía. "Una forma de vida mucho mejor que ésta".

Confundida, yo fruncía el entrecejo. "Pero María, entonces ¿por qué vivimos esta vida? ¿No sería mejor morir y vivir en una mejor vida en el otro mundo en lugar de éste?".

"No, florecita, estamos aquí por una razón. Estamos aquí para aprender, para llegar a ser mejores de manera que podamos disfrutar esa otra vida mejor. Si somos malos aquí, no vamos a una mejor vida después de ésta. En su lugar, tenemos que regresar, una y otra vez, hasta que aprendamos a ser buenos".

Esta simple explicación es exactamente igual a la teoría de la reencarnación expresada por Buddha a su discípulo Subhuti en el Sutra de Diamante:

> Además, Subhuti, si resulta que hombres buenos y mujeres buenas...son oprimidos, su fatal destino es el inevitable resultado retributivo de pecados cometidos en sus vidas anteriores. Por virtud de sus actuales infortunios, los efectos reactivos de su pasado serán por lo tanto borrados y podrán lograr la consumación de incomparable iluminación.

La consumación de incomparable *iluminación* fue el mismo concepto expresado por María como una "mejor vida en el otro mundo".

Después de sacarme del agua, María me secó, trenzó mi cabello y lo amarró con cintas de seda rosada. Luego me vistió con el vestido de organdí rosado que mi abuelo me había dado para mi cumpleaños. Parecía estar muy contenta y tarareaba una tonada popular. Cuando le dije que estaba feliz de haber venido al mar y que esperaba que me volviera a traer, ella rió y me abrazó.

"Veremos, florecita, veremos", dijo, poniendo los toques finales en un lazo de satín. "Pero estoy feliz de que Yemayá te haya aceptado. Ahora puedes ir a la escuela sin María y ningún daño te ocurrirá".

A mis labios llegó una pregunta que estaba ardiendo en mi mente. "María, ¿por qué rasgaste mis ropas?" Ella me miró brevemente. Su sonrisa se amplió, y volvió su atención a mi cabello.

"¿Por qué? Porque tenías que ser presentada a Yemayá sin ropas, como un bebé recién nacido. Rasgué las ropas para decirle a Yemayá que abandonabas tu antigua vida y querías empezar a vivir de nuevo con ella como tu madre".

"¿Y ahora mi mamá ya no es mi mamá?" pregunté alarmada, llenándose mis ojos de lágrimas.

María me volvió abrazar, secando mis lágrimas con expertos dedos.

"Claro que lo es, florecita. Pero ella es tu mamá en la tierra, mientras que Yemayá es tu mamá en el cielo y en el mar".

¿Quién es Yemayá, el mar? pregunté, todavía confundida.

"Yemayá es el nombre Yoruba de la Virgen María, florecita", explicó María pacientemente. "Ella es la madre de todos, de blancos y negros, de amarillos y verdes; de todos. Pero en Africa ella es siempre negra porque la gente allá es negra, y quiere que ellos sepan que ella es negra también".

"Pero María la Virgen no es negra, ella es blanca. Yo la he visto en la iglesia".

"No, florecita, la Virgen es como tus cintas. Tiene muchos colores. Algunas veces es blanca, algunas veces amarilla, algunas veces es roja, algunas veces negra. Depende del color de la gente que la adore. Ella hace esto para decirle al mundo que ella ama a todos por igual en esta tierra, no importa cual sea su color. Para los Yorubas, ella es siempre negra porque ellos son negros".

"¿Quienes son los Yorubas, María?"

María hizo una pausa a la mitad de una trenza, con sus ojos absortos.

"Los Yorubas eran un gran pueblo negro". Ella continuó trenzando. "Mi mamá era Yoruba", dijo, con evidente orgullo. Ella vino a Puerto Rico en 1872, un año antes de la abolición".*

Cuando ella hablaba de su mamá, lo cual era a menudo, María volvía al español mal hablado, con palabras africanas. "Ella vino con doscientos cincuenta Yorubas desde Ife, ese es el nombre de la tierra Yoruba en país negro", añadió. "Vinieron de Africa, en los barcos de esclavos. Con cadenas los trajeron los malvados mercaderes de esclavos —los negreros—. Muchos de los negros murieron en los barcos, de hambre y enfermedad, pero principalmente de pesar. Los Yorubas son un pueblo orgulloso. No gustan gente blanca".

"Yo soy blanca, María", "le recordé tristemente".

"No, no lo eres, florecita", exclamo María, estrechándome fuertemente contra su pecho. "No eres blanca ni eres negra. Eres como el sol y las estrellas —sólo luz, sin color—".

Ella terminó de atar la última cinta y se puso de pie con grandes esfuerzos de su posición encorvada. Sus ropas usualmente inmaculadas estaban empapadas de agua de mar y cubiertas de arena, pero no les prestó atención.

"La vieja María no es tan fuerte como solía ser", gruñó, flexionando su espalda. "No como mi mamá. Mi mamá realmente fuerte", dijo con gusto. "Ella tenia sólo diez años cuando llegó a la isla. Pero hombre blanco nunca molestó a mi mamá. Ella sabía como hablar a los Orishas".

"¿Qué es Orisha, María?" pregunté.

"¿Orisha?" ella meditó. "Yemayá es Orisha. Elegguá es Orisha. Changó es Orisha. Orisha es un santo, una fuerza del buen Dios. Pero ven," añadió, tomándome de la mano. "No es bueno hacer tantas preguntas al tiempo. Después, te digo más".

"Pero María", insistí. "¿Hay muchos...Orishas?".

---

* La esclavitud fue abolida de Puerto Rico de el 22 Marzo de 1873.

"Tantos como los granos de arena en la playa. Pero sólo conozco una docena o dos. Hay demasiados. Algún día los conocerás también. Pero ahora es hora de volver a casa, florecita, o tu mamá se preocupará de verdad. Y entonces se comerán tu bizcocho, desaparecerán tus regalos y se derretirá el helado".

La idea de la prometida fiesta de cumpleaños llegó a toda prisa de regreso a mi mente de cinco años, borrando todos los pensamientos acerca de los misteriosos Orishas, los Yorubas, e incluso la virgen negra conocida como Yemayá.

Los zapatos y medias rosadas permanecieron en el bolso de María hasta que salimos de la arena al sendero que llevaba de vuelta al camino. Libre de su restricción, corrí adelante de ella hacia la parada del autobús, olvidándome de mi bonito vestido bordado, con mis trenzas bailando bajo el sol y mis pequeños pies incrustados de arena mojada. María siguió detrás de mí lentamente, arrastrando sus pesados zapatos, sus paquetes y su parasol, cansada pero sonriendo siempre.

CAPÍTULO DOS

LOS ORISHAS

Todos los días, después de volver de la escuelita donde estaba asistiendo al primer grado, de mala gana me alistaba para la siesta de la tarde.

"Olorún-Olofi es Papá Dios", María solía decirme. "Olofi hizo a todo el mundo y al sol y las estrellas. Entonces él hizo a los Orishas para cuidar de las cosas aquí en la tierra, mientras él continuaba con sus quehaceres en otra parte del universo".

"¿Cómo hizo a los Orishas, María?" preguntaba, acostándome en la cama. Ella me empujaba suavemente contra las almohadas y empezaba la bien conocida historia desde el principio.

"Nadie con seguridad sabe", decía acomodándose en una esquina de la cama con su cesto de coser. "Lo que si sabemos es que el primer Orisha hecho por Olofi fue Obatalá, quien es el padre de todos los otros Orishas y de todos nosotros también. Obatalá siempre viste de blanco porque él es un espíritu muy puro".

"¿Qué es puro, María?"

"Puro es limpio, algo que nunca está sucio o manchado o malo. Puro es siempre bueno y hermoso".

"¿Como tú, María?". Preguntaba yo con seriedad, porque quería aprender el significado de las cosas.

María reía a carcajadas y me abrazaba estrechamente. "No, florecita, como tú".

En esas perezosas tardes mientras descansaba del sofocante calor tropical, la historia de los Orishas creció y se extendió y tomó múltiples dimensiones.

Segun María Obatalá estaba a cargo de la mente humana. Olorún-Olofi le había dado una bella esposa llamada Odudúa. Su hija Yemayá —la Señora de las aguas del mar, como María solía llamarla— era la madre de catorce de los más importantes Orishas.

"Changó —Cabio Sile— es uno de sus favoritos", ella me decía "él es un gran rey, Oba Kosso. El fuego es su arma, igual que el trueno y el relámpago".

"¿Está también Changó en la iglesia, María?"

"Todos los Orishas están en la iglesia. Pero siempre recuerda, florecita, cuando tu digas el nombre de Changó siempre debes decir "Cabio Sile" después, y levantarte un poco en tu asiento si estás sentada".

"¿Por qué?"

"Por respeto. Recuerda, él es un rey. "Cabio Sile" es un dicho africano que significa "salve el rey". Y tú te levantas de tu asiento porque al frente de un rey nadie se sienta".

"Nunca vi a Changó en la iglesia", dije, y añadí rápidamente, "Cabio Sile", levantándome un poco en la cama.

María, sus ojos y manos ocupados con su costura, no pareció darse cuenta. Pero yo sabía que estaba complacida con mi muestra de respeto para Changó, y me acomode mejor sobre las almohadas, sintiéndome en mucha armonía con el Orisha.

"Changó aparece en la iglesia como Santa Bárbara, la patrona del trueno y del rayo. Ella también protege a los soldados y los mineros, y todos conocen que Changó es el más grande guerrero que haya vivido...Cabio Sile". Con algún esfuerzo, María levantó su considerable volumen de su lugar en la cama, y continúo cosiendo.

Yo fruncí mi frente en un esfuerzo por recordar las estatuas familiares de los santos católicos que veía casi a diario en nuestra iglesia parroquial. Pero mi memoria me fallaba.

"Nunca vi a Santa Bárbara en la iglesia, María", dije frunciendo el ceño. "Además, ¿cómo puede ser Changó Santa Bárbara? ¿Cómo puede un guerrero tener el nombre de una santa?"

María dejó de coser por un momento y me miró con ojos serios. "Es todo parte de un misterio, florecita", dijo. "Nunca debemos cuestionar los misterios de Dios y los santos. Es parte de creer. ¿Recuerdas lo que las hermanas de la caridad te enseñaron durante el catequismo en la escuela dominical? Hay tres personas en la Santísima Trinidad: Padre, Hijo y Espíritu Santo. Todos ellos son Dios. No sabemos por qué o cómo, y no debemos cuestionar el misterio. Sólo aceptamos lo que nos dicen. Así es con los Orishas".

Medité esto durante algunos minutos. No quería arriesgarme a ofender a María, pero mi curiosidad era más fuerte que mi sentido de prudencia.

"Todavía no entiendo", dije después de algún tiempo. "Sé lo que las hermanas dicen acerca de la Santísima Trinidad. Pero todavía no entiendo cómo un guerrero puede ser una santa".

La miré con ojos preocupados, no queriendo ocasionar su disgusto. Pero ella parecía tranquila. "Es como una fiesta", sonrió. "Cuando los Yorubas llegaron al nuevo mundo, los Orishas los siguieron aquí, disfrazados como diferentes santos católicos. Esto fue así para que los negros pudieran adorar a los Orishas en la iglesia sin tener problemas con los blancos".

"¿Pero cómo podrían ellos decir cuál Orisha estaba disfrazado como tal santo?", pregunté.

"Muy simple", dijo. "Cada Orisha —así como cada santo— tiene ciertas cualidades y hace ciertas cosas. Changó, por ejemplo, es un guerrero y un rey. Así que nunca está demasiado lejos de su castillo o su espada. Pero él también sabe mucha magia y por esa razón siempre lleva un pilón consigo".

"¿Qué hace él con el pilón?" pregunté, hipnotizada por la historia del Orisha de talentos múltiples. "Trabaja con su magia, por supuesto", dijo María. "Ahí es donde prepara todos sus ebbós y sus bilongos —sortilegios mágicos—".

"Y Santa Bárbara", pregunté con los ojos abiertos, "¿Ella también lleva un pilón?".

"Por supuesto. Bueno, no un pilón exactamente, sino una especie de copa que ella lleva en su mano derecha. Y en su izquierda sostiene una espada, y siempre hay un castillo a su lado".

"Entonces ella es Changó", dije boquiabierta.

"Claro que lo es", María sonrió, satisfecha de que finalmente entendiera el sincretismo del Orisha y el santo. "Y eso no es todo. Como Changó, Santa Bárbara controla el trueno y el rayo. Changó —Cabio Sile— es el dueño del fuego. Santa Bárbara está vestida con un manto rojo, el color del fuego. Así que fue fácil para los Yorubas conocer que Santa Bárbara era realmente Changó disfrazado como una santa. Era lo mismo con cada uno de los otros Orishas".

"¡Como el día de los inocentes!", grité, encantada de entender al fin.

"Como el día de los inocentes," dijo María, riendo alegremente viendo mi obvia satisfacción.

El 28 de diciembre, la iglesia católica observa la matanza de miles de niños por el rey Herodes. En muchos países latinoamericanos, con inexplicable humor negro, el día de los inocentes es celebrado como una especie de mascarada. Típicamente, la gente usa máscaras o elabora disfraces hechos de tela metálica que hacen al usuario casi imposible de identificar. Los disfrazados vagan por las calles, involucrándose en todo tipo de bromas inocentes y retando a amigos y parientes a que los reconozcan.

Las similitudes entre los disfraces usados el día de los inocentes y las personalidades de los Orishas ocultos detrás de los santos católicos iluminaron mi entendimiento del sincretismo entre los Orishas y los santos. Así fue como aprendí por vez primera el concepto de reencarnación —una creencia central de santería, así como de algunas de las principales religiones del mundo—. Los dioses de los Yorubas, como los de la mitología nórdica, sufren muertes míticas y retornan a la vida en cuerpos nuevos para poblar de nuevo la tierra. Para los Yorubas en el nuevo mundo, los santos católicos eran los "cuerpos nuevos", o reencarnaciones, de sus Orishas.

El más importante de los Orishas, me dijo María firmemente, es Elegguá, el temible mensajero de los Orishas.

"El es el guardián de las puertas y los caminos", dijo ella. "Sin su buena voluntad, todos los otros Orishas no pueden hacer nada".

"¿Por qué María?"

"Porque una vez, cuando Olofi estuvo muy enfermo, Elegguá fue el único Orisha que supo como curar a papá Dios. Olofi estuvo tan complacido que inmediatamente le dio a Elegguá la llave de todas las puertas y caminos y le dijo a los otros Orishas que a partir de ese momento todos tendrían que hacerle homenaje a Elegguá antes de cualquier fiesta, y pedirle su permiso antes de empezar algún trabajo".

"¿Y cómo curó Elegguá a Olofi?"

"Con ewe".

"¿Qué es ewe, María?"

"Esa es la palabra Yoruba que mi mamá me enseñó. Ewe son hierbas, plantas, hojas, y todas las cosas que vienen de la buena tierra. Elegguá nació en el monte, y sabe todo acerca de ewe. Así fue como supo cual usar para curar a Olofi".

"¿Tu también sabes de ewe, María?"

Ella asintió con la cabeza. "No tanto como Elegguá, pero sé un poco. Algún día te llevaré al monte y te enseñaré acerca de ewe. Pero no se lo digas a tu mamá," añadió con una sonrisa conspiradora. "A ella no le va a gustar que yo te lleve al monte".

"No, María", le aseguré solemnemente. "Nunca le digo a nadie las cosas que tu me dices".

Esta seguridad, dada con toda la respetabilidad y honestidad de un niño de cinco años, era de suprema importancia, porque mi madre no habría aprobado estas enseñanzas y muy probablemente me habría apartado de María. Pero ella no se entero hasta muchos años después de la muerte de María.

El malicioso Elegguá, obviamente uno de los Orishas favoritos de María, era el tema de muchas de nuestras conversaciones. No sólo era un gran yerbero sino también un gran hechicero, como Changó, y sabía como preparar ebbós para todos los propósitos. "Mayormente para bien, florecita", María se apresuraba a añadir, como si el Orisha pudiera estar escuchando detrás de la puerta. "Pero algunas veces, cuando alguien hace algo burucu —malo— que no le guste a Elegguá, él castiga a esa persona. Así que es importante mantenerlo contento".

"¿Cómo se mantiene contento a Elegguá, María?".

"En muchas formas. El es como un niño pequeño. Algunas de las patakís —las leyendas— lo describen como un muchacho muy joven que gusta mucho de los dulces y juguetes. Si tu le das dulces, él estará feliz y será bueno contigo. Pero los patakís dicen que también le gusta el ron y los tabacos . Es porque hay muchos Elegguás, veintiuno en total, y a cada uno le gusta comer cosas diferentes".

"¿Cómo puede haber veintiún Elegguás, María?".

"Eso es parte del misterio, florecita. Es como si Elegguá tuviera muchos gemelos idénticos que parecen semejantes pero que tienen diferentes nombres, y gustan de cosas diferentes".

"¿Quién es Elegguá en la iglesia?".

"Algunos dicen que es San Antonio de Padua, y otros dicen que es el Santo Niño de Atocha".

"Pero, María", dije, abiertamente escandalizada. "Ni San Antonio, ni el Santo Niño de Atocha fuman tabaco o beben ron".

"Ellos no, pero Elegguá sí. ¿Recuerda la fiesta de disfraces de la que hablamos? Elegguá y San Antonio son el mismo espíritu. Tu le rezas a San Antonio como santo y a Elegguá como Orisha. Le das a cada uno su tratamiento adecuado en su lugar adecuado. Lo importante de recordar es que no importa que nombre estés usando, estás rezándole al mismo espíritu, una fuerza del buen Dios". Acepté esta explicación sin más aclaraciones, como toda enseñanza de María.

A diferencia de Changó y la mayoría de los otros Orishas, Elegguá no es hijo de Yemayá. Se dice que él es el hijo de Alabbgwanna, también conocido como el "Anima Sola", que se dice es el patrón de causas desesperadas. Según un patakí, tan pronto como Elegguá fue suficientemente mayor para caminar, encadenó a Alabbagwanna de pies y manos y huyó para crecer sólo en el monte. Después conoció y se hizo amigo de Oggún, otro Orisha, que es el patrón del hierro y todos los trabajadores, y que está sincretizado con San Pedro.

Elegguá, Oggún, Ochosi (el Arquero Divino), y Osun, que previene a los santeros cuando hay peligro cerca, son conocidos como los guerreros, y tienen maravillosas aventuras juntos. También trabajan juntos contra los enemigos de los santeros, creando los ebbós más poderosos y espeluznantes.

Santería fue el nombre dado en español a la religión Yoruba. Los Orishas son emanaciones de Olofi, papá Dios, según Maria. La adoración de los Orishas como santos dio nacimiento a Santería, que significa la adoración de los santos.

"No es puro Yoruba, florecita", solía decir María. "Es una especie de mezcla de la fe Yoruba y la fe católica. Lo cual es en gran medida lo mismo", añadia, encogiéndose de hombros. "No importa como tu adores a Dios, en la iglesia o en el monte, después que lo adores".

Debido a que ella se cuidaba mucho de defender las creencias de la iglesia, las enseñanzas de María nunca interfirieron con mi educación católica. Nunca encontré ninguna diferencia perceptible entre las creencias esenciales de una u otra fe. Ambas enseñaban la existencia de un Dios, omnipotente y justo, que, para el beneficio de la humanidad, delegaba algo de su poder a espíritus muy favorecidos y exaltados. Ambas fe creían en el poder de la oración a estos espíritus, y en la recompensa de lo bueno y el castigo de lo malo. Por lo tanto adopté ambas con igual fervor.

Las patakís, como María las llamaba, contaban fascinantes historias acerca de los Orishas. Amor, celos, odio, engaño, y muchas otras conmovedoras debilidades humanas a menudo salían a la superficie en los Orishas. Las luchas legendarias

de Oggún con Changó, la debilidad de Changó por las mujeres, la rivalidad entre Oba la esposa de Changó y Oshún,
diosa de las aguas de los ríos. "Ellos no son como nosotros",
María me contó muchas veces. "Nosotros somos como ellos.
Recuerda lo que el buen libro dice: el hombre fue creado en
la imagen de Dios".

Según María los Orishas tienen dos aspectos. Bajo un
aspecto, ellos controlan una variedad de esfuerzos humanos; bajo el otro, representan varias fuerzas naturales. Uno
podría decir que ciertas fuerzas naturales tienen poder sobre
ciertos esfuerzos humanos. Y si ponemos las fuerzas naturales en juego, podemos aprender a controlar e influir otras
vidas humanas.

Changó, por ejemplo, representa fuego, trueno y relámpago, pero también controla pasiones, fuerza y todas las dificultades. Si observamos a las fuerzas elementales que Changó representa, inmediatamente nos damos cuenta de que el
trueno y el relámpago se mueven rápida e inesperadamente,
y que el fuego puede ser de servicio para el hombre sólo
cuando es mantenido bajo completo control. Una simple
analogía nos enseña que las pasiones deben ser mantenidas
bajo estricto control, mientras algunas acciones proyectadas
para vencer las dificultades deben ser emprendidas rápidamente y cuando nuestro adversario menos lo espere. El elemento sorpresa, como Changó, ha ganado muchas batallas.

Cuando yo era niña, las historias de los Orishas simplemente me cautivaban. No entendí ninguno de sus significa-
dos más profundos hasta que crecí y entonces, todas estas
leyendas y enseñanzas encajaron en su sitio.

María me inculcó un saludable respeto hacia las fuerzas
de la naturaleza. Fuego, agua, viento, tierra, sol, luna, y
otros fenómenos naturales todos tienen alogurá (poderes), y
deben ser respetados ya que representan a los diferentes

Orishas. Tampoco olvidó María enseñarme acerca de ewe. Al menos una vez por semana durante ese primer año, ella me llevaba a un área boscosa no lejos de nuestra casa y me mostró como reconocer varias hierbas y usarlas para curas y sortilegios simples. Cuando me gradué del primer grado, podía fácilmente identificar varias docenas de variedades de plantas y recitar sus más importantes usos.

Hasta hoy utilizo el aloe vera para cortaduras, raspaduras, y ojos irritados. Mi remedio favorito para un estómago indigesto es la menta verde, mejorana y salvia en un té; pero también las uso en un baño para disipar vibraciones negativas. Para mí, un puñado de ruda amarrada con una cinta roja mantiene al mal controlado y mientras viva, continuare asociando el mirto y la verbena con el amor.

CAPÍTULO TRES

COCOS

Y CARACOLES

Es mucho más fácil ocasionar la lluvia que detenerla, María solía decirme.

"Todo lo que se necesitan son cinco naranjas y unas pocas ramas pequeñas del mismo árbol de naranja. Luego usted localiza una nube, grande o pequeña, dependiendo de la cantidad de lluvia que quiera, y dice su invocación a Yemayá y a Oshún. La lluvia viene pronto".

"Pero María, si Changó detiene la lluvia, ¿cómo es que no la trae?"

"Changó detiene la lluvia porque él es fuego y trueno", dijo María, meneando la cabeza. "Tu no entiendes a los Orishas, florecita. El fuego evapora al agua, la hace desaparecer. Pero el fuego no puede hacer agua. Para eso, se necesita a Yemayá y a Oshún porque Yemayá es dueña de los mares, y Oshún es dueña de los ríos. Juntas son dueñas de todas las aguas en todo el mundo".

Según María, esta identificación de los Orishas con las fuerzas naturales y la adecuada observación de las leyes de la naturaleza era el más grande poder de Santería.

"Si tu conoces a los Orishas, lo conoces todo", me dijo una vez. "La tierra te enseña todo, pero debes rendirle tus respetos a ella siempre, hacerle foribale, para que ella te de todos sus secretos. Y siempre recuerda, los secretos de la tierra son los secretos de los Orishas".

Movió la cabeza, suspirando hondamente. "Pido demasiado de ti, florecita. Se paciente con la vieja María. Yo trato de enseñarte demasiado rápido". Me sonrió y arregló una de mis cintas con su habitual cuidado meticuloso. "Esto es todo lo que tengo para darte. Quiero que lo aprendas porque es más precioso que todo el oro del mundo. Y tu quieres aprender ¿no es cierto?"

"Claro que sí", dije, abrazándola afectuosamente. "Pero díme, María. ¿Cómo se produce la lluvia con cinco naranjas?".

"Para eso necesitas una fórmula, florecita, una invocación a las Orishas Yemayá y Oshún en Yoruba. Es muy largo. Se te olvidaría".

"Entonces escríbemelo", le dije. Corrí a mi escritorio y le entregue un lápiz y un pedazo de papel.

María miró el papel con una sonrisa divertida y apartó mi mano suavemente.

"Yo no sé ná de letras, florecita. Yo no sé leer ni escribir".

La miré completamente consternada. De pronto recordé que en todos los años que María había estado a cargo de mí, yo nunca la había visto leyendo o escribiendo. Puesto que mi papá siempre supervisaba mis tareas personalmente, nunca le había pedido a María ayuda con mis estudios.

No supe que decirle a María. Sólo tenía doce años, pero yo ya era una voraz lectora y no podía imaginar la vida sin los libros. A pesar de mi juventud, sentí un profundo sentido de ultraje y vergüenza. Sabía que la pobreza de María y su posición como mujer negra la habían privado de la más básica educación.

"Déjame enseñarte, María", grité impulsivamente.

"¿Qué te pasa, florecita?" María levantó mi cara y miró sospechosamente a mis ojos. "Oh, por favor no llores. Claro que puedes enseñarme las letras si quieres, pero la vieja María es demasiado vieja. Ya no aprendo tan bien".

Este episodio marcó el comienzo de un inusual aprendizaje doble. Todos los días después de volver de la escuela yo instruía a María "en las letras", mientras ella continuaba enseñándome el saber y ritual de Santería. Utilicé los mismos libros y métodos que mi profesora de primer grado había usado, y a pesar de sus propias dudas, María resultó ser muy buena alumna. Al cabo de un año ya podía leer frases simples y antes de dos años, podía entender la mayor parte del periódico. Pero la escritura nunca fue su fuerte. Sólo aprendió a escribir unas pocas palabras además de su nombre.

Para esta fecha, María me enseñó la leyenda de Obi, es decir el coco, y como leer sus cortezas. Este sistema de adivinación, que es la herramienta básica del santero, es conocida como dar coco al santo.

Según María, el coco es también un santo: "Su nombre es Obi, y en un tiempo fue un Orisha muy poderoso. Pero fue reducido a su presente condición a causa de su orgullo".

Este patakí es uno de los más antiguos de las leyendas Yoruba. En un tiempo Olofi estimaba a Obi en gran medida por su pureza y sinceridad. En apreciación, Olofi hizo a Obi blanco como la nieve tanto por dentro como por fuera y lo colocó en la parte superior de la palma. Pero cuando Obi se encontró en esta posición exaltada, se volvió arrogante y vanidoso y no se dignaba a hablar con gente de condición inferior a la de él.

Un día Obi decidió dar una fiesta. A la primera persona que invitó fue a Elegguá, uno de sus amigos más cercanos.

Pero Elegguá, dándose cuenta del triste cambio que había tenido lugar en Obi, decidió probar su buena fe. Como Obi le había pedido que invitara a varios de sus amigos a la fiesta, Elegguá reunió a los más miserables mendigos que pudo encontrar.

"Estaban muy sucios y mal olientes", me dijo María, "simplemente horribles".

Cuando Obi vio su exquisito palacio invadido por todos estos vagabundos, se llenó de cólera y sin una palabra de disculpa y sin compasión, los echo a punta de pies a la calle. Esta acción confirmó las sospechas de Elegguá y lo llenó de gran tristeza. El orisha no expresó su desilusión, sino que dejó la casa de Obi y no regresó.

Varios días después Olofi le pidió a Elegguá que llevara un mensaje especial al palacio de Obi. Elegguá rehusó y le contó al padre de los dioses lo que había hecho Obi. Para verificar la historia, Olofi se disfrazó como mendigo y fue a golpear a la puerta de Obi. Tan pronto como Obi vio al mendigo frente a su casa, le tiró la puerta en las narices a Olofi.

Olofi dio la espalda a la casa. "Obi", gritó fuertemente. "Mire quien realmente soy. Obi meye lorí emi ofé".

Cuando Obi vio que el mendigo era realmente Olofi, tembló de terror y le rogó a Olofi que lo perdonara. Pero Olofi, seriamente ofendido y decepcionado, no escuchó sus súplicas, e inmediatamente decretó que desde ese momento en adelante Obi caería de su alto lugar al suelo, donde cualquiera pudiera recogerlo. También cambió el color de Obi, volviendo su cáscara negra (para simbolizar el pecado de orgullo de Obi) y su corteza exterior verde (para expresar la esperanza de que algún día Obi volviera a recobrar su anterior pureza, la cual oculta en su corazón). Olofi también condenó a Obí a predecir el futuro. Desde entonces, un coco seco —obi güi güi— es colocado a los pies de Elegguá.

El coco es usado por los santeros en todas sus principales ceremonias, no sólo para adivinar el futuro de un individuo sino también para averiguar si un santo está complacido con una ofrenda en particular.

"El agua de coco es buena para muchas cosas", María me decía. "No la botes. Puedes usarla para problemas de los riñones y para hacer crecer el cabello. Pero lo mejor de todo, es que puedes usarla para deshacerte de todo maleficio. Trae la buena suerte y si te lavas la frente con ella te aclara la mente. Luego arroja el resto en el umbral de la puerta y serás saludable y feliz, araní".

Mucho tiempo más tarde, cuando ya era una mujer adulta y estaba viviendo en Nueva York, alguien consultó a Elegguá con los cocos en mi nombre. La persona que llevó a cabo la consulta no era santera, pero había recibido varias de las iniciaciones de la religión, incluyendo los Guerreros. Ella no me cobró la consulta, sólo el "derecho," de Elegguá, que es una cantidad especifica de dinero que se le ofrenda a un orisha por sus servicios.

Estas consultas se llaman registros en la Santería y un santero o santera competente puede averiguar toda la vida de una persona a través de un orisha. El derecho o dinero de un orisha se envuelve generalmente en un pedazo de papel de bolsa y se coloca a los pies de la sopera donde se guardan los otanes o piedras que simbolizan al santo u orisha. Ese dinero es sagrado y se usa para comprar velas, frutas, flores y otras cosas para el orisha.

Naturalmente hay excepciones en cada regla, y hay santeros que tratan de usar su religión para sus ganancias personales. Los anales de Santería están llenos de historias sobre este tipo de abuso y los terribles castigos que estos santeros han recibido de los encolerizados Orishas. Pero la mayoría de los practicantes de Santería viven en tal temor sobrenatural de los

Orishas que no se atreven a ofenderlos. Este temor a los poderes de los Santos u Orishas ha mantenido en gran parte a la Santería libre de abusos y corrupción.

Es difícil para los no familiarizados con los fenómenos de la Santería entender la base del temor y el respeto que los santeros sienten por los Santos u Orishas. Estos fenómenos tienen que ser experimentados para ser entendidos. Ya he relatado en detalles el problema que me llevó a los pies de Elegguá en mi primer libro sobre Santería, pero tan extraordinaria es la experiencia que merece ser contada una vez más.

Cuando se llevó a cabo esta consulta con Elegguá, hace cerca de 20 años, me habían hecho una propuesta de negocios muy atractiva que requería que me trasladara a Dinamarca. Yo tenia dudas sobre lo que debería hacer y por esta razón decidí hacerme ver por alguien para que consultara a Elegguá sobre el caso.

Doña Pepita es el nombre de la mujer que le dio coco a Elegguá ese día. Aunque ella ahora vive en San Juan, todavía me mantengo en contacto estrecho con ella. Profesora retirada, Doña Pepita es una señora ya mayor, de cabello pelirrojo y ojos azules quien en su juventud debió haber sido de una belleza extraordinaria. Hay todavía vestigios de esta belleza en su suave piel y bonitos ojos, y es obvio que ella hace cada esfuerzo para preservar su atractiva apariencia. Esta señora me había sido fuertemente recomendada por un amigo de mi familia.

Aunque ella no es una iyalocha, sus talentos en la interpretación del coco son extraordinarios. Cuando la llamé para pedirle un registro, Dona Pepita fijó una cita y pidió que le llevara el dinero del derecho —una modesta cantidad— envuelto en un pedazo de papel de bolsa y dos cocos. (Esta fruta se daña muy rápidamente. Traer dos cocos aumenta las posibilidades de que al menos uno esté fresco).

En el día señalado aparecí con los cocos y el derecho y me llevó rápidamente a su salón de trabajo, donde guardaba el pequeño gabinete con la imagen de Elegguá.

Rompiendo uno de los cocos, Doña Pepita encontró que estaba fresco y procedió a preparar los cuatro pedazos tradicionalmente usados para la lectura. Cuando ella abrió el gabinete de Elegguá, note que la cabeza del Orisha estaba encerrada en una gran concha marina.

"Ese es simplemente el camino de mi Elegguá", explicó ella. "Usted sabe que hay veintiún Eleguás. Antes de que reciba los Guerreros, el babalawo o santero que le va a dar esa iniciación tiene que averiguar cuál de los veintiún Elegguás anda con usted. La imagen será entonces preparada como corresponde. El mío exige un caracol grande, tal vez porque soy hija de Yemayá, y ella es la dueña de las aguas del mar".

Mientras hablaba, llenó una jícara vacía con agua fresca y empezó el proceso de adivinación. Aunque el proceso que siguió era similar al que María me había enseñado cuando era niña, me di cuenta de que las oraciones que usaba eran diferentes y considerablemente más largas.

"Las oraciones para Elegguá son innumerables" me dijo cuando le comenté sobre esta diferencia. "Sé muchas y las varío todo el tiempo. Yo no quiero aburrir a Elegguá con las mismas letanías día tras día".

Vertió tres gotas de agua en frente de la imagen de Elegguá, arrojó unos pedacitos sobre la imagen, y pregunto al Santo cuál sería el resultado de mi viaje a Dinamarca. Seguidamente tiro los cuatro pedazos de coco sobre el piso. Basándose en la forma como cayeron los cocos, Dona Pepita interpreto el oráculo. El diseño que se formó se llama

Oyekun. Es formado cuando los cuatro pedazos de coco caen boca abajo, mostrando la corteza negra del coco. Este patrón es el más negativo de este sistema adivinatorio y predice la muerte y la mala suerte.

Doña Pepita no pareció perturbada por la respuesta. Simplemente hizo al Orisha otra pregunta. ¿Debería aceptar la oferta que me hicieron y trasladarme a Dinamarca? Nuevamente, los cocos formaron Oyekun al caer. Ya preocupada por estas negativas de parte de Elegguá, Doña Pepita empezó un bombardeo de preguntas. ¿Había algún peligro relacionado con el presente vuelo? ¿La oferta era poco segura? ¿Estaba amenazada por algún daño físico? Inmutable y obstinado, el Orisha persistió en la misma respuesta: Oyekun.

Cada vez que recibía esta respuesta, Doña Pepita se inclinaba para refrescar al coco, arrojando agua frente del Orisha. Finalmente volteó a mirarme. Noté sudor en su cara cuidadosamente maquillada y sus ojos estaban llenos de preocupación.

"Elegguá dice que la oferta no es buena" me dijo. "Le creará problemas. Debe olvidarse de ella. Además, el viaje mismo es peligroso. Si hace el viaje, su vida está en peligro".

Me llené de consternación. Había estado planeando el viaje por semanas. Mis contactos en Dinamarca estaban contando conmigo, y una serie de reuniones habían sido arregladas en mi nombre con gente muy importante. Simplemente tenía que hacer el viaje. Le pedí a Doña Pepita si se podría hacer alguna cosa para disipar los peligros y la mala suerte que Elegguá había previsto.

"Preguntémosle", contestó ella.

Esta vez, la respuesta de Elegguá fueron cuatro cocos blancos —conocidos como alafia o bendición— seguidos por dos cocos negros y dos blancos —ellife— que significa que si. Presionado por Doña Pepita, el Orisha nos contestó que él me protegería contra la muerte y otros peligros si le hacía una ofrenda de una gallina pequeña y una cesta grande de fruta. Pero me previno que a pesar de todo el viaje sería un completo fracaso y un desperdicio de tiempo y de dinero, y que me iría mejor quedándome en Nueva York a donde realmente pertenecía.

Al enterarnos de que Elegguá estaba dispuesto a ayudarme, tanto Doña Pepita como yo exhalamos profundos suspiros de alivio. Cerramos la consulta sin más preguntas.

Varios días después volví a su casa con la cesta de frutas y el pollo que Elegguá había solicitado. Esta fue la primera vez que vi un sacrificio de animal y mis rodillas y mis dientes castañetearon durante toda la ceremonia.

En un sacrificio de animal hay algo primitivo, profundamente vinculado con la inconsciencia colectiva de la raza. Es muy sencillo. Una rápida torcedura de la mano y la cabeza del pollo es separada de su cuerpo. Un espeso chorro de sangre caliente roja oscura brota del cuello cercenado. Pero no es solo el decapitamiento del animal lo que es tan estremecedor. Es el dar la sangre, la aceptación de que la sangre es la vida, el espíritu; y que está siendo devuelta a la fuente divina de donde vino.

Vi la sangre caer en la cabeza de piedra que representa a Elegguá y llenar los pequeños labios formados por caracoles. La sangre fluyó espesamente sobre la piedra y la concha marina que la encerraba, y la imagen pareció pulsar momentáneamente como si estuviera viva. Doña Pepita añadió miel fresca a la sangre —para "endulzar a Elegguá", me dijo— y pronto la imagen estuvo apenas visible debajo de la viscosa mezcla.

Luego arrancó algunas de las plumas del pollo y las colocó sobre la imagen del Orisha hasta que desapareció completamente bajo el montículo plumoso. Doña Pepita guió mi mano para reunir las plumas que habían caído en frente de la imagen y que habían sido humedecidas por el agua y la sangre caídas sobre el piso. Esta acción representaba la limpieza de todo lo maligno que estaba a mi alrededor. Luego me instruyó para que exprimiera el líquido de las plumas en frente de Elegguá y dejara el montoncito de plumas frente al Santo junto con el inevitable derecho.

Cuando esta última parte de la ceremonia estuvo concluida, Doña Pepita volvió a tomar las cortezas de coco y le preguntó a Elegguá, si estaba complacido con la ofrenda. La respuesta fue un rotundo ellife —¡si! Preguntas adicionales aclararon donde Elegguá quería que el cuerpo del pollo fuera dispuesto— una parte extremadamente importante del ritual, porque los Orishas son muy exigentes en cuanto a la disposición de sacrificios animales. Estos restos son tan sagrados como la sangre ofrecida, puesto que representan la voluntad de los Orishas. La mayor parte del tiempo, la carne del animal es consumida por los santeros y sus familias. Pero algunas veces, en especial durante ceremonias de purificación tales como la que fue llevada a cabo ese día, el animal sacrificado recoge todos los peligros y mala suerte que amenaza a un individuo, y por lo tanto no puede comerse. Debe llevarse a donde decida el Orisha que ha bebido de la sangre. Puesto que Elegguá es el dueño de todos los caminos, los animales a menudo son llevados a una encrucijada, al monte, o simplemente a la basura, ya que esto también le pertenece a Elegguá.

El pollo sacrificado a mi nombre debía ser llevado al monte, el eggó. Este eggó está vivo, dicen los santeros, y está lleno de incontables espíritus, la mayoría de los cuales han muerto en el monte. "Nunca vaya al monte sola, florecita", María solía decirme. "Cualquier cosa puede suceder allí. Algunas veces en el monte la gente que está muerta le habla a usted. Parece estar viva, pero no lo está. Todo es ego, gran misterio, nadie sabe lo que es".

Dejé la casa de Doña Pepita sintiéndome más relajada de lo que había estado en mucho tiempo, casi como si todas mis pesadas preocupaciones y problemas hubieran sido dejados a los pies de Elegguá. Todavía me sentía inquieta por mi viaje, ya que el Orisha me había prevenido contra él. Pero ahora me sentía confiada de que al menos no me podría suceder ningún daño físico.

Unas semanas después volé a Copenhagen. No me sorprendí en lo absoluto cuando debido a la barrera del idioma, la oferta de negocios se vino abajo. Pasé menos de una semana en Dinamarca a pesar que había planeado quedarme varios meses. Cuando regresé a los Estados Unidos, el avión de conexión a Frankfurt presentó un problema en el motor. Tuvimos que regresar a Copenhagen después de veinte minutos de vuelo. El vuelo transatlántico también tuvo dificultades técnicas, y dio vueltas al aeropuerto durante varias horas con problemas en el tren de aterrizaje. Cuando finalmente aterrizó, salimos del avión con caras pálidas y rodillas temblorosas al ver a la pista de aterrizaje cubierta de espuma. Habían ambulancias y carros de bomberos cerca, obviamente anticipando un desastre mayor. Más tarde me enteré que la policía, temiendo que el avión cayera en la vecindad, había evacuado las principales carreteras que llevaban al aeropuerto.

Tal vez todo fue una coincidencia. Carl Gustav Jung probablemente lo habría llamado un caso de sincronicidad. Pero yo creo firmemente que Elegguá y la sangre de un pollo me salvaron a mi y a más de trescientas personas de una muerte segura.

En Santería, el coco no está restringido a propósitos de adivinación. También se usa para una variedad de curas médicas, como mencioné antes y también para disipar vibraciones negativas. Muchos santeros recomiendan que sus discípulos bañen sus cabezas con agua de coco cada vez que tengan un dolor de cabeza o se sientan cansados y confusos. El agua de coco se cree que aclara la mente y trae paz y estabilidad al espíritu.

Pero tal vez el uso más importante del coco, después de la adivinación, es la ceremonia de purificación conocida como rogación de cabeza. Este ritual es siempre emprendido antes de cualquier iniciación y cuando un individuo se encuentra lleno de dificultades. Sólo un santero competente puede hacer la rogación, que es hecha para refrescar el eledá, o ángel guardián de una persona. Los santeros creen que cuando una persona se cae fácilmente, se golpea en la cabeza, se siente deprimida, o está rodeada de infortunios y problemas, su eledá se ha acalorado y necesita ser refrescado. El agua de coco puede ayudar a aliviar estos problemas, pero la cura ideal es una rogación de cabeza.

Cuando recibí los collares de Santería, mi madrina llevó a cabo la rogación para mí al frente de su canastillero, el gabinete donde un santero guarda las soperas con los otanes de los santos. El canastillero usualmente tiene cuatro estantes, cada uno de los cuales aloja a la sopera y a los tributos especiales de uno de cuatro Orishas principales. El primer estante pertenece a Obatalá, el dueño de las cabezas, cuyo color es blanco y cuyo atributo más importante es una paloma blanca. El segundo estante pertenece a Oshún, la Orisha de las aguas de los ríos, quien es la dueña del amor, el matrimonio y el dinero. El color de Oshún es amarillo, su metal es el oro, y entre sus atributos ella cuenta abanicos, perfumes, corales, miel y canoas. La hermana de Oshún, Yemayá, es dueña del tercer estante, adornado con su color favorito, el azul. Como la dueña de las aguas del mar, Yemayá es dueña de las conchas marinas, perlas, ostras, barcos, sirenas y todas las criaturas marinas. Su estante siempre tiene pequeñas representaciones de sus atributos, a menudo incluyendo hermosas joyas incrustadas de perlas. Directamente debajo está el cuarto y último estante del canastillero, dedicado a Oyá, la dueña del cementerio y la centella —una de las más poderosas y respetadas Orishas—. Los colores de Oyá son una mezcla de nueve matices o un fondo florido donde el violeta predomina. Algunos santeros creen que ella es la legítima dueña del relámpago y el fuego, los cuales le dio a Changó porque lo ama.

Estos cuatro Orishas, junto con Changó, Elegguá y los Guerreros, son la base de Santería. Orúnla, quien es el patrón de los babalawos y no puede ser invocado ritualmente por nadie excepto por un babalawo, es también de gran importancia para la Religión, como oráculo supremo.

Todos los santeros reciben las soperas de estos Orishas, con los respectivos otanes, en el día del asiento, cuando son iniciados en la Religión. Tener los otanes de un santo quiere decir que un santero puede "trabajar" con un Orisha particular y obtener sus bendiciones especiales.

Cuando un ahijado del santero visita su casa, su primer acto, después de abrazar a su padrino es rendir homenaje —foribale— a los Orishas en frente del canastillero. El foribale es hecho acostándose boca abajo sobre el piso, los brazos a lo largo del cuerpo, si la persona es el "hijo" de un Orisha varón; o recostándose de medio lado en el piso, primero de un lado y después de otro, si el Orisha es mujer. El santero le da unas palmaditas en los hombros al ahijado, dice unas palabras en Yoruba y lo ayuda a levantarse. Tanto el ahijado como el padrino se saludan entre sí, con los brazos cruzados en su pecho, tocándose las mejillas, primero a un lado de la cara y luego del otro.

El día de mi rogación, mi madrina me dijo que trajera conmigo dos cocos, dos velas blancas y un rollo de algodón. Un coco era para la lectura, el otro para la purificación ritual de la cabeza.

Me sentó frente del canastillero, descalza y con las piernas descubiertas, las manos sobre las rodillas, palmas hacia arriba. Luego trajo dos platos grandes. En uno colocó los cuatro pedazos de coco usados en la adivinación y en el otro los ingredientes de la purificación, que consistían en coco rayado con manteca de cacao, y la sustancia conocida como cascarilla (efún), hecha de cáscaras de huevo finamente pulverizadas. El alimento de Elegguá —maíz tostado y pedacitos de pescado ahumado y jutía seca— el cual es ofrecido al Orisha después de la rogación, también estaba reposando sobre el plato.

La madrina colocó los platos en frente de las soperas y vertió tres asperciones de agua en el piso. Luego empezó a moyubar, pedir el permiso y la bendición de los santeros mayores muertos —aré ikú, igbón— y de los otros Orishas. La primera rogación fue para Olodumare, el otro nombre de Dios en Yoruba.

"Olodumare ayuba. Boguo embelese Olodumare ayuba bai ye baye tonu...Dios todo poderoso, pedimos su bendición; estamos a sus pies. Hacemos esto con su permiso y el permiso de los fieles muertos. Llévese a todo lo maligno, Dios todo poderoso...".

Ella continuó sus oraciones, volviendo a llamar en pos de ayuda a los espíritus de los iyalochas y babalochas muertos, saludando a su propia madrina o padrino, invocando la ayuda de los Orishas. Terminando sus oraciones, levantó los dos platos en frente de mí, y anunció sus intenciones a los Orishas.

"Emí borí...Ahora purifico esta cabeza", continuó, esta vez exorcizando al mal y a la destrucción. "Cosi ikú, cosi aro, cosi eyé, cosi ofó...arikú babá awó".

Ella enumeró cuidadosamente todos los ingredientes en los platos, y tocó a mis pies, rodillas, manos, hombros, frente, y mi nuca, con los platos rogando en Yoruba todo el tiempo. Cuando terminó esta presentación, ungió esas mismas partes con agua, luego con manteca de cacao. Cuando se dobló a recoger las cortezas de coco para pedir la bendición de los Orishas, yo tímidamente la interrumpí.

"Madrina", dije "¿Podría hacer una pregunta a los Orishas mediante el coco?"

Ella volteó a mirarme, y me transfiguró con una mirada fría y severa.

"Estamos aquí para purificar su cabeza" me dijo, como si le estuviera hablando a un niño pequeño y consentido, "no para hacer preguntas personales. Hay tiempo para eso, y ese tiempo no es ahora".

Bajé la cabeza y no dije nada. ¿Dónde está María?, me pregunte tristemente. Ella nunca me habría contestado así. Paciente, suavemente, sin herir mis sentimientos, ella me habría explicado por qué yo no podía hacer preguntas a los Orishas durante una rogación. Pero María tenía ya mucho tiempo de muerta. Tal vez está entre los aré ikú, los muertos fieles a quien la madrina había invocado antes. Tal vez su amada presencia estaba aquí ahora, observándome como siempre, asegurándose de que estaba bien protegida. Me sentí extrañamente cómoda por este pensamiento y menos lastimada por las palabras de la madrina.

Las preguntas a los Orishas a través del coco nos dieron alafia, seguido por ellife, indicando que los Orishas estaban complacidos con la ceremonia. Satisfecha con el resultado, la madrina puso un pedacito de manteca de cacao y coco en su boca, los mascó, y colocó la pasta resultante encima de mi cabeza, mi nuca, el doblez de mis codos, mi garganta y mis sienes. También colocó algo de la pasta en mis rodillas, las palmas de mis manos y mis pies. Luego roció algo de la cascarilla encima de esta pasta, cubriéndola con bolas limpias de algodón.

La madrina luego encendió las dos velas, las colocó en las palmas de mis manos, y cerró mis dedos alrededor de ellos.

"Siéntese en silencio por algún tiempo", me dijo, "y pídale a los Orishas, especialmente a Obatalá, que la libere de todas las malas influencias en su vida. También estaré rogando por usted".

Su voz era suave, y volví a hablarle cordialmente. En mi larga asociación con ella, iba a aprender que su afecto hacia mí era profundo y real. La severidad que algunas veces salía a la superficie en sus relaciones con sus ahijados aparecía cuando el estricto protocolo de la Santería era quebrantado. Después de veinticinco años como iyalocha, ella vivía sólo para servir a los Orishas y para ayudar a sus ahijados. Era hija devota de Oshún, y el Orisha le había dado riquezas que compartía generosamente con sus ahijados, a menudo pagando ella misma algunas de las iniciaciones más costosas de la Religión. Su única exigencia era que se le prestara adecuado respeto y tributo a su Orisha y a ella.

La rogación terminó dándole de comer a Elegguá. Complacido con la ofrenda él nos dio su bendición —alafia con ire— que son cuatro cocos blancos donde uno de los pedazos de coco cae encima de otro.

Luego la madrina amarró un pañuelo blanco alrededor de mi cabeza y me dijo que no me lo quitara hasta el otro día.

"Para asegurar la Bendición y protección de Obatalá", me dijo. "Mañana usted se quita la pasta de su cabeza cuidadosamente y me la devuelve. Luego haré que alguien la lleve a la manigua para completar el rito".

"¿Y qué hago con la pasta en mi cuello y el resto de mi cuerpo?" Le pregunté.

"Se la puede quitar ahora", dijo, y procedió a quitarla.

"Madrina, ¿Por qué usted mascó el coco y la manteca de cacao?".

"Porque la saliva tiene ashé, poder. Algunos santeros no lo hacen porque no quieren dar su fuerza a sus ahijados. Pero eso es una ofensa para los Orishas, y esos santeros cosecharán sus propias recompensas".

La oí expresar muchas sentencias sobre el comportamiento inadecuado de muchos iyalochas y babalochas e incluso algunos babalawos quienes, en su opinión, eran una vergüenza para la Santería.

"Esta es una religión de la tierra", a menudo me contaba, "lo cual es lo más cercano que podemos llegar a Dios. A causa de eso, debe mantenerse pura. No hay lugar para el lucro personal en Santería. Su propósito es simplemente adorar a Dios y a los Orishas".

María abría repetido este sentimiento con su gracia especial: "Olofi y Orisha son tó, florecita, usted conoce al Orisha, usted conoce to. *Ná má impo'ta...*".

CAPÍTULO CUATRO

DE VIDA

Y DE MUERTE

Cuando cumplí quince años, el hermano mayor de María quien también era su favorito, quedó severamente paralítico por la artritis. Ella decidió ir a cuidarlo. Al año siguiente, yo estaría empezando mis estudios en la Universidad de Río Piedras, donde ella no podría acompañarme. Quedé deshecha por su partida, pero me consolé con saber que yo podría visitarla tantas veces como quisiera.

Extrañaba a María principalmente durante la caída de la tarde, cuando yo regresaba de la escuela y teníamos largas conversaciones y ella me instruía en las complejidades de llegar a adulto. Por este tiempo mi papá me compró un viejo Buick convertible y pasaba la mayor parte de mi tiempo libre recorriendo el campo en el auto. Había estado conduciendo desde que tenía doce años, pero esta era la primera vez que me permitían conducir sola. La experiencia parecía como un emocionante preludio a mí próxima estadía universitaria.

Muy pronto empecé a conducir a la casa de María después de la universidad. Ella siempre estaba feliz de verme y siempre tenía una pequeña comida esperándome la cual consistía usualmente de surullitos de maíz (frituras de maíz preparadas con leche de coco), bacalaitos (frituras de bacalao), y algunas veces un banquete especial consistente de un gran plato de sus famosas alcapurrias (frituras de plátano verde rellenas con cerdo).

Ocasionalmente uno de sus sobrinos iba a pescar en la cuenca del río al borde del pueblo, donde el océano y el río se unían en marea alta. Regresaba balanceando sobre sus hombros un largo palo de madera en cada uno de cuyos extremos colgaba un gran latón. Ambos latones estaban llenos de setí, un pez diminuto, de apenas media pulgada de largo, el cual solo puede ser encontrado en esa particular cuenca del río. Ramón vendía su valiosa carga en el mercado de alimentos a considerable precio, pero siempre guardaba una gran porción de la pesca para María, quien usaba el raro pez para preparar uno de las más deliciosas especialidades nativas de Puerto Rico, empanadas de setí. María rayaba la yuca y preparaba una sabrosa pasta, y después la rellenaba con el setí, el cual había sido cocido en una salsa especial. Cada empanada o croqueta era envuelta en hojas de plátano, la cual era entonces asada sobre carbones ardientes hasta que las hojas se consumían completamente. En este punto la empanada estaba lista para comer. El gran talento de hacer las empanadas yace no sólo en la salsa picante de pescado sino también en regular las empanadas en las brazas y la cantidad de hojas de plátano usadas en la envoltura. Cuando son bien preparadas, las empanadas de setí son el sueño de un gastrónomo hecho realidad.

Siempre sabía cuando María había hecho las empanadas porque los anafres (latas grandes de estaño llenas de carbones al rojo), estaban enfriándose afuera en el patio. Adentro de la pequeña casa inmaculada, María y Don Flor, su hermano, estaban sentados detrás de una pesada mesa de madera ennegrecida por muchos años de uso. Un gran plato de humeantes empanadas adornaba el centro de la mesa, sobre la cual también reposaban tres recipientes formados del cascaron del coco, ahuecados y pulidos hasta brillar como madera de caoba.

Estos "coquitos" eran luego llenados con café y leche caliente batida hasta hacer espuma. Este café dulce y delicioso es típico de Puerto Rico y toma su sabor especial de los coquitos en los cuales se sirve. María, Don Flor y yo nos sentábamos durante muchas horas a esta mesa, sorbiendo café de los coquitos y comiendo empanadas.

Porque sabia que María se ganaba escasamente la vida con su trabajo como costurera, siempre le traía leche, huevos, y mantequilla de nuestra casa. Mi mamá siempre le enviaba algún dinero, el cual yo siempre le aseguraba a María que era para las medicinas de Don Flor. De esta forma, sabía que aceptaría el dinero sin sentirse apenada.

A menudo, cuando nos sentábamos a comer las empanadas, María comentaba sobre las propiedades mágicas del setí, y afirmaba eran el resultado de la unión de las aguas del océano y el río en marea alta.

"Yemayá es las aguas del océano, y Oshún es el río", me dijo, mientras saboreaba una empanada. "Las dos Orishas son hermanas, y cuando se encuentran, se desbordan de alegría. El setí nace de esta felicidad. Cuando usted lo come, recibe las bendiciones de Yemayá y Oshún".

Don Flor, quien compartía las creencias de María en Santería, inclino su cabeza blanca en señal de acuerdo.

"Y por eso es que el setí es tan difícil de encontrar", añadió solemnemente. "Sólo aquellos que los Orishas quieren bendecir pueden encontrarlo".

"Entonces su sobrino Ramón debe tener muchas bendiciones", dije yo, con una sonrisa. "El siempre encuentra al setí".

"Ramón es hijo de Yemayá", contestó María, ignorando mi impertinencia. "Y de seguro tiene sus bendiciones. Siempre hay mucha comida y ropa para él y su familia, y todos sus hijos van a la escuela. Su hijo mayor empezará la universidad el próximo año como tu".

De pronto me sentí avergonzada de mis ligeras palabras. "Lo siento", dije con un profundo suspiro. "Tengo todavía mucho que aprender. Pero es sólo que el setí es únicamente un pez. Pero para ti todo tiene una razón de ser, y los Orishas están detrás de todo lo que existe".

"Pero lo están, florecita", dijo María con una amplia sonrisa. "Todo lo que existe tiene su propio ashé especial, un cierto poder que depende de nosotros encontrar". Me ofreció otra empanada. "Toma, para que tengas más bendiciones", dijo, con su risa feliz y gorgojeante.

Algunas tardes, cuando su carga de trabajo era más ligera y Don Flor estaba descansando cómodamente, María me acompañaba a pasear en el carro. A menudo visitábamos la playa que se extendía a todo lo largo del pueblo. Uno de nuestros lugares favoritos era el faro, una torre luminosa que estaba en un promontorio al borde del océano. Nos sentábamos en las rocas que dominaban el agua al pie del faro y alimentábamos a las gaviotas con pedazos de pan seco que María mantenía en su bolso para ese propósito.

"Las gaviotas son los mensajeros de Olocun", me dijo una vez. "Olocun es Yemayá en el fondo del mar, ella es una Orisha muy poderosa. Cuando digas su nombre, toca el suelo y besa el polvo de tus dedos."

Arrojó otro pedazo de pan a las gaviotas que se arremolinaban alrededor de nosotros y continuó su historia. "Muchos Yorubas viejos dicen que Olocun es mitad pescado, otros dicen que es mitad hombre y mitad mujer. Mi mamá me contó que en el comienzo, había sólo Olorún-Olofi y Olocun.

Olofi era dueño de los cielos y Olocun de los océanos, pero Olocun era tan poderoso y peligroso que tan pronto como Obatalá tomó la tierra, encadenó a Olocun con siete cadenas en el fondo del mar para que este no cubriera la tierra en un acceso de rabia. Aun encadenado de esa forma, Olocun puede causar muchos problemas cuando se enoja. Imagínate, florecita, lo que sucedería si se liberara".

Estuve pensativa durante un tiempo. "María", dije finalmente "se nos enseña en la escuela que la gravedad es lo que sostiene a las aguas del océano en su lugar y evita que cubra el resto de la tierra".

"Gravedad", dijo María pensativamente. "Ese es muy buen nombre para las cadenas de Olocun, florecita".

Según María los principales atributos de Olocun eran un majá —una culebra tropical— y una máscara. Al Orisha le gusta bailar con una de estas serpientes enrolladas al rededor de su cuerpo. Mas tarde aprendi que la máscara simboliza una que es usada —muy raras veces— por los babalawos que se atreven a bailar la danza ritual de Olocun. Esta máscara sagrada, una de siete que pertenecen al Orisha, es guardada celosamente por sus hijos. Olocun debe recibir sus sacrificios en un barco lejos de la costa y siempre alguna de las personas a bordo es llevada por el Orisha. Por esta razón la mayoría de los santeros evitan darle de comer a Olocun mar adentro.

Yemayá "empieza" en Olocun, me contaba mi madrina. Hay sólo una Yemayá pero tiene siete caminos. En cada camino ella tiene un nombre diferente y hace una cosa diferente. El más antiguo, el más importante es Yemayá Awoyó, quien usa siete faldas para luchar por sus hijos y se corona con Ochumare, el arco iris. Yemayá Ayawá usa un calcetín de plata y escucha a sus hijos sólo con su espalda hacía ellos. Es sabía y arrogante, e incluso Orúnla, con quien ella

una vez se casó, escucha sus consejos. Yemayá Okuti es gue-
rrera y en este camino se casó con Oggún, el dios del hierro.
Es violenta, no olvida una ofensa, y cuando lucha, lleva el
cuchillo de Oggún y otras armas colgando de su cinturón.
Yemayá Konlá vive en la espuma del mar y a menudo se
acuesta a dormir enrollada alrededor de la proa de un barco.
Yemayá Mayelewo vive en los bosques en un estanque de
agua salada donde trabaja los más poderosos sortilegios.
Yemayá Asesu vive en las alcantarillas y otras aguas sucias.
Mensajera de Olocun, ella come con los muertos y es muy
lenta en escuchar oraciones, que siempre contesta muy
tarde. Por último, Yemayá Akuará vive en dos aguas, donde
el océano se encuentra con el río. Es feliz y le gusta mucho
bailar, pero no hace sortilegios. Era esta Yemayá, según
María, quien vivía en la cuenca del río donde el setí podía
ser encontrado.

"Yemayá Akuará muy buena para los enfermos", María me
decía. "Ella los cuida y cura. Por eso es que el setí es tan
bueno. Hace sentir a mi hermano mejor".

"El setí haría sentirse mejor a cualquiera, María", dije
sonriéndole.

"Especialmente en las empanadas de María, ¿ah, florecita?" dijo ella devolviendo la sonrisa. Yo reí y ella me acom-
pañó, su risa elevándose alegremente en medio de los gritos
de las gaviotas asustadas.

Algunas veces íbamos hasta los sumideros cerca de la
aldea de la Esperanza, donde el Observatorio Ionosférico de
Arecibo sería construido muchos años mas tarde. El campo
allí era seco e inhóspito, espesamente arbolado y montaño-
so. Algunas partes del terreno estaban entre cruzadas por
grandes sumideros y ríos subterráneos cuyas aguas tumul-
tuosas podían ser escuchadas debajo de la tierra. Una de
estas corrientes subterráneas desembocaba en una cueva

que yo nunca había visto, pero que María mencionaba a menudo. Aunque el campo es propiedad de Osain, el dueño de todos los montes, la cueva y el río subterráneo pertenecen a Oshún.

"Oshún tiene muchos caminos como Yemayá", María me decía. "Aquí en el monte su nombre es Oshún Niwe. Algunas veces, cuando ella vive en el fondo del río, se llama Oshún Ololodi. Cose y teje allí abajo rodeada de peces. Mi mamá me contó que Ololodi es mitad mujer y mitad pez. Hay un nombre para eso".

"¿Quieres decir sirena?" le dije.

"Esa es la palabra, florecita", me contestó. "Esa es la razón por la cual no sale del río. Se sienta allí todo el tiempo con una estrella y una media luna para que le den luz mientras teje. Ololodi es muy sorda. Cuando le pides un favor, le toma mucho tiempo para contestar. Hay que llamarla con una campana."

"¿Quién es la Oshún que le gusta bailar en las fiestas?" pregunté.

"Esa es Oshún Yeyé Moro", dijo María. "Le gusta bailar y pintarse. Siempre está mirándose al espejo y le gustan mucho los perfumes y la ropa bonita. Los hombres se vuelven locos por ella y ella juega con ellos todo el tiempo y hace con ellos lo que ella quiere". Aquí María rodó los ojos y dio un gran suspiro. "Hay muchos misterios con los santos, florecita. Con Oshún especialmente. Ella es muchas mujeres y a la vez es una sola".

"Me gusta mucho Oshún", dije. "Ella es una Orisha tan feliz".

"Esa es ella, florecita, esa es ella", dijo María solemnemente. "Pero ella puede ser muy seria cuando tiene que serlo," añadió. "Y es muy peligroso hacerla enojar. No olvida tan fácilmente como Yemayá".

Muchos santeros han confirmado el pronunciamiento de María sobre los peligros de ofender a la usualmente feliz y encantadora Oshún. Una historia ahora famosa que ilustra las delicadas sensibilidades de esta Orisha ha sido reportada por muchos santeros y la cuenta Lydia Cabrera en su obra El Monte.

Parece ser que en un guemilere o fiesta de santo dada en la Habana en honor de Oshún, uno de sus hijos fue poseído por esta santa, quien muy prontamente se envolvió en un manto de seda amarillo y empezó a circular entre los invitados. Nunca nadie había visto a Oshún más feliz y más coqueta.

La Orisha reía y bromeaba y movía los flecos de su manto de lado a lado con su inimitable gracia. Nadie podría haber sido más femenina y seductora, a pesar de estar en posesión de un cuerpo masculino. Uno de los hombres en la fiesta levanto una irreverente mano y le dio una sonora nalgada al santero poseído por Oshún y burlonamente lo acusó de ser un invertido. Su acción congeló a todos en el cuarto, el cual se tornó frío y silencioso. Oshún se detuvo en seco. Muy lentamente volteó a mirar al hombre que la había insultado. Mirándolo fijamente, le dijo, "Cinco *irolé* para usted y cinco irolé para mi omo-Orisha".

Irolé significa día en Yoruba. Cinco es el número asociado con Oshún en la Santería. Ninguno de los presentes en el guemilere se sorprendió grandemente cuando tanto el santero poseído por Oshún como el hombre que la había ofendido murieron cinco días después, del mismo problema intestinal. (Toda la región abdominal le pertenece a Oshún).

Tal vez la parte más aterradora de la historia es que ambos hombres fueron enterrados el mismo día. Sus sepulturas, coincidencialmente, estaban una al lado de la otra. Veinticinco iyalochas, todas hijas de Oshún y todas poseídas por el Orisha, aparecieron en el entierro. Durante los servicios funerales todas se mantuvieron alrededor de las tumbas, riendo en tonos bajos y tenebrosos, con una risa fría y despreciativa.

Muchas otras historias acerca de los peligros de ofender a la Venus de los Yorubas son contadas por los santeros, que dicen que Oshún es muy temerosa cuando ríe.

"Es mejor cuando ella llora, florecita", María solía decirme. "Cada vez que llora, está feliz con usted y le dará lo que quiera".

"¿Pero por qué, María?".

"Oshún es muy sentimental, muy apasionada. Tiene sentimientos poderosos, *alogurá*. Ella ríe de soberbia y llora de contento".

"Pero también ríe en las fiestas, cuando no esta enojada", dije yo.

"Eso es diferente", sonrió María, palmoteando mi mano. "Nada profundo allí, no hay sentimiento involucrado. Todavía tienes mucho que aprender, florecita, pero aprenderás".

Miré a María, empezando a comprender.

"¿María...Oshún es amor?"

Su sonrisa se profundizó. "Entre otras cosas, florecita, entre otras cosas". Ladeó su cabeza en un gesto familiar y pareció pensativa durante algunos momentos. "Oshún es vida, tierra, naturaleza; como la vida, algunas veces es feliz, algunas veces triste, algunas veces buena, algunas veces mala...No mala, mala", se apresuró a decir, como si estuviera temerosa de ofender a la Orisha, "pero mala cuando la vida es triste porque no hay amor. Oshún es amor hecho realidad —por eso es que ella representa al matrimonio— pero es también otras clases de amor —amor que no es puro—", añadió con delicadeza. "En ese camino, ella es Oshún Kayode u Oshún Miwa. Protege a esas mujeres "de vida alegre", que invocan su ayuda ofreciéndole cinco yemas de huevo rociadas con canela en un plato blanco".

"¿Cómo puede Oshún ayudar a estas mujeres?" pregunté. Como la mayoría de los adolescentes, yo sabía más de los lados turbios de la vida de lo que se me daba crédito. Pero María, como la mayoría de los adultos super protectores, era siempre muy cautelosa cuando discutíamos lo que ella llamaba cosas "del mundo".

"Porque son mujeres de negocio en cierta forma", dijo ella cuidadosamente. "Y Oshún es dueña de todo el oro, de todo el dinero del mundo. No se puede hacer dinero sin su ayuda".

"Parece como si Oshún fuera dueña de todo, María", sonreí.

"No todo", dijo seriamente, "Pero ella es la que hace que valga la pena vivir la vida...".

Según María, Oshún es dueña del matrimonio porque ha estado casada más que cualquiera de las otras Orishas femeninas. Con aquellos Orishas varones con los que no se ha casado, ha tenido "aventuras". El más importante de sus amoríos es Changó, a quien ama apasionadamente. Pero el tempestuoso dios del fuego, del trueno y del relámpago tiene una esposa "legal", la Orisha Oba, patrona del río Nigeriano del mismo nombre. Oba es muy seria y callada , y sufre en dignificado silencio todos los líos extramaritales de Changó.

De todas sus amantes se dice que Changó prefiere a dos, la irresistible Oshún y Oyá, la poderosa dueña del cementerio. Oyá no es tan hermosa como Oshún, pero su fiero temperamento fascina a Changó quien a menudo la lleva consigo durante sus más feroces batallas. Algunos santeros afirman que fue Oyá, la dueña de la llama, quien le dio a Changó el poder del fuego. Aunque Oyá y Oshún a menudo riñen por los favores de Changó, son buenas amigas y "comen" juntas durante los sacrificios rituales. La amistad de Oyá no se extiende a Yemayá, a la cual nunca ha perdonado por engañarla para que intercambiara la propiedad de las aguas de los océanos, las cuales originariamente pertenecían a Oyá, por la del cementerio, anteriormente propiedad de Yemayá. Desde entonces las dos Orishas se detestan y los santeros tienen cuidado de no "alimentarlas" al mismo tiempo, ya que ellas se niegan a "comer" juntas.

Orúnla, el adivino celestial; Ochosi, el cazador; Babalú, el patrón de los enfermos; Aganyú, el poderoso padre de Changó; Inle, el médico divino; y Oggún, el forjador del hierro, todos han sido en un tiempo u otro los esposos o amantes de Oshún. Sólo Obatalá, su padre; y su "confidente", Elegguá, no han estado unidos románticamente con la voluptuosa Orisha.

El poder de Oshún sobre los hombres está profundamente conectado con su propiedad de la miel, un símbolo secreto de su sexualidad. En un patakí bien conocido, Oggún estaba viviendo en el monte, eggó. Sin hierro no puede haber progreso, y mientras Oggún, quien es dueño del metal, se quedara en el monte, la evolución de la humanidad estaba detenida. Olofi, muy preocupado por este estado de cosas, envió a Elegguá a hablar con Oggún y ordenarle que regresara a la civilización. Pero Oggún se rehusó a dejar el monte. Todos los otros Orishas también trataron de convencer al salvaje Oggún para que se uniera a ellos, pero Oggún ni siquiera les permitió entrar en su casa. Finalmente Oshún llenó una jícara con miel, amarró cinco pañuelos de seda al rededor de su cintura, y fue al monte en busca del violento e irascible Oggún.

Tan pronto como Oggún vio a Oshún, se ocultó debajo de unos arbustos. La diosa pretendió que no había visto a

Oggún y empezó a bailar, balanceando su cuerpo voluptuosamente de lado a lado. A medida que ella bailaba, cantaba una de sus más hermosas melodías de amor y agitaba el aire con sus cinco pañuelos. Las cinco manillas de oro que ella constantemente usa tintineaban agradablemente en sus delicadas muñecas.

Fascinado con la belleza de Oshún y su música, Oggún olvidó su determinación de ocultarse del mundo y alzó la cabeza de detrás de los arbustos. Rápida como el relámpago, Oshún sumergió sus dedos en la jícara y esparció un poco de miel sobre la boca de Oggún. El insociable Orisha lamió la miel con deleite y, como un tímido venado, se aventuró unos pasos fuera de los arbustos. Oshún ignoro las acciones de Oggún, como si no las hubiera visto y continuo moviendo sus faldas y pañuelos. Mientras cantaba y bailaba, se fue alejando de Oggún. El enamorado Orisha la siguió como un cordero, sin darse cuenta de que ella lo estaba sacando fuera del monte. De vez en cuando, Oshún daba vuelta e impregnaba los labios de Oggún con miel.

El proceso le llevó cinco días, pero finalmente salió del monte seguida ciegamente por Oggún. Hubo una gran fiesta en la ciudad de Ife, donde todos los Orishas vivían, porque el retorno del forjador de hierro significaba el adelanto continuo de la civilización. Pero según la leyenda, Oggún realmente no cambió. Aunque él no volvió al monte, continuó siendo la misma deidad violenta y de mal genio, siempre sediento de sangre. En algunas ocasiones, cuando está de especial mal humor, provoca un descarrilamiento de tren o un accidente de carro, a menudo ayudado por Eshú Ogguanilebbe, su compañero inseparable, el cual es uno de los veintiún caminos de Elegguá. Pero Oshún continúa siendo para siempre su amante favorita y por ella él hace cualquier cosa.

En otro patakí, es Changó quien decide darle la espalda a la humanidad, trepando a la cima de su palma favorita, y rehusando a volver a bajar. Esta vez Oshún saca a Changó de la palma parándose al pie de ésta y quitándose lentamente la ropa hasta la cintura. Cuando Changó ve a Oshún semidesnuda y sonriéndole seductoramente, baja del árbol con la velocidad del relámpago, y sigue a Oshún fuera del monte y de regreso a la ciudad de Ife.

Las historias acerca de Oshún y sus aventuras de amor son muchas, pero los santeros nos recuerdan que es erróneo juzgar a Oshún como una deidad frívola y coqueta. Ella también tiene muchos aspectos serios, suficientes para hacerlo a uno sospechar que su aparente ligereza es una pose que adopta para satisfacer sus propósitos. *Yeyé-Cari abeberiye moroladde codyu alamadde otto*: Los poderes de Oshún son ilimitados.

La miel de Oshún —*oñí*— siempre debe ser probada cuando se le ofrezca a ella. La leyenda dice que alguien trató de envenenarla una vez al introducir una sustancia mortal en su miel.

Desde entonces la Orisha exige que su oñí sea probado en su presencia para asegurar que no esté envenenado.

María creía que la Oshún que vivía en la caverna oculta en La Esperanza era muy vieja y muy sabia.

"Oshún Funke conoce todos los secretos del universo. Ella enseña. Todo ese eggó es de ella. Ella corre por debajo y controla todo. Cuando tu estás allí afuera, puedes sentirla cerca. Todo tu cabello se pone de punta".

Y en verdad, cada vez que yo iba a los sumideros con María, me sentía intranquila, como si estuviera en presencia de algo vasto e indescriptible. Cualquiera que visite esa sombría y misteriosa parte de la isla queda con la misma impresión de extraordinario poder. Hoy la presencia del observatorio, con su radar gigante donde los científicos esperan recibir algún día un mensaje extraterrestre, hace al área aún más impresionante. María indudablemente colocaría todo el proyecto a los pies de Oshún Funke, en lugar de la Universidad de Cornell, la cual lo patrocina.

"Es Oshún Funke", diría ella, "enseñándole al mundo algunas de las cosas que sabe del universo...".

Algunas veces después de dejar La Esperanza, María y yo íbamos a la Central Cambalache, un ingenio al otro lado del pueblo, donde podíamos beber un vaso grande y helado de melao de caña diluido en agua. Esta bebida y el tamarindo eran los refrescos favoritos de María, y yo trataba de darle ese gusto tanto como fuera posible.

De camino a la Central, pasábamos primero por un gran campo de piñas. Cuando las piñas estaban listas para recoger, el campo parecía un inmenso tablero de ajedrez punteado por topacios intrincadamente tallados. La fruta dorada relucía bajo el sol, coronada por el mechón esmeralda de sus púas. Durante la temporada de cosecha, parábamos cerca del borde del camino y hablábamos con los obreros que recogían la piña. Siempre terminábamos con la parte trasera del carro llena de la deliciosa fruta, por la cual los recolectores no aceptaban pago.

Más adelante llegábamos a los campos de azúcar, que todavía eran cortados por el jíbaro con el machete. La mayoría del corte era hecho temprano durante el día para evitar los abrasadores rayos del sol tropical; pero en medio de la zafra, la temporada alta de la caña de azúcar, el corte algunas veces se extendía hasta el crepúsculo. Los hombres trabajaban en cuadrillas, con los mejores cinco o seis cortadores —el "grupo principal"— abriendo la hilera de caña.

El cortador más hábil abría la fila del frente y era apropiadamente llamado la puerta. En la comunidad jíbara, era una honra ser miembro del "grupo principal", porque algunos de estos hombres podían cortar más de dos toneladas de caña al día. Aún hoy, la importancia de un cortador experto no puede ser minimizada porque hay muchos campos donde la forma del suelo imposibilita el uso de maquinaria avanzada.

Debido a que el venenoso "ciempies" abundaba entre la caña, los hombres ataban un pedazo de cordón alrededor del borde de sus pantalones, asegurándolos a sus tobillos. Muchos de ellos trabajaban desnudos de la cintura para arriba, en un esfuerzo vano de aliviarse del sofocante calor.

El copioso sudor que era el resultado de su trabajo actuaba como una protección natural contra los rayos del sol. La mayoría de los hombres usaban la *pava*, un gran sombrero de paja que es el símbolo tradicional del jíbaro y de Puerto Rico.

Los hombres trabajaban por turnos, alternando su trabajo y sus períodos de descanso. Al otro lado del camino, el paisaje vacío era interrumpido por explosiones súbitas de un rojo brillante. Atrevido e incontrolable, como un fuego deslumbrante, el *flamboyán* —el árbol nacional de Puerto Rico, conocido comúnmente como la poinciana real— invadía los sentidos excluyendo todo lo demás.

Allí, bajo el generoso toldo escarlata del gran flamboyán, suavemente acojinado por la vívida alfombra de flores caídas, el jíbaro tomaba su bien merecido descanso. Como un moderno Omar Khayyám, sentado bajo su palio de flores rojas, el jíbaro tejía la fantasía de sus esperanzas y de sus sueños en la forma de múltiples estrofas que él llamaba *décimas*. Estos poemas folkloricos, a los cuales mas tarde se le añadiría música, eran la expresión definitiva del ideal puertorriqueño.

La piña y los campos de caña de azúcar, el fatigado jíbaro y sus toscos implementos de trabajo, eran todos, según María, la propiedad de otra deidad Yoruba, Orisha-Oko.

Este santo, sincretizado en Santería como San Isidro Labrador, es el patrón de la agricultura y es simbolizado por un par de bueyes que tiran un arado.

"Sin Orisha-oko nadie come", María solía decirme. "El da buenas cosechas o las quita. Cuando la tierra está seca o demasiado caliente o demasiado fría y nada crece o se da mal, es hora de rogar a Orisha-Oko".

Esta deidad, que se dice da gran estabilidad a aquellos que lo reciben, es un Orisha muy poderoso cuyos misterios pueden ser dados sólo a los santeros iniciados. Naturalmente no estoy familiarizada con esta ceremonia, que se dice es extremadamente hermosa. Sin embargo he visto los pequeños bueyes de plata y el arado, rematados por una diminuta sombrilla, el cual es el amuleto que representa al Orisha. El otán, o piedra, donde "vive" este santo debe ser encontrado en un campo recientemente cultivado. Orisha-Oko no se "corona" en la cabeza de una persona, como la mayoría de los otros Orishas. Al igual que Olocun, que representa a las profundidades del océano, Orisha-Oko, que representa a la tierra, es demasiado vasto para caber en una cabeza humana. Sólo aquellos olochas a quienes se les dice durante su iniciación que deben recibir al dios de la agricultura se les permite entrar en estos misterios.

En la primavera previa al comienzo de mis estudios universitarios, mi círculo de amigos se expandió y se me permitía salir sola más a menudo. La semana de pascua fui a España con una de mis tías para ver los ritos de la Semana Santa en Sevilla. Tal vez porque yo estaba en una edad tan sensible, la vívida recreación de los sufrimientos de Cristo, especialmente durante la magnífica procesión del viernes santo, me atormentó profundamente. Estatuas de soldados romanos azotaban y crucificaban a Jesús despiadadamente, la virgen María lloraba lágrimas de diamantes, y el cuerpo de madera tallada de Jesús era paseado en un sepulcro de cristal con una base labrada en hoja de oro. Su figura yacente parecía dormir un sueño agitado, las pálidas mejillas sombreadas de dolor. Marchando detrás de este angustioso esplendor, las figuras encapuchadas de los sacerdotes añadían un toque siniestro al espectáculo. Jesús murió de nuevo en frente de mis ojos esa semana, y para mi la experiencia fue devastadoramente cruel.

Al regresar de España, encontré a mi padre esperándonos en el aeropuerto. Estaba extrañamente callado. Mientras esperábamos por nuestro equipaje, hizo a un lado a mi tía y le habló a solas durante unos minutos. Cuando finalmente volvieron, pude ver a mi tía haciendo un visible esfuerzo por no llorar. Mi primer pensamiento fue que algo le había pasado a mi mamá, pero cuando le pregunté a mi papá, el sacudió la cabeza silenciosamente. De pronto, inexplicablemente, supe que se trataba de María. Mi padre y yo no siempre necesitamos palabras para comunicarnos. En este momento avanzó hacía mi y me abrazó fuertemente. Luego se alejó abruptamente y fue a recoger nuestro equipaje.

Nuestro viaje de retorno está todavía claro en mi mente. Me senté acurrucada en una esquina del carro, presa de un dolor que nunca antes había sentido. Mi padre nos explicó brevemente que poco después de nosotros haber salido para España, María atrapo un resfriado que se convirtió rápidamente en pulmonía. Había sido enterrada el día anterior. El trató de consolarme, asegurándome que ella había estado inconsciente todo el tiempo y no había sufrido una muerte dolorosa, pero yo continué torturándome con la idea irracional de que tal vez ella no hubiera muerto si yo hubiera estado allí. El dolor es el menos racional de todos los sentimientos, y simplemente sentí que de algún modo le había fallado a María.

Su muerte hundió a nuestra casa en un profundo luto. Durante nueve noches consecutivas mis padres y yo fuimos a la casita que ella había compartido con Don Flor, para unirnos a sus amigos y familia en los rosarios dichos en su memoria. Don Flor resistió su pérdida con su característica fortaleza, y la resignación que vi en sus ojos fue la última lección que iba a recibir de él. Seis meses después, murió mientras dormía.

El período escolar en Puerto Rico termina en mayo y vuelve a comenzar en agosto. Respecto a mi próxima estadía universitaria, todavía tenía que registrarme, escoger mi programa de primer año, y encontrar un lugar respetable para vivir. Estas actividades más mis tareas escolares comunes me ayudaron a adaptarme a la ausencia permanente de María. Hablar de ella era para mi muy doloroso y comencé a evitar mencionarla a cualquiera que la hubiera conocido. Ella, que había sido una persona tan alegre, no habría querido que yo pensara en ella con tristeza. Cuando la recordara, debería ser siempre con alegría. Algunas veces, estando sola, me parecía que la oía reír o sentía un ligero toque sobre mis hombros. Me volvía rápidamente, esperando verla y siempre me decepcionaba encontrar que no estaba. Pero esta tristeza pasajera se esfumaba de inmediato porque de algún modo yo sabía que ella estaba siempre cerca, aunque no pudiera verla. A menudo tenía la sensación de que una parte de ella estaba todavía conmigo y permanecería conmigo para siempre.

Un día a finales de julio, mi mamá empacó mi nueva maleta blanca con mi ropa nueva y uno de los juegos de ropa de cama que María había cosido y bordado. Ella había cosido a mano primorosamente seis juegos de ropa fina de cama de color blanco y varios mas en color pastel. Las sábanas, fundas de almohada y toallas terminaban todas en encajes tejidos por María y todas estaban bordadas con mis

iniciales. Mi mamá había comprado los materiales para
María, quien no podría sufragar el gasto, pero ella había
rehusado aceptar pago alguno por su prolongada labor.

Unos días antes del comienzo de mi primer semestre, mi
papá me llevó al hospedaje estudiantil de chicas que había
sido escogido como mi hogar en el campo universitario.
Puesto que a él no se le permitía subir a los alojamientos
estudiantiles, se sentó conmigo durante algún tiempo en el
salón de recibo y procedió a repetir una vez más la larga
letanía de consejos y advertencias que yo había estado escuchando todo el año anterior. Finalmente, con obvia renuencia, se puso de pie y nos abrazamos por largo tiempo. Cuando se alejó en el coche, lo observé desde mi ventana hasta
que se perdió en la distancia. Por primera vez en mi vida,
estaba completamente sola.

CAPÍTULO CINCO

FUEGO

Y RELÁMPAGO

Durante mi primer año de universidad, me interesé profundamente en el estudio de las humanidades. Mi profesor de filosofía era un orador persuasivo que adoraba a Hume, Kant, y Schopenhauer, y enseñaba a sus estudiantes que la existencia de Dios y otros seres sobrenaturales era no sólo improbable sino imposible de conocer. El navegaba con notable fluidez el abismo que existe entre el racionalismo de Spinoza y el escepticismo empírico de Hume, evitando de este modo un choque catastrófico con las sensibilidades religiosas de sus estudiantes, la mayoría de los cuales eran católicos.

Aunque el curso era un repaso general de la filosofía occidental, la brillante retórica del profesor Lázaro* era el molde perfecto para transformar las mentes de sus jóvenes estudiantes. Pronto aprendimos a declarar —con Hume— que todo pensamiento o imaginación está hecho de ideas, que a su vez son el producto de percepciones recibidas por nuestros sentidos.

---

*En la primera edición de este libro use el pseudónimo de "Machado" para identificar este profesor. Su verdadero nombre era José M. Lázaro. El fue un gran catedrático. La biblioteca de la Universidad de Puerto Rico fue bautizada con su nombre.

"Para Hume no existía tal cosa como la mente", nos decía el profesor, ondeando el puño en el aire a fin de enfatizar sus palabras. "Para él, la mente era simplemente una colección de ideas y no una entidad en sí. El incluso negaba la conexión entre causa y efecto, un concepto sobre el cual el racionalismo y todo el edificio del pensamiento científico había sido construido. Y lo hizo con una lógica tan impecable que el conmocionado mundo ortodoxo no tuvo mas remedio que escuchar". Aquí el profesor Lázaro se detuvo, el puño en la cadera, y torció sus bigotes con gran satisfacción, como si el logro de Hume hubiera sido el suyo. Esperó un poco para asegurarse de que la clase había asimilado sus palabras, y continuó.

"¿Y cómo lo hizo? Simplemente estableciendo que nunca percibimos causas, sino efectos. Todo lo que hacemos es inferir la causa del efecto, algo que según Hume era erróneo ya que no podemos experimentar causas. Pero más importante aun, Hume aseguró que cualquier cosa que podamos imaginar puede ser experimentado. Contrariamente, lo que no puede ser imaginado no puede ser experimentado. Esto significa que no es posible —repito, no es posible—", aquí el profesor golpeó su puño derecho sobre su palma izquierda, "tener una idea o concepto de la mente o alma porque no hay impresiones acerca de ellas, y por lo tanto no hay experiencias sobre las cuales basarlas. Cualquier cosa que no pueda ser experimentada no puede ser imaginada, y por lo tanto no puede existir. ¿Y quién puede experimentar lo que es el alma, lo que debe ser el mundo del espíritu, lo que debe ser Dios en su infinita esencia? Puesto que nadie puede —debatía Hume— entonces ninguna de estas cosas existe".

El impecable razonamiento detrás de los argumentos de Hume —y el colorido pero a la vez efectivo método de expresarse del profesor Lázaro— encontró un renuente eco en mi joven mente. Por primera vez en mi vida me encontré cara a cara con la lógica, el enemigo más implacable de la fe.

Afortunadamente, el profesor Lázaro también admiraba las obras de Kant y Shopenhauer, quienes habían sido cristianos y habían aceptado la existencia de Dios. Aunque pronto llegué a detestar la insoportable arrogancia de Schopenhauer y sus tendencias misogínicas, abracé las ideas de Kant como una persona que se esta ahogando y alguien le extiende una rama para salvarse. Sospecho que la ortodoxia de la época de Hume debió haber sentido el mismo sentimiento de alivio ante los esfuerzos de Kant para destruir el dragón del escepticismo Pero Hume no podía ser marginado tan fácilmente. Durante una de nuestras sesiones semanales, el profesor Lázaro nos explicó por qué.

"Kant", nos dijo, "aceptó la creencia de Hume de que todo conocimiento surge de la experiencia, pero afirmaba que debemos distinguir entre lo que nos da conocimiento y cómo ese conocimiento es manifestado. Esto era importante porque difería de la idea de Hume de que toda experiencia, y por tanto todo conocimiento, debe venir del exterior. Kant creía que tenemos ideas que vienen de adentro. Este es conocimiento independiente de la experiencia y él lo llamaba conocimiento a priori. Lo que se deriva sensorialmente, a través de la experiencia, es conocimiento a posteriori. La experiencia es por lo tanto formada por conceptos a priori, que pueden ser comparados con el entendimiento y la intuición, entre otras cualidades de la mente. Esto suena más difícil de lo que realmente es, y si ustedes usan sus cerebros como están supuestos a hacer, lo entenderán muy bien

Nadie se atrevió a pedirle que explicara más esta enseñanza porque sabíamos que él la aclararía muchas veces hasta asegurarse que nosotros entendíamos lo que quería decir. Se paseó por el salón varias veces, fumando su pipa, con las manos detrás de su espalda, esperando una vez más que sus palabras hicieran su efecto. Después de unos minutos continuó su disertación.

"Kant también aseguró que hay 'cosas fuera de la mente', lo que él llamó 'cosas en sí', que afectan e influyen las causas de nuestra experiencia. El las llamó *noumenos*, en oposición a fenómenos, que fue el nombre que el le dio a la apariencia de las cosas. Una vez que Kant preparó este cuidadoso escenario, procedió a presentar al mundo su obra maestra, a través de la cual estableció que, contrario a lo que Hume, Locke y el empiricismo en general creían, la mente humana no es una tablilla de arcilla vacía sobre la cual experiencias exteriores escriben su cuentos caprichosos, ni un nombre abstracto para una serie de ideas conectadas. Más bien, la mente es un órgano que clasifica la multitud de experiencias sensoriales en forma de ideas y les da sentido a través de pensamientos coherentes. Lo que todo esto significa es que el ser humano es capaz de raciocinio independiente, de intuición, y que es posible que existan cosas fuera de nuestra esfera material, que están más allá de nuestro alcance y comprensión, pero que sin embargo son reales. Estas verdades son derivadas de la forma en que nuestras mentes funcionan. Esto es verdaderamente brillante, y Kant aparentemente logró lo que se propuso hacer, es decir, destruir el escepticismo de Hume. Además, su pensamiento presupuso la existencia de Dios, aunque su existencia, de acuerdo a Kant, no podía ser probada a través de la razón. Pero una parte del argumento de Hume era todavía inatacable, es decir, toda cosa que no puede ser verificada, probada a través de la experiencia, simplemente no puede existir".

En este punto levanté la mano con timidez.

"¿Profesor?"

Cuando él inclinó la cabeza en tono alentador, yo continué, sintiéndome un poco más segura.

"Hume afirmaba que todas las ideas en nuestras mentes son el resultado de la experiencia a través de las percepciones del mundo exterior. Bueno, se me ocurre que Dios es una idea en nuestras mentes, como lo son los conceptos del alma y el yo. El hecho de que tengamos estas ideas debe querer decir que deben ser el resultado de alguna clase de percepción, que a su vez significa que deben existir".

El profesor Lázaro sonrió y movió la cabeza en ademán de aprobación. "Bien pensado", dijo él, "en una forma verdaderamente Kantiana. Lo que usted ha dicho es profundo, pero no nuevo. Usted ha descubierto el punto débil en la armadura de Hume, lo que significa que para siempre usted estará al lado de Kant en este dilema".

"Es cierto que prefiero a Kant sobre Hume", dije. "Kant es más humano, tiene una mayor visión. Hume es demasiado arrogante, está demasiado seguro de que tiene todas las respuestas, igual que Schopenhauer", añadí impulsivamente, lamentando inmediatamente el innecesario comentario.

El profesor Lázaro se precipitó sobre mi observación. A el le gustaba fomentar la polémica en su clase.

"¿Por qué no le gusta Schopenhauer?" preguntó, ocultando una sonrisa detrás de su bigote. "A él también le gustaba Kant y creía en Dios".

"Tal vez", dije, con un toque de desafío en mi voz. "Pero aun asi era un hombre horrible. Como él no podía ser feliz —a causa de su carcomido carácter— pasaba todo su tiempo insistiendo que el resto del mundo tenía que ser tan miserable como él".

El profesor Lázaro se echo a reír ante esta poco caritativa aunque acertada versión de la filosofía del desafortunado Schopenhauer, y el resto de la clase rió con él. Cuando la risa se había apaciguado, el profesor reasumió una vez más su gravedad acostumbrada.

"Parece que usted es una persona joven con fuertes ideas propias. Lo cual es bueno", añadió con una sonrisa, "porque significa que está haciendo su tarea. Pero es importante que todos ustedes entiendan el significado de la contribución de Schopenhauer al pensamiento humano". Volvió a encender su pipa y continuó.

"Schopenhauer era realmente un hombre triste", dijo pensativamente, "y tenía todas las razones para serlo porque cuando él tenía veintiún años, su padre había muerto, su madre —quien lo detestaba— lo había repudiado, y estaba completamente sólo en el mundo. Naturalmente su filosofía refleja su tormento interior, pero también refleja su gran genio. Cierto, él fue vanidoso y presumido y creía que era el intelecto más grande de su tiempo, pero sus afirmaciones no ofenden tanto a la gente como saber que probablemente tenía razón. Como ya hemos visto en discusiones pasadas, Schopenhauer estaba de acuerdo con Kant que el mundo que experimentamos consta de fenómenos. Pero a diferencia de Kant, él comparó los noumenos —las causas de los fenómenos— con la voluntad del ser humano. Esta voluntad es maligna y se le culpa por todo el sufrimiento en el mundo. Conocimiento, que es adquirido a través de la voluntad, es también maligno porque nos informa de las terribles condiciones bajo las cuales vivimos en este mundo. Pero este pesimismo —nacido de la vida infeliz de Schopenhauer— no pudo destruir su idealismo. Parte de su gran legado es que él reveló que el pensamiento no es un concepto abstracto, sino un instrumento útil a través del cual podemos controlar nuestras acciones. Más importante aun, nos enseñó que es vital para el ser humano reconocer la fuerza de sus instintos y que está motivado por sus deseos

de perseguir cada curso de acción. A pesar de su desespera-
do aislamiento, vio el valor del arte y reconoció que la belleza es el bien fundamental. Schopenhauer fue un héroe
impopular, un antihéroe si ustedes quieren, pero un héroe
sin embargo porque se atrevió a decirle al mundo algunas
verdades desagradables pero innegables. Y por eso tenemos
que respetarlo".

Pero la defensa del profesor Lázaro del detestable filósofo
alemán no logró hacerme querer a Schopenhauer en lo más
mínimo. No fue hasta muchos años después, cuando releí
su obra magistral *El mundo como voluntad e idea,* que percibí
por fin el mensaje de Schopenhauer y comprendí lo que
Lázaro había tratado en vano de enseñarme.

La mayor parte de mi interés actual en el misticismo
oriental, especialmente el Budismo Zen, fue influido por la
creencia de Schopenhauer en el concepto hindú de Nirvana
como el objetivo fundamental de todo desarrollo personal.
Pero a la edad de dieciséis años, mi idealismo romántico no
estaba dispuesto a aceptar conceptos pesimistas o negativos.
Yo deseaba demasiado vivir, saber, y la filosofía de Schopenhauer me negaba todo eso.

Aún así, la profunda erudición del profesor Lázaro hizo
mucha mella en mi fe. Incitada por su vigorosa dialéctica,
lentamente me despojé de muchas de mis más básicas creencias religiosas. Junto con Kant y Spinoza, llegué a aceptar
que la existencia de Dios no puede ser probada a traves de
la razón y no puede ser aceptada solo a través de la fe. Poco
antes de terminar mi primer año de universidad había con-
cluido que la lógica sustituye a todos los otros valores. Religión y superstición, como ahora llamaba a las enseñanzas de
María, no estaban cimentadas en bases lógicas y por lo tanto
tenían que ser descartadas.

La decisión de abandonar toda mi educación religiosa no fue fácil, y sentí como si estuviera desarraigando mi alma junto con mis creencias. Pasé la mejor parte de ese primer año llorando amargamente por mi renuncia autoimpuesta. Pero también sentía que mi decisión era necesaria. Con el tiempo superé el dolor y me desprendí de la religión. Si María todavía hubiera estado conmigo, tal vez podría haber tenido dificultad en abandonar sus enseñanzas. Pero su muerte había sido un momento crucial en mi vida. Sentí que una parte de mí había muerto con ella, y el renacimiento en mi personalidad exigía una dirección completamente nueva. Las creencias católicas de mi mamá no eran suficientemente fuertes para resistir el ataque violento de mi incipiente existencialismo. Me quedé sola frente al mundo con nada más que mi juventud y mi idealismo.

Los siguientes dos años pasaron sin casi cambio alguno. Pero luego pasó algo que me forzó a reevaluar mis creencias de nuevo.

Durante mí tercer año, una de mis amigas me invitó a una fiesta ubicada a unos pocos kilómetros de la universidad. Su hermano accedió a recogerme en la casa estudiantil donde me estaba alojando, y a traerme de regreso cuando la fiesta terminara.

Desafortunadamente, el día de la fiesta amaneció húmedo y tormentoso. Alertas de huracán fueron colocadas por toda la isla. Intrépida, continué con mis preparaciones para la fiesta. Pero cuando mi acompañante llegó, estaba lloviendo a cántaros y la visibilidad era escasa.

Condujimos más o menos una hora a través de una oscuridad casi total y una lluvia torrencial. Varias veces tomamos un giro equivocado y tuvimos que detener el auto para regresar al camino. Durante uno de esos giros errados, el auto resbaló sobre el asfalto húmedo y se precipitó por un barranco.

El impacto final me dejó momentáneamente aturdida pero ilesa. Cuando me recobré, vi que el hermano de mi amiga estaba inconsciente y posiblemente mal herido. No tenía idea de donde estábamos. La oscuridad era absoluta. Pero sabía que necesitábamos ayuda tan pronto como fuera posible. Buscando en la oscuridad la manija de la puerta, finalmente me las arreglé para salir del carro.

En el momento que estuve afuera, quedé empapada por la lluvia helada. El viento era tan fuerte que apenas podía mantenerme en pie y tuve que quitarme los zapatos para evitar deslizarme en el lodo. Me aventuré unos pasos hacia adelante, pero el viento me hizo perder el equilibrio, lanzándome de cabeza al suelo. La lluvia eran tan densa que apenas podía mantener mis ojos abiertos. Hice varios intentos de levantarme pero el resbaloso lodo no me permitió ponerme de pie. Temblando de frío, me acurruque en el suelo, demasiado cansada para perseverar. No podía ver la salida mientras la lluvia y la oscuridad continuaran.

En mi creciente desesperación, mis pensamientos regresaron a la seguridad de mi niñez. Durante tormentas cerradas, María daba vueltas agitadamente a mi derredor, siempre con la misma petición. "Pídele a Changó que pare la lluvia, florecita. El lo hará por ti". Incitada por María, yo reía y gritaba al tope de mis pulmones para que Changó detuviera la lluvia. Para mi era un juego, y cuando la lluvia paraba poco después de mi petición, nunca me sorprendía. Pero ahora, en medio de la tormenta y la impenetrable oscuridad, me di cuenta de que no estaba frente a un juego.

¿Todavía funcionaría? ¿Podría yo todavía conjurar la simple e inocente fe de la niñez que había abandonado en mi búsqueda de la realidad? ¿Cómo podría hacer que algo sucediera si no creía en esta posibilidad? A menos que...a menos que "algo" existiera fuera de la realidad material, ya creyera yo en ello o no. No tenía nada que perder por tratar. Si fallaba, simplemente estaría de vuelta donde empecé. Si tenía éxito, me salvaría junto con mi compañero —también encontraría prueba de una realidad completamente independiente de la mía—.

Con gran esfuerzo me levanté, usando ambos brazos para proteger mi cara de la violencia de la lluvia. Luchando por mantener mi equilibrio, miré al cielo, medio ahogada en las interminables aguas.

"Changó", grité con toda mi fuerza restante, "¿puede escucharme? una vez me dijo que lo llamara si alguna vez lo necesitaba. Lo necesito ahora. Detenga la lluvia. Muéstreme el camino. Changó, ¿puede escucharme? ¡Changó!".

En la distancia oí el fuerte estruendo de un trueno. Escuché ansiosamente, y el trueno reverberó una vez más, esta vez más cerca. Mi corazón empezó a latir más rápido en mi pecho, y de pronto me di cuenta de que tenia miedo de que mi llamada fuera contestada. Simplemente no sabía si podía hacer frente a una respuesta.

El trueno continuó acercándose más. De pronto un resplandor cegador cruzó el cielo. Observé aterrada cuando un rayo atravesó la oscuridad y cayó directamente en frente de mí. Pequeños charcos de agua chisporrotearon al contacto y el pasto húmedo fue quemado a nivel del suelo. Casi simultáneamente, la lluvia y el viento disminuyeron en intensidad, hasta que sólo unas pocas gotas cayeron sobre mí.

El ensordecedor rugido que siguió al relámpago me dio una extraña serenidad. Todos mis temores e inquietudes parecieron desaparecer, y sentí un gran sosiego. Cuando un segundo rayo cayó, un poco más lejos, no me sentí atemorizada. Simplemente seguí su dirección. De esta forma salí del oscuro barranco, siguiendo el candente camino, a medida que rayo tras rayo guiaban mis pasos.

Varias horas después, mi compañero y yo estábamos recibiendo adecuada atención médica. Para él, la aventura había terminado. Para mí, tan sólo estaba comenzando. Era el principio de muchos años de experimentación con el mundo sobrenatural, la magia, los poderes psíquicos y otros aspectos del misticismo.

En 1980, *la Revista Americana de Psiquiatria* (American Journal of Psychiatry)* publicó los resultados de un estudio que indican que el 58 por ciento de los decanos y profesores de psiquiatría en las facultades médicas creen que cursos sobre fenómenos psíquicos deberían ser enseñados a sus estudiantes. El doctor Stanley Dean, profesor clínico de psiquiatría en la Facultad de Medicina de la Universidad de Miami y presidente de la Asociación Americana para la Psiquiatría Social, dirigió el estudio. El encontró que 42 por ciento de los psiquiatras entrevistados creen en la existencia de fenómenos psíquicos, 44 por ciento creen que los factores psíquicos son importantes en la curación de enfermedades mentales, y 35 por ciento dijo haber tenido una experiencia psíquica o paranormal, o conocían a alguien que las había tenido. El doctor Dean concluyó que los profesores "creen en fenómenos psíquicos y quieren que se incluya su estudio en los currículos de la facultad de medicina".

En todos mis experimentos dentro del misticismo, siempre he estado consciente de los riesgos inherentes en tales prácticas, particularmente el peligro de depender exclusivamente de actividades "supranormales" para ocasionar cambios en el mundo material. Siempre he mantenido que lo que realmente sucede en la practica de la magia o del misticismo es que en esos momentos estamos haciendo una conexión con las fuerzas de la mente inconsciente; los

---

*Stanley R. Dean et al. *American Journal of Psychiatry*, 137. Octubre/1980, pp.1247-1249.

rituales y otras practicas "mágicas" simplemente enfocan la concentración en objetivos específicos. A través de esta concentración se liberan vastas cantidades de energía psíquica, que se pueden entonces canalizar para lograr un propósito dado. Pero en las manos de un ser humano, tal poder es un arma peligrosa. La energía inconsciente y espontánea no siempre es fácil de manipular. Controladas y bien dirigidas, tales energías pueden transformar al mundo; no controladas y mal dirigidas, pueden destruirlo. La mejor forma de controlar esta energía es encontrar el perfecto canal a través del cual dirigirla. En los Orishas, los santeros han encontrado los perfectos canales.

Creo que en realidad, los Orishas son ciertos puntos de contacto que los Yorubas (y más tarde, los santeros) pudieron establecer dentro la consciencia colectiva de la raza humana. Cada Orisha parece ser lo que Carl Gustav Jung llamó un arquetipo o complejo autónomo dentro de la personalidad humana. Debido a que cada arquetipo es independiente del resto de la personalidad y exhibe características intensamente individualistas, a menudo se comporta como si fuera una entidad separada y sobrenatural.

Jung creía que cada arquetipo controla un aspecto diferente de la personalidad y un diferente esfuerzo humano, una definición que podría igualmente describir las funciones de los Orishas. Para el perfecto equilibrio de la personalidad (y por lo tanto para la salud mental), es vital que cada arquetipo sea bien desarrollado y también bien asimilado por el individuo. Cuando a un arquetipo se le permite superar al resto de la personalidad (como en el caso de Zarathustra en Nietzsche), el resultado final puede ser una alteración o disociación mental de la personalidad —un síntoma principal de la psicosis—.

Cada Orisha es un arquetipo o complejo autónomo que ha sido perfectamente desarrollado y equilibrado en la personalidad del santero. Debido a que cada ser humano tiene características específicas que lo separan de los demas, se dice que está bajo la "protección" del Orisha que comparte esas mismas características. Cuando un Orisha desciende a tomar posesión de un santero o creyente, las poderosas energías psíquicas de ese arquetipo particular son temporalmente liberadas dentro de la personalidad consciente. Esa persona entonces muestra extraños poderes e inusuales habilidades precognitivas, los atributos naturales de un arquetipo formado de pura energía psíquica dirigida en un canal específico.

La corriente de profundo afecto y simpatía establecida entre el Orisha Changó y yo, fue el resultado de muchísimas similitudes entre los dos. El fiero temperamento de Changó, el sentido picaresco del humor, y una gran ternura escondida bajo un frío exterior son todas características que comparto con este Orisha. El amor que siempre ha mostrado por mí es un reconocimiento de que yo soy una parte de él, y él una parte de mí.

Los poderes de Changó investidos en mí son atributos naturales que son parte de sus energías particulares diferenciadas. No hay nada anormal en que yo pueda detener la lluvia o controlar el fuego. Estos (y muchos otros poderes que no poseo) son simplemente parte del complejo autónomo conocido como Changó. Inclusive, es más fácil ignorar las implicaciones psicológicas de los fenómenos de Santería y aceptarlos en su valor nominal. Personalmente, prefiero pensar en Changó como un Orisha, un santo, o, en las palabras de María, "una fuerza del buen Dios".

CAPÍTULO SEIS

UN VIAJE

FATÍDICO

Pasaron muchos años después de que me encontré con Changó en el barranco, y mi vida paso por muchos cambios naturales. Terminé mis estudios en la universidad de Puerto Rico, especializándome en Psicología y Antropología y poco después me mudé a Nueva York para realizar mi trabajo de maestría en la Universidad de Columbia. Nunca más volví a vivir en Puerto Rico. Nueva York me ayudó a sobrevivir a un tormentoso matrimonio, el nacimiento de dos niños, y un inevitable divorcio. Entonces, a comienzos de los años setenta, acepté un contrato como editora asociada de Inglés con las Naciones Unidas en Viena, donde viví durante muchos años. Durante todo este tiempo continué ahondando en los misterios de la Santería, así como también en otras fases del misticismo. En este tiempo, no era seguidora activa de Santería, sólo una observadora interesada, pero experimenté —muy exitosamente— con algunas de las prácticas mágicas de la religión. Pronto descubrí que yo tenía un talento natural para "hacer que las cosas sucedieran" a través de la concentración y otros rituales simples. Algunas veces, usaba objetos naturales tales como hierbas, raíces, frutas y flores en mis experimentos mágicos. Velas de colores, inciensos, y aceites naturales fueron también muy efectivos para ayudarme a alterar el curso natural de las cosas.

Mi éxito en estas prácticas mágicas me llevó a tratar rituales más complicados, algunos basados en las prácticas de Santería y otros en simbolismos cabalísticos. A través de mis investigaciones en el misticismo había aprendido que la magia judía basada en la Cábala tiene vínculos muy fuertes con las prácticas de Santería. Estos vínculos pueden ser trazados al hecho de que ambos sistemas tienen raíces africanas, particularmente en Egipto, donde tanto los judíos como los Yorubas habían residido en tiempos antiguos. Los resultados de estas investigaciones fueron publicadas en mis primeros tres libros: *Santería: African Magic in Latin America* (*Santería: magia africana en Latinoamérica*), *A Kabbalah for the Modern World* (*Una Cábala para el mundo moderno*), y *The Complete Book of Spells, Ceremonies & Magic* (*El libro completo de hechizos, ceremonias y magia*).

En todos mis libros, he tratado de presentar a los fenómenos psíquicos como realidades en vez de imaginación, y de liberar al "ocultismo" de la imagen negativa que siempre lo ha rodeado y que lo tacha de simple superstición e ignorancia. Creo que funcionamos en una variedad de "planos" mentales y que las habilidades psíquicas son una parte intrínseca de nuestra naturaleza humana, que ahora apenas está empezando a ser desarrollada.

A comienzos de los setenta fui a Europa en lo que pensé serían unas relajantes y muy necesitadas vacaciones. Había estado luchando con el difícil período de ajuste que usualmente sigue las terminaciones de los matrimonios y relaciones amorosas y necesitaba estar en una atmósfera totalmente diferente. Mi divorcio había sido concedido y aunque ya no amaba a mi esposo, estaba pasando por las dudas de resquebrajamiento del yo y auto degradación que son a menudo el resultado de las separaciones. Seguí preguntándome si la ruptura había sido causada por mi inhabilidad de mantener unido el matrimonio. Me sentía insuficiente e insegura, y llena de un ejército de temores vagos que encontré difícil de comprender. Necesitaba un cambio y tiempo para pensar las cosas bien y decidir lo que iba a hacer después. Afortunadamente, mis padres siempre han estado a mi lado cuando los he necesitado, y mi mamá se ofreció a cuidar de mis dos hijos mientras estaba viajando.

Mis planes eran pasar unas semanas visitando a Europa del Norte y luego volver a casa vía Francia y España donde teníamos alguna familia. El momento culminante de mi viaje era visitar a Austria, especialmente a Viena, la cual me habían descrito como un sueño para los amantes de la música. Aunque no toco instrumentos musicales, desarrollé una temprana afinidad por la música clásica, especialmente por Mozart y Beethoven. Era muy emocionante pensar que estaría visitando la ciudad que había sido el hogar de estos dos grandes genios y la inspiración de varias de sus más grandes obras. Esperé con gran anticipación mi visita a la famosa Casa de la Opera de Viena, el Theatre an der Wien, y muchas otras salas de concierto que son una parte intrínseca de la forma de vida vienesa.

Llegué a Viena por el Sudbahnhof, la estación del tren que une a la ciudad con algunos de sus vecinos al sur de la frontera. Había volado de Nueva York a Milano y de allí había viajado en tren a Venecia y Trieste. Venecia era una joya que se desvanecía en el sol y me enamore de inmediato de sus palacios rosados y su grandeza medieval. Pero cometí el peor error que pudiera haber hecho en Italia del Norte en ese entonces. Bebí agua del grifo en mi cuarto de baño de hotel. Cuando tragué el agua, sentí como si una pelota plás-

tica bajara por mi garganta. En unos minutos mi garganta
estaba ardiendo. Cuando llegué a Trieste varias horas después, estaba sufriendo de una severa infección de la garganta. La ciudad Yugoslava fue una gran decepción ya que era
oscura y melancólica, lo que alimentaba mi persistente tristeza con su atmósfera de crepúsculo. Para agravar mi situación, mi condición empeoró y la administración del hotel
tuvo que llamar a un doctor quien prescribió reposo y anti-
bióticos. Pasé varios días atrapada en una ciudad extraña
que no me gustaba y que no podía llegar a conocer mejor a
causa de mi enfermedad. Tan pronto como pude arrastrar-
me fuera de la cama, empaqué mis maletas y salí para Viena.

En ese entonces, la mayoría de los turistas americanos que,
como yo, viajaban con un presupuesto, llevaban un libro de
viaje muy conocido escrito por Arthur Frommer llamado
Europe on $5 a Day (*Europa por $5 al día*). Todavía guardo mi
copia del venerable volumen en mi biblioteca, cuidadosamente envuelto en plástico para resistir los estragos del tiempo. Está lleno de recuerdos que quiero preservar. Entre las
muchas sugerencias para los alojamientos de hotel enumera-
dos en el libro había una recomendación por Kay Hines, una
mujer de Memphis. Dice de la siguiente forma:

"Encontré mi mejor ganga en Viena. El Studentenheim
Caritas, Laufbergergasse 12 (una residencia para estudiantes
graduados durante el invierno), es administrado como hotel
durante los meses de verano. Localizado en los Jardines del
Prater, combina la atmósfera de un gran pabellón de cacería
con la de un castillo medieval. Tiene grandes salones
enmarcados con vigas de madera, un comedor con paredes
tapizadas de brocado, cinco chimeneas y escaleras de piedra
en espiral. Otras atracciones incluyen un gran patio privado,
terraza de sol, duchas calientes gratis a cualquier hora del

día o noche y televisor. Mi cómoda habitación, incluyendo desayuno diario me costo sólo 65 chelines ($2.60) diarios".

Leí esta descripción varias veces mientras estaba todavía en Nueva York y había decidido, que si era posible, el Studentenheim Caritas era el lugar donde me quedaría mientras visitaba a Viena.

Mi fiebre había cedido algo pero mi garganta se sentía todavía apretada cuando llegué a Viena. Era tarde en la noche y dado que la residencia estudiantil sólo admitía huéspedes por la mañana decidí pasar la noche en un pequeño hotel cerca de la estación. Temprano en la mañana siguiente llamé al Studentenheim. La voz soñolienta de un hombre contestó el teléfono y me dijo en muy buen inglés que había espacio disponible en la casa de huéspedes y que estaría gustoso de enseñarme el lugar si estaba interesada. Como no sabía hasta que punto podría confiar en las recomendaciones entusiastas de Kay Hines, decidí investigar el lugar antes de trasladarme del hotel donde me encontraba, el cual era cómodo y típicamente vienés.

Le pedí al taxi que me condujera a la residencia y que esperara mientras inspeccionaba el sitio ya que no pense que la excursión durara mucho tiempo. Cuando salí del taxi me encontré frente de una enorme puerta de roble pulida empotrada una alta pared amarilla que se extendía alrededor de toda la manzana. Detrás de la pared se podían ver pequeñas torres con altas ventanas aseguradas con barras.

Hice sonar el timbre y esperé durante lo que me pareció un tiempo interminable antes de que fuera finalmente abierta por una joven criada de aspecto cansado. Empecé a decirle lo que quería pero antes de que hubiera terminado de hablar, me dio la espalda y gritó con toda la fuerza de sus pulmones: "¡Peter!".

La seguí adentro de un ancho vestíbulo con elevados cielos rasos, el cual llevaba a un patio cubierto de rosales. Inmediatamente a la izquierda había una entrada abovedada y a través de ella podía ver una escalera en espiral con relucientes barandillas de caoba. Bajando por esa escalera con gran rapidez vi a un hombre joven de algunos veinte cuatro años vestido con unos pantalones de pana desteñidos y una camisa de color vino. Tenía los ojos azules y su cabello era de un rubio tan pálido que me hizo pensar en la seda del maíz. Cuando me vio se detuvo en medio de la escalera, y durante unos pocos minutos que parecieron congelados en el tiempo, nos miramos el uno al otro. Todo pareció moverse en cámara lenta después de eso.

Recuerdo que me pregunto, después de haberme enseñado con deferencia el lugar, si ya había visitado una de las bodegas de vino de la ciudad. Cuando le dije que no, me preguntó si me gustaría ver una. Dije que sí, pensando que él estaba sólo haciendo una sugerencia acerca de un lugar interesante para ver en Viena. Pero seguidamente me preguntó a que hora podría encontrarme esa noche y me di cuenta que estaba invitándome a ir a la bodega de vino con él. Por un momento no supe que decir, luego me recobré rápidamente y acordamos una hora y lugar. Pasé el resto de ese día vagando por Viena, y todo parecía como un vago sueño, irreal y fantástico.

Muchos años después, habiendo leído acerca de los vínculos cármicos y la teoría de las almas gemelas, entendí la importancia de ese primer encuentro, y por qué parecíamos reconocernos aunque nunca nos habíamos visto antes.

Durante ese primer viaje a Viena, la ciudad parecía estar haciendo todo lo posible para embrujarme y capturar mi alma. No es suficiente decir que Viena es una ciudad mágica y que todos son cautivados por su eterno encanto y belleza.

Como Nueva York, París, Londres, Roma, Atenas y muchas otras ciudades famosas, Viena está viva. Es una entidad que siente, conoce y reconoce lo suyo. Y me reclamó para ella tan pronto como pisé sus calles de adoquín. Fue un amor instantáneo y mutuo que nunca ha muerto y aunque muchos años han pasado desde que caminé sobre la calle Graben, Viena todavía vive dentro de mi corazón como estoy segura de que aun yo vivo en el de ella.

Pasé una semana en Viena haciendo todas las cosas que los turistas hacen cuando visitan una nueva ciudad. Escuché los valses de Strauss en su lugar de origen en medio del parque del estado, donde mujeres vestidas con trajes largos y diáfanos bailaban al aire libre la eterna música del rey del vals. Escuché czardas húngaras interpretadas por violinistas que se paseaban entre las mesas, y visité el palacio de Schonbrunn donde el joven Mozart le pidió la mano a María Antonieta en matrimonio. Oí una inolvidable interpretación de *La Traviata* en la opera de la ciudad y vi a Leonardo Bernstein dirigir la filarmónica vienesa en un programa que incluía a Haydn, Mozart, y Beethoven. Visité los viñedos en Grinzing, donde los vieneses van en las noches a degustar el vino nuevo; y los Rathkellers, donde comí grandes trozos de queso suizo espolvoreado con pimienta y bebí cerveza helada vertida de grandes toneles de madera antigua.

Visité a Figarohaus donde Mozart compuso *El matrimonio de Fígaro*, y los cuartos memoriales de Beethoven, Haydn y Schubert donde estos inmortales vivieron cuando permanecieron en Viena. Y durante toda esta inolvidable semana, también estuvo Peter.

Mi relación con Peter no tuvo un verdadero comienzo, sólo sucedió. Fue tan mágico como Viena. No pensé que tuviera futuro. Después de todo, sólo estaba de paso, y enamorarme de nuevo tan poco tiempo después de mi divorcio no estaba en mis planes inmediatos. Pero el amor no está sujeto a planes. Tiene su propia regulación. Y me encontré reacia a salir de la ciudad cuando era obvio que era hora de partir. Recuerdo haber vuelto a la residencia estudiantil minutos antes de que mi tren partiera para Munich, sólo para tomar unas fotografías a Peter. Quería tener algo para recordarlo, nada más, pero mi corazón se sintió constreñido cuando lo vi posar tímidamente cerca del arco abovedado donde nos vimos por primera vez. No pense que lo volvería a ver.

De Viena fui a Munich, y de allí a Berlín y Frankfurt. Amsterdam y Copenhagen fueron rutinariamente visitadas pero mi corazón estaba lejos, en las calles de Viena, en el aro que rodea a la ciudad, en la plaza de San Esteban, en el Danubio y el Prater, pero especialmente en la Residencia Estudiantil Caritas. Cuando llegué a Zurich de camino a París, estaba tan abrumada de pesar que ya no estaba interesada en viajar más. Viena estaba llamándome de regreso con una voz fuerte y persistente y sabía que tenía que regresar. Poco sabía Kay Hines, cuando ella escribió su descripción de la Residencia Estudiantil Caritas, como totalmente transformaría la vida de una desconocida.

Un año después regresé. Nada había cambiado. Todo estaba exactamente como recordaba. Esta vez conocí mucha gente e hice nuevos amigos. Peter seguía siendo Peter, y al volverlo a ver me di cuenta de que ya no estaba en control de mi destino. Cuando volví a Nueva York había decidido que quería vivir en Viena. Hablaba poco alemán y no tenía idea cómo sobreviviría allí, pero eso era de poca importancia. Toda mi vida giraba alrededor de Peter y de Viena.

Uno de mis amigos vieneses me había contado que las Naciones Unidas tenían oficinas en Viena y que tal vez podría encontrar trabajo allí. Tras averiguar más me enteré

que la Organización para el Desarrollo Industrial de las
Naciones Unidas (UNIDO) tenía sede en Viena como la
tenía la Comisión de Energía Atómica. Yo hablaba inglés,
español y francés, tres de los cinco idiomas de las Naciones
Unidas, y eso sería útil en mi solicitud. Cuando llamé a las
Naciones Unidas en Nueva York, me dijeron que tenían
vacantes para editores en inglés en Viena, y tenía que aplicar
en Nueva York para después ser transferida a la capital aus-
tríaca. Yo había trabajado como editora de ciencias para
varias organizaciones pero sabía que trabajar para las Naciones sería totalmente diferente y que ser escogida entre tantos solicitantes altamente calificados no sería fácil. Pero estaba tan determinada a ir a Viena que no me importó mucho
si era o no contratada por las Naciones Unidas. Si no me
escogían, encontraría algo más que hacer. Atendería mesas,
enseñaría idiomas, haría cualquier clase de trabajo domésti-
co si fuera necesario, pero iría a vivir a Viena.

Las Naciones Unidas requirieron seis meses para tomar
su decisión. Fui entrevistada varias veces por diferentes
funcionarios de la organización y finalmente recibí una
oferta de un contrato de dos años como Editora Asociada
de Inglés en la Organización para el Desarrollo Industrial
de las Naciones Unidas en Viena. Mi mamá estuvo de
acuerdo en acompañarme con mis hijos durante la estadía
de dos años en Austria.

Las cosas pasaron muy rápidamente después de esto.
Cuando mi contrato fue aprobado, las Naciones Unidas
pagaron por mí transferencia y la de mis hijos a Viena, así
como el transporte de todos nuestros muebles. Una vez en
la capital de Austria, nos proveyeron de alojamiento tempo-
ral en un hotel importante mientras yo consideraba los distintos apartamentos que sus oficinas de adquisición tenían
en sus archivos. Recuerdo a mi superior inmediato —una

acérbica nueva inglesa con una carrera de toda una vida con las Naciones Unidas— decirme que nunca revelara mi salario a los vieneses. Aunque yo estaba ganando un salario promedio según estándares americanos, para los vieneses — cuyo ingreso promedio mensual era 3,000 chelines ($120 dólares)— mi salario se compararía con el de uno de sus ministros del gabinete. No es bueno para las relaciones internacionales, decía ella. Estuve de acuerdo con ella en eso, pero no en muchas cosas más.

Durante todo este tiempo yo había continuado siguiendo mi interés en Santería. También había empezado a estudiar otros sistemas mágicos, especialmente la Cábala que, como dije antes, es muy similar a Santería en su contenido espiritual. Sabía que era posible alterar las cosas a través del uso de magia y especialmente a través del uso de rituales. Debido a que había muy escasa literatura en ese tiempo sobre la Cábala práctica, me vi obligada a diseñar mis propios rituales, usando las amplias sugerencias dadas por autores como Dion Fortune, William Gray, Gareth Knight y el incomparable Israel Regardie. También leí las obras de Aleister Crowley, y aunque a los estudiantes se les ha advertido que tomen sus escritos con mucha cautela, encontré su obra fascinante, y uno de sus libros en particular, 777, fue invaluable. Pero para mí, el libro más valioso sobre la Cábala práctica que leí en ese tiempo, fue *The Art of True Healing* (*El arte de la verdadera curación*) de Regardie. Para alguien bien versado en los trabajos del árbol de la vida, esta obra completa el ciclo y proporciona resultados. Nada puede asemejársele.

Por entonces yo era muy joven, y como todos los jóvenes, era implacable en mi búsqueda de la vida. Estaba interesada en la práctica de la magia porque quería poder. Y quería poder para transformar mi vida, para obtener las cosas que deseaba. A través de mi propia investigación en antropología había aprendido que la gente primitiva acepta la magia como una forma de vida, y nunca hacen distinción entre el mundo de la materia y el mundo del espíritu. Para ellos, todo es parte de la misma realidad. Los Yorubas creen que los Orishas se manifiestan en el mundo material como fuerzas naturales, e interactúan con sus deidades con la misma intensidad como lo hacen con otros seres humanos. Para ellos la "magia" es tan natural como cualquier acción humana. Lo mismo es cierto de los Mbuti, los Congos, los Fon, los Kahunas, los aborígenes australianos y el Indio Americano. Estos pueblos están tan adaptados a la naturaleza que han llegado a verla como parte de ellos mismos. Por eso es que su magia es real.

El interés en el misticismo que comenzó cuando era niña bajo la tutela de María, había crecido lentamente hasta que se había convertido en una parte de mi. Mientras más estudiaba religiones primitivas, más me convencía de que las gentes primitivas están mucho más adelantadas que nosotros en el aspecto espiritual humano, a pesar de toda nuestra moderna tecnología y adelantos científicos. Su sabiduría es una sabiduría del alma, una aceptación total de las realidades espirituales que nosotros somos demasiado arrogantes para reconocer.

Una de las cosas que había aprendido durante mis estudios en el campo del misticismo es que aunque es posible usar varios sistemas mágicos, estos sistemas nunca deben ser mezclados. Es posible practicar la alta magia, que está en gran parte basada en la Cábala, y es posible también practicar la brujería Céltica —conocida como Wicca—, el chamanismo, la Santería y muchos otros sistemas mágicos, pero todos deben ser practicados por separado.

Cuando llegué a Viena estaba interesada principalmente en la magia ritual cabalística y algunos de los sortilegios de

Santería. Mi conocimiento era todavía fragmentario y hacia muchos experimentos con ritos que había diseñado basados en mis estudios cabalísticos. También estaba estudiando en una escuela esotérica inglesa que proveía excelentes enseñanzas cabalísticas. Algunos de sus profesores tenían vínculos con la desaparecida Orden del Alba Dorada, donde Regardie, Fortune, Gray, Crowley, y otros magos modernos habían sido entrenados. Aprendí mucho a través de ellos, especialmente porque asignaban a un instructor especial a cada estudiante, así que siempre tenía a alguien a quien consultar en caso de dudas.

No usaba la magia todos los días, y trataba de dejar que las cosas pasaran naturalmente la mayor parte del tiempo. Pero no vacilaba en usarla si veía que las cosas no iban por el camino que esperaba. La mayor parte del tiempo usaba la magia natural de Santería. Contrario a lo que mucha gente piensa, no es siempre necesario recurrir a un santero para lograr resultados en Santería. Lo necesario es tener un detallado conocimiento de los Orishas, las cosas que controlan, y sobre todo, cómo se manifiestan como fuerzas naturales. Santería es magia natural con una profunda filosofía basada en las leyes cósmicas. Uno de sus más importantes principios es observar estas leyes, y no abusar del conocimiento adquirido o usarlo para lastimar a otros, porque Santería cree firmemente en las leyes de la retribución. Todo el mal que se hace, tarde o temprano regresa a la persona que lo hizo, y regresará tres veces más fuerte. Los Orishas, como representantes de la única fuerza creadora, son disciplinarios estrictos y ponen en vigor estas leyes con severidad.

Conocía estas inalterables verdades, y siempre cuidaba de ser justa y equitativa en todo mi trabajo mágico. Otra cosa que había aprendido es que cometer un error en la practica de la alta magia es exponerse al desastre. No importa lo bien intencionado que sea el supuesto mago, si comete un error en sus practicas, va a enfrentarse con fuerzas cósmicas desequilibradas. Esa es una de las muchas razones por las cuales la práctica de la magia negra es tan terriblemente peligrosa. Si el mago blanco comete un error durante un ritual, pagará por ello con una variedad de sucesos desagradables.Lo primero que va a suceder es que no va a lograr realizar sus deseos a través de ese ritual. También se verá rodeado de toda clase de eventos negativos. Puede enfermarse, perder su trabajo, tener un accidente, o enfrentarse a otros situaciones igualmente desafortunadas. Pero ninguna de estas cosas será permanente y con el tiempo se estabilizarán y su vida volverá a su normalidad. No es así con el practicante de magia negra. Debido a que está trabajando con fuerzas negativas, cuando comete un error durante un ritual o cualquier tipo de trabajo de magia negra, todas esas vibraciones negativas se volverán en su contra y lo destruirán. El mago negro no puede darse el lujo de cometer errores y aquel que afirma que nunca comete errores está siendo temerario. Sigue siendo humano, y los seres humanos son propensos a cometer errores tarde o temprano. Y el más mínimo error en la magia negra marca el final del que la practica.

Es importante explicar a algunos de los lectores que no estén familiarizados con la práctica de la magia, exactamente lo que es la magia. Alguna gente la ha definido como la habilidad de ocasionar cambios en el medio ambiente a través de la voluntad del mago. Encuentro esa definición muy válida, pero creo que sería importante añadir que la magia es un acto mental. En realidad, la magia es la habilidad de usar el poder mental para ocasionar cambios deliberados en el mundo alrededor de nosotros. La "magia" es un fenómeno natural, y cada persona con una mente fuerte y determinación la practica inconscientemente. Un "sortilegio" es la concentración mental de una persona en un cambio que él o ella quiere hacer en su vida. Lo mismo es cierto de cada ritual y ceremonia mágica. El mago, que conoce la importancia del poder mental, trata de multiplicar este poder, estableciendo contacto consciente con varios de los poderosos arquetipos de su mente inconsciente para liberar esta energía adicional, enfocándola a lo largo de canales específicos, y así ocasionar los cambios que él desee en su vida.

Los Orishas y las fuerzas angelicales asociadas con la Cábala son puntos de contacto con las profundidades de nuestro yo interno y se pueden describir como arquetipos del inconsciente humano. Las deidades de cada religión o sistema mágico son fuerzas arquetipales encerradas en la inconsciencia humana y manifestadas como parte intrínseca de la inconsciencia colectiva de la raza humana. Podemos contactar estas fuerzas a través de la oración, la visualización, la invocación y meditacion, y una inmensa cantidad de rituales y ceremonias. Podemos darle cualquier nombre que queramos. Podemos verlas como los Orishas del panteón de Santería como los nombres de Dios y fuerzas angelicales de la Cábala, o como las deidades de cualquier religión del mundo, sin importar el lugar de origen o modo de adoración. Todos ellos son parte de nuestro inconsciente colectivo, con diferentes nombres y aspectos. Son la manifestación de las energías concentradas de la raza humana acumuladas a través de dos millones de años de evolución. Son tan reales como somos reales nosotros mismos. Son parte de nosotros.

Algunos de los arquetipos son positivos y algunos son negativos porque los contenidos de nuestra psiquis colectiva son también positivos y negativos. Jung identificó una de las fuerzas negativas más poderosas dentro de la psiquis como el arquetipo que él llamó la Sombra. Esta es una concentración de todas nuestras represiones, enojos, frustraciones, resentimientos, odios e inclinaciones negativas. Este es sólo uno de muchos arquetipos dentro de la inconsciencia. Nuestro trabajo no es destruir a la Sombra sino integrarla, junto con todos los demás arquetipos, adentro de nuestra personalidad.

Jung llamó la realización de esta obra, el proceso de individuación. Y este es el objetivo principal de la magia, saber absorber todas las energías arquetipales adentro de la psiquis y contactar a cualquiera de ellas a voluntad para servir a la personalidad consciente y ayudarla a lograr sus objetivos específicos. En la alta magia esto se conoce como la *Gran Obra*.

Muchos siquiatras y psicólogos usan los rituales de la alta magia cabalística para completar el proceso de individuación. Entre ellos estuvo el gran mago ingles Israel Regardie, quien fue a su vez un psicólogo y psicoterapista de renombre. Jung trabajó por mucho tiempo con las mandalas del Hinduismo. En tiempos mas recientes, la psiquiatría se ha interesado grandemente en los poderes curativos del babalawo. Muchos piscólogos y psiquiatras utilizan la ayuda de los santeros para efectuar curas en sus pacientes. Yo he sido llamada en muchas ocasiones para disertar sobre la Santería ante grupos de psiquiatras, notablemente para el departamento de psiquiatría infantil del Centro Médico Presbiteriano de la Universidad de Columbia en Nueva York.

La Santería también establece contactos profundos con el inconsciente a través de los Orishas, que son a su vez arquetipos de la inconsciencia colectiva. Al contactar a un Orisha estamos en efecto liberando vastas cantidades de energía arquetipal de nuestras mentes inconscientes y dirigiéndola a través de canales escogidos. Lo mismo es cierto del trabajo cabalístico y otros tipos de "magia".

Algunos lectores dirán que los mismos efectos pueden ser logrados con una fuerte voluntad. Esto es sólo parcialmente cierto. Cuando sólo la voluntad está en juego y no hay esfuerzo consciente para controlar o dirigir las energías psíquicas, la persona puede lograr algunos resultados pero estos siempre serán fortuitos e incompletos y la persona nunca tendrá la certeza absoluta de que algo ha sucedido porque ella lo ha querido. El mago sabe cómo manipular su propia mente y usa su impresionante poder para satisfacer sus deseos. Las cosas que algunas veces logra pueden parecer milagrosas pero en realidad son simplemente ejemplos de causa y efecto. En el mundo del mago nada se deja al azar. Cada acción es dirigida con un objetivo definido a la vista. Y las cosas suceden porque han sido dirigidas para que pasen.

Llegué a Viena bien abastecida con toda clase de objetos mágicos o de "artefactos", una palabra preferida por la antropología para designar las herramientas del Shamán. Sabía que no había "botánicas" en Viena o almacenes donde comprar los ingredientes necesarios para llevar a cabo sortilegios o rituales mágicos. Por lo tanto traje conmigo de Nueva York todo tipo de inciensos, velas de colores, aceites, esencias, hierbas secas, y otras cosas que pensé podría usar si surgía la necesidad. Pero en menos de un mes después de llegar a Viena descubrí varios almacenes que vendían todo tipo de velas de colores, inciensos y otros ingredientes mágicos. Parecía que los vieneses sabían muy bien lo que es la magia y eran muy adeptos en usarla. Mi aventura en el Danubio estaba a punto de comenzar.

CAPÍTULO SIETE

MAGIA

EN EL DANUBIO

Supe desde el principio que mi relación con Peter no estaba
destinada a durar. La idea de casarme con él nunca entró en
mi mente aún cuando lo amaba como jamás volví o volveré
a amar. Imagino que hay un Peter en la vida de todo mujer;
una sed que nunca es apagada, un sueño que nunca es rea-
lizado, un dolor que nunca termina, una total inmersión del
yo en el ser amado. Más que amor era una obsesión. Pero
como todos los grandes amores, era transformador y la
transformación fue sublime. Soy una persona mejor a causa
de esa experiencia, y a pesar de todo el perdurable dolor lo
volvería a vivir de nuevo si fuera necesario.

El problema principal que encontré con Peter no fue la
diferencia de edad entre nosotros, aunque eso pesaba
muchísimo en mi mente. Había sido educada en la equivoca creencia de que un hombre siempre debe ser mayor que
una mujer en todas las relaciones de amor, y aunque desde
hace mucho he descartado esa idea, en ese tiempo era todavía parte de mis creencias. Los cinco años que separaban
nuestras fechas de nacimiento me atormentaban constantemente. Pero el obstáculo más grande entre nosotros era la

diferencia cultural. Peter era el hijo mayor de una de las familias húngaras más aristocráticas de Viena. Habían abandonado a Budapest al comienzo de la revolución húngara en 1956 y se habían establecido en Viena, habiendo perdido su fortuna familiar y todas sus propiedades bajo el régimen comunista. La madre de Peter, una descendiente directa del último rey de Bohemia, había instruido cuidadosamente a su hijo sobre la importancia de la pureza de su linaje y le recordaba continuamente que él, como hijo mayor, debería casarse con una mujer de la nobleza húngara. Algún día, ella le decía con extraña visión, caería el comunismo y todos ellos regresarían a Hungría para reclamar sus tierras y su título. Tenían que prepararse para ese día y resistir todas las tentaciones que pudieran aparecer y que pudieran impedir que esos sueños se hicieran realidad. Mientras tanto, la familia no tenía dinero y tenían que trabajar duro para ganarse la vida.

El padre de Peter trabajaba como ingeniero en una de las cervecerías de Viena mientras su madre trabajaba como vendedora en una tienda por departamentos. Su hermano menor y sus cuatro hermanas vivían en casa de los padres, pero él fue obligado a vivir en la Residencia Estudiantil Caritas que daba alojamiento y comida gratis a estudiantes pobres. El estaba asistiendo al Colegio Técnico de Viena, donde estaba estudiando ingeniería mecánica. Durante los meses de verano trabajaba en la residencia estudiantil como dependiente, ocupándose de los turistas que usaban la residencia como casa de huéspedes.

La poderosa adoctrinación que había recibido de su madre causó una fuerte impresión en la forma de pensar de Peter. El creía en estas ideas implícitamente y esto ocasionó estragos en nuestras relaciones. El luchaba constantemente contra su propios sentimientos y nos sometía a ambos a prolongadas separaciones que lo dejaban miserable y confuso. Yo contraatacaba con todo el arsenal mágico que había traído a Viena, y cada vez que ganaba una nueva batalla me volvía más fuerte.

Poco después de llegar a Viena decidí llevar a cabo una auto iniciación en ciertos misterios cabalísticos que revelarían mi nombre espiritual. El ritual tenía que ser efectuado en un río y tenía fama de elevar la consciencia espiritual y dar grandes poderes psíquicos. El canal del Danubio cruza a Viena pero sus aguas están lejos de ser azules y en algunos lugares son completamente oscuras y lodosas. Tuve que conducir durante varios kilómetros fuera de los límites de la ciudad antes de que encontrara una parte del Danubio que pudiera llamarse azul.

Siguiendo las instrucciones para la ceremonia, entré al río en la orilla occidental que da al oriente y estuve silenciosa durante unos pocos minutos, calmando mi mente y pidiendo la revelación de mi verdadero nombre. De pronto, un pato silvestre inusualmente grande apareció a mi izquierda y empezó a nadar a través del río. Tenía una espectacular cabeza esmeralda, alas azules irisadas y un gran círculo blanco al rededor de su cuello.

Nadaba determinadamente hacia la orilla lejana del río pero cuando llegó a medio camino a través de él, dio vuelta, haciendo un ancho semicírculo que terminó donde yo estaba, pero a mi lado derecho. Tan pronto como el pato llegó a la orilla del río, dos palabras pasaron por mi mente. Eran en latín pero sabía que eran mi nombre.

Había estado tan absorta mirando al pato que casi había olvidado el propósito de mi presencia en el río. No estaba por lo tanto lista para la repentina revelación. Era también sorprendente, aunque de algún modo esperado, darme cuenta de que el pato había desaparecido, aunque no había vegetación en la rivera donde pudiera haberse escondido.

Esta experiencia en el Danubio marcó una nueva fase en mi trabajo mágico. Empecé a tener sueños brillantes llenos de alegorías y simbolismo mitológico. Durante uno de estos sueños me vi luchando con una gran serpiente que de pronto fue transformada en un toro blanco. Alguien me dio una espada de plata y maté al toro con ella. Luego clavé la espada en el suelo y postré una rodilla en tierra frente de ella. Cuando levanté los ojos para mirar a la espada ésta brillaba con una diáfana luz blanca y se había transformado en una cruz. En este sueño me vi como una adolescente, vestida de malla, con el cabello cortado al estilo paje.

Continué haciendo magia después de esto, pero pronto encontré que no tenía que hacer mucho esfuerzo para lograr resultados. No estaba haciendo mucho trabajo con Santería, que es de algún modo más directo y básico, sino que dedicaba la mayor parte de mi tiempo a trabajar con la Cábala. Los rituales que estaba usando eran creados por mí, basados en mis estudios cabalísticos. Algunos tuvieron éxito y otros fueron completos fracasos.

Una de mis fallas más espectaculares fue un ritual que ideé usando las esferas del Arbol de la Vida, que es el símbolo principal de la Cábala. El ritual mismo era tremendamente poderoso pero todavía no había desarrollado el completo control que necesitaba para llevarlo a cabo. Esto sucedió el primer invierno después de mi llegada a Viena. Estaba muy amargada porque era la época del "fasching," o carnaval, que para los vieneses es tan importante como para los brasileños. Había sido invitada por el Embajador de los Estados Unidos ante las Naciones Unidas y su esposa para asistir junto a otros funcionarios de UNIDO al espectacular baile de la Opera, una de las atracciones principales del fasching y un evento social en Europa. Quería que Peter me acompañara y él se había negado. No me había dado razones para su decisión, pero sabía que su madre estaba detrás de la negativa. Para este tiempo ya ella se había enterado del romance de su hijo conmigo y estaba determinada a terminar las relaciones. Después de todo, yo no era ni húngara ni aristócrata, y por lo tanto presentaba una grave amenaza a sus grandiosos planes para su hijo mayor.

Durante varias semanas le di vueltas en mi cabeza sobre lo que haría acerca de esta situación. El día del baile estaba aproximándose, mi vestido estaba listo y todavía no tenía acompañante para el evento. Podría haber invitado a cualquiera de varios jóvenes agradables conocidos para que me acompañaran, pero estaba determinada a que Peter fuera conmigo o a quedarme en casa.

Después de considerarlo cuidadosamente decidí hacer un ritual con el Arbol de la Vida usando la esfera de Venus, llamada Netzach, y que está asociada con asuntos amorosos. He contado la historia con algún detalle en *The Complete Book of Spells, Ceremonies & Magic* (*El libro completo de hechizos, ceremonias y magia*), pero no expliqué por qué hice el ritual.

El Arbol de la Vida está compuesto por diez esferas de luz, cada una de las cuales representa una manifestación diferente de la divinidad, así como también un estado de consciencia humano. La tradición le ha dado una serie de atributos a cada esfera, entre los cuales están colores, números, flores, perfumes, fuerzas planetarias y especiales intereses humanos. A cada esfera —conocida como Sephira— también se le ha asignado un nombre de Dios y una orden angelical encabezada por un arcángel. Los Sephiroth del Arbol de la Vida y los Orishas de la Santería son formas similares de clasificación para las energías de los arquetipos dentro de la inconsciencia colectiva.

Un simple pero muy efectivo ritual basado en el Arbol de la Vida usaría una vela del color adecuado para designar cada una de las esferas. Estas velas serían encendidas en orden descendente mientras se invocan los distintos nombres de Dios, así como también los nombres de los arcángeles y las órdenes angelicales atribuidas a cada esfera. La Sephira cuyas vibraciones son requeridas para el ritual serían compensadas por la del lado opuesto para mantener perfecto control de las energías liberadas por el Arbol. Este es un ritual seguro a condición de que la luna estuviera creciente y se observaran otras medidas protectoras.

Probablemente habría logrado lo que estaba buscando con el ritual anteriormente mencionado pero quería algo impresionante y profundo. Desafortunadamente, esto fue exactamente lo que conseguí, sólo que no de la forma que esperaba.

Mi plan era usar una vela verde en el lugar de cada esfera de manera que el amor —Netzach— subyugaría al Arbol y me daría toda la poderosa energía que necesitaba para lograr mi objetivo y triunfar sobre la dominante madre de Peter. Si él me amaba total e irresistiblemente —pensé— podría vencer la influencia sofocante de su madre y estaría conmigo, como sabía que él lo deseaba.

Puesto que hay diez esferas en el Arbol de la Vida usé diez velas verdes para representarlas. Inclusive la primera esfera —que representa la energía principal de Dios y que siempre debe ser blanca— era verde. Estaba preparándome, sin saberlo, para una explosión cósmica de proporciones escalofriantes.

En el momento en que encendí la primera vela supe que algo estaba mal. Cada vez que se comete un error durante un ritual mágico toda clase de campanas empiezan a sonar dentro de la mente. Un extraño pánico se apodera de la personalidad y esa es la primera señal de que grandes cantidades de energía psíquica —lo que Jung llamó libido— están siendo liberadas, sin dirección ni control, desde las profundidades del inconsciente. El resultado final es siempre el desastre. Así fue como me sentí cuando me encontré de frente a ese Arbol color esmeralda. A pesar de mi creciente temor, seguí encendiendo las velas verdes hasta que todo el Arbol estuvo envuelto en el resplandor de las velas. Ya en estos momentos, mis rodillas me temblaban y tuve que hacer un gran esfuerzo para continuar pronunciando las invocaciones y palabras de poder. Cuando terminé, me paré al pie del Arbol y observé como una tenue luz verde se extendía por el cuarto, pulsando en cada esquina como si fuera impulsada por una vida propia. Las luces del techo se apagaron de repente y la única luz en el cuarto era la de las velas. Un suave y vibrante zumbido empezó a estremecer las paredes y el piso pareció moverse bajo mis pies. Salté hacia atrás, aterrada, y rocé contra una forma sinuosa que flotaba rápidamente detrás de mi espalda. Vi su reluciente cuerpo verde con el rabo del ojo y giré en derredor esperando que saltara sobre mí de pronto, pero no había nada allí. Temblaba tanto ahora que tuve que agarrarme del borde de la mesa para evitar perder el equilibrio. Seguí tratando de encontrar explicaciones razonables para los fenómenos a mi alrededor. "Es sólo energía", continué diciéndome. "Se disipará pronto". Pero sabía muy adentro de mi que tales energías no se disipan sin primero afectar todo lo que tocan, y sacándolo de balance.

Reuniendo toda mi fuerza interior procedí a desvanecer las fuerzas y terminé la ceremonia. Casi en seguida volvieron a encenderse las luces como por una mano invisible.

Sintiéndome física y espiritualmente exhausta, apagué las velas y limpié el cuarto. Lentamente recobré mi auto-control pero sabía que habría tiempos difíciles más adelante. En una ocasión anterior había hecho una invocación a los arcángeles, sin debida preparación, la cual también había fallado dejándome enferma y debilitada, al borde de una septicemia. Sabía que había cometido un error más serio esta vez, y me preparé para lo peor.

Al día siguiente me enteré a través de un amigo que la madre de Peter había triunfado rotundamente y se había llevado a su querido hijo a esquiar a los Alpes Austríacos. No iban a regresar hasta una semana después del baile de la Opera. Había estado esperando algo parecido después del fracasado ritual y por lo tanto no me sorprendí. Pero esto fue sólo el comienzo de mis infortunios. Ese mismo día, mi auto, un resplandeciente Citroen DS220 color verde chartreuse tapizado por dentro en pana del mismo color, se detuvo en medio de la avenida Karlplatz y tuvo que ser remolcado ignominiosamente como un viejo cacharro. Hundida hasta las rodillas en nieve sucia (Viena se cubre de hielo desde noviembre hasta mayo), vi a ese glorioso carro desaparecer, dando tumbos y crujiendo sobre el hielo, de camino hacia el garaje. Cuando volteé para hacerle señas a un taxi que pasaba, me resbale sobre el hielo y me disloqué un tobillo.

Durante los siguientes días cojeé miserablemente por toda Viena, apoyándome sobre un par de muletas, mientras Peter se deslizaba graciosamente por los Alpes Austríacos tomado de la mano de de su mamá. El baile de la Opera había sido un éxito total, según me enteré, pero estaba tan ocupada cuidando mi pulsante tobillo que no me importo un bledo. Pero este no fue el final de mis desgracias. Una semana después de la ceremonia, mientras regresaba del trabajo, un trastornado pakistaní trató de atacarme mientras entraba al elevador. Todavía no se lo que él tenía en mente, y sospecho que él tampoco, porque simplemente me saltó encima desde las sombras, agitando su capa en el aire como si fuera el Conde Drácula. Lo golpeé con una de mis muletas y el retrocedió de inmediato, indudablemente presintiendo que yo no vacilaría en usar la muleta como una estaca si repetía su acción. Lo observé retirarse rápidamente a través del portal del edificio y luego subí las escaleras y telefoneé al gran Maestro inglés que había sido mi instructor en mis estudios cabalísticos.

Después de reprenderme y explicarme la importancia de balancear el poder psíquico, me dijo uno de los más importantes secretos de la practica de toda magia. La energía psíquica liberada a través de un ritual es siempre más fuerte al principio. A medida que el tiempo pasa la energía se va debilitando hasta que se desvanece por completo. Por esa razón, lo peor siempre sucede primero y luego los fenómenos disminuyen en su destrucción hasta que desaparecen del todo. Las cosas mejorarían ahora, profetizó, y estaba en lo cierto. Pero el daño ya estaba hecho, y aunque mi tobillo sanó y mi carro me fue devuelto perfecto y ronroneando, la situación con Peter empeoró. Su madre tuvo la oportunidad perfecta mientras estuvieron lejos de convencerlo de que una ruptura conmigo era lo mejor que podía hacer. El me informó su decisión con clásica sangre fría, y yo lo escuché como una estatua de hielo sin traicionar la tormenta que estaba azotando dentro de mí. Había dado casi cinco años de mi vida a nuestras relaciones y nunca le había pedido que cambiara su vida ni su forma de pensar por mí. Había dejado a mi país, y adoptado una extraña tierra por él. Merecía algo más que un signo de puntuación por lo que le había dado.

Después de que él se fue, fui al pequeño estudio donde guardaba mi parafernalia de Santería. Era hora para magia básica, decidí. La Cabala era un sistema demasiado elevado para ser usado en consideraciones materiales; lo que necesitaba era el poder en bruto de las fuerzas naturales representadas por los Orishas de Santería. Y conocía al Orisha que disminuiría el ego desmedido de Peter, enseñándole como poner sus prioridades en orden.

Al día siguiente entré a la oficina de mi supervisora y le informé que no deseaba una renovación de mi contrato. La junta de revisión de UNIDO estaba reuniéndose esa semana y mi contrato, que estaba por expirar, estaría en la agenda. Sentía que no estaba haciendo nada útil en la organización. Mi trabajo, que consistía en editar los documentos de interminables reuniones donde no se decidía nada de importancia para el mundo, era monótono y sin interés. Sentía que mi salario era un desperdicio de los fondos de las Naciones Unidas y debería ser utilizado para alimentar a los pobres de alguna nación del tercer mundo. Por fin sabía lo que quería hacer con mi vida, e irónicamente, se lo debía todo a Peter.

Después de dejar su oficina, compré seis manzanas rojas grandes, las ahueque y las puse en un círculo en medio de mi cuarto. Llené cada manzana con canela, un poco de miel, un imán y aceite de almendra. Coloqué una mecha flotando dentro de cada manzana y la encendí. Ya había colocado el nombre de Peter debajo de cada manzana.

Changó es el patrón del fuego, el trueno y el relámpago como ya hemos visto. Las manzanas y el número seis están entre sus atributos y él usa su poder —su ashé— para ocasionar esos cambios consciente que se le están solicitando. El es vigor y pasión encarnada y nadie sabe mejor que él como controlar lo incontrolable. Yo sabía muy bien que Changó formaba parte, no solo de mi inconsciente, sino también del de Peter. Con este simple ritual estaba buscando establecer un vínculo entre la mente inconsciente de Peter y la mía. No era la primera vez que había usado el poder de Changó para establecer un vínculo con Peter, pero era la primera vez que lo había hecho conscientemente.

Después que encendí las mechas adentro de las manzanas, registré entre mis discos y extraje la Sexta Sinfonía de Beethoven. El segundo movimiento de esta sinfonía, mejor conocida como La Pastoral, emula los sonidos de una poderosa tormenta. Se pueden escuchar los estruendos del trueno, los impresionantes estallidos del rayo y del relámpago, y la lluvia desbordada cuando descienden violentamente sobre los campos. Beethoven —indudablemente un hijo de Changó— había pertenecido al signo de Sagitario (un signo de fuego) y había muerto a las seis de la tarde en Viena en medio de una turbulenta tormenta. Su música, vibrante de pasión desenfrenada y atormentada, es tanto la música de Changó como la del ritmo más frenético de los tambores Batá. Sentí que era perfectamente apropiado usar el segundo movimiento de La Pastoral para invocar a Changó en Viena, donde Beethoven había vivido y muerto.

Dejé que las manzanas ardieran durante una hora mientras estaba sentada silenciosamente en medio de ellas y traté de usar el esplendor de la música para llegar a Peter. Alrededor de las nueve de la noche paré la música y extinguí las manzanas. Había escasamente terminado de limpiar el cuarto cuando sonó el timbre. Cuando abrí la puerta, vi a Peter de pie en la luz débil del corredor. Sus zapatos estaban desamarrados y su camisa estaba mal abotonada, un lado colgando más largo que el otro, como si la hubiera abotonado sin pensar. El cabello estaba despeinado, como si hubiera estado acostado y hubiera salido con premura de la casa sin peinarse. Sus ojos estaban vidriosos y entró a la casa sin su habitual saludo formal.

Espontáneo y sin ser invitado, entró a la sala de recibo y se sentó. "Has ganado", me dijo simplemente. "No me importa lo que diga mi madre. Te amo y quiero casarme contigo. Acabo de terminar mis estudios en el Hochshule y la IBM me ha ofrecido un buen trabajo aquí en Viena. Estoy seguro de que estaremos bien".

De todas las cosas que le esperé decir, esa nunca me había cruzado por la mente. Me senté en frente de él y lo observé con asombro. Habían pasado cinco largos años desde que nos habíamos conocido en la residencia estudiantil y él apenas había cambiado. La casi traslúcida belleza de su cara no se había alterado. Los ojos azules eran todavía más claros que el agua y el brillante cabello rubio, suelto y pálido, era más brillante y pálido que nunca. Me pregunté si había sido sólo la perfección de su belleza lo que había amado.

"No puedo casarme contigo, Peter", dije finalmente. "Acabo de presentar mi renuncia en UNIDO. Vamos a regresar a Nueva York muy pronto".

Me miró con sobresaltada incredulidad.

"¿Pero por qué?" demandó. "Pensé que eso era lo que tú querías. Todos estos años de espera...las luchas...y luego mi madre...".

"Nunca te pedí que te casaras conmigo", dije. "Nunca pensé en casarme contigo. Nunca hubiera dado resultado. Somos muy diferentes y tenemos valores y conceptos completamente distintos de la vida. Todo lo que quería era tu amor. Quería un perfecto sueño de amor. Sabía que no duraría porque nada dura para siempre. Solo estaba feliz con el momento, pero nunca entendiste eso".

"Sólo entiendo que te amo".

"Yo también te amo, y siempre te amaré, pero ahora debo irme. Sé ahora lo que quiero hacer. Es lo que quiero hacer desde que era una niña. Quiero escribir. Quiero escribir acerca de lo que he descubierto de mi misma. Quiero hablarle al mundo de los tesoros que están ocultos dentro de nosotros y lo que podemos hacer para liberarlos".

"¿Pero no puedes hacer eso aquí?" dijo suavemente. "¿Por qué tienes que irte?"

"Porque Viena es un sueño", dije "Nueva York es mi realidad. Veo ahora que para tener felicidad contigo siempre tendría que recurrir a la fuerza. Quiero vivir mi propia realidad. Quiero controlar mi propio espacio, no el tuyo. Y es eso lo que he estado haciendo todos estos años. No quiero cambiar por ti. Debemos permanecer intactos y genuinos para nosotros mismos si nos vamos a amar".

Abandoné a Viena un mes mas tarde. Regresé muchas veces pero nunca volví a ver a Peter. Nueva York me había reclamado y estaba feliz de estar de vuelta. Al año siguiente de mi regreso a Nueva York escribí mi primer libro, *Santería: African Magic in Latin America* (*Santería: magia africana en Latinoamérica*). Al año siguiente escribí *A Kabbalah for the Modern World* (*Una Cábala para el mundo moderno*). Ambos libros fueron bien recibidos por los críticos y por el público, y supe que había hecho la decisión correcta al volver a Nueva York.

CAPÍTULO OCHO

RITUALES

Y CEREMONIAS

El aura de secreto que rodea los ritos de iniciación de la Santería no existe en Nigeria, el país de origen del pueblo Yoruba. Los Yorubas de hoy día practican muy abiertamente su antigua religión sin ocultarse a los ojos del mundo.

Muchos santeros creen que todo el misterio que rodea a la Santería es el resultado de la intransigencia religiosa que los esclavos africanos encontraron en el nuevo mundo. Enfrentados a una constante persecución, fueron obligados a practicar sus rituales en secreto para que su religión sobreviviera. Todas las principales iniciaciones de Santería exigen el más grande secreto de parte del iniciado, como si los santeros fueran todavía perseguidos por la intolerancia religiosa.

Cuando recibí los elekes o collares, de Santería, me volví parte de esta tradición secreta.

"Lo que usted va a presenciar ahora es para sus ojos y sólo para sus ojos", me dijo mi madrina. "Nunca le revelé a nadie los detalles de esta ceremonia, o tendrá que darle cuenta a los Orishas.

"¿Qué puede pasarme si divulgo el secreto de los collares, madrina?"

"Realmente no podría decirle", me dijo. "Pero si usted rompe el juramento, pronto lo averiguará".

La iniciación tuvo lugar hace varios años y nuca he roto ese juramento. Ni pretendo hacerlo aquí. Todo lo que puedo decir es que la ceremonia fue una de las más bellas experiencias de mi vida, y que me dio una fuerza interior que no tenía antes y que nunca me ha abandonado. Los collares que recibí ese día fueron los de Elegguá, Obatalá, Changó, Yemayá, y Oshún.

El collar de Elegguá es hecho de cuentas rojas y negras; el de Obatalá, solo de cuentas blancas; el de Changó, de cuentas rojas y blancas; el de Yemayá, de cuentas blancas y azules; y el de Oshún, de cuentas amarillas y blancas.

El color de las cuentas algunas veces varía, dependiendo del aspecto o "camino" del Orisha que es el "padre" o "madre" del iniciado. Esto puede ser averiguado a través de los caracoles, los cuales también pueden determinar cuál Orisha reclama la cabeza del iniciado. Esta ceremonia se conoce como "bajar el santo a la estera" porque los caracoles, que son la "voz" del Santo u Orisha, son leídos en el piso sobre una estera de paja. El babalawo también puede determinar el Santo u Orisha que rige a una persona, pero solo cuando da las iniciaciones conocidas como el Cofa o Mano de Orunla.

Los *caracoles* o conchas de cauri, son el sistema de adivinación más importante de Santería. En un tiempo los caracoles le pertenecieron a Orunla. Pero cuando Yemayá demostró que podía leerlos mejor que él, Orunla se negó a volverlos a usar.

Todos los Orishas hablan a través de los caracoles, y cuando el santero es iniciado en la religión, recibe dieciocho caracoles por cada Orisha —excepto Elegguá, por quien recibe veintiuno— un caracol por cada uno de sus aspectos.

Aprender a leer los caracoles es un largo proceso y requiere estudios prolongados con un Oriate o Italero, quienes son expertos en la interpretación de los caracoles.

Aunque hay dieciocho caracoles en el oráculo, los santeros usan sólo dieciséis para la adivinación. Para ayudar en la interpretación, varios otros elementos son añadidos.

Entre ellos están una pequeña piedra oscura llamada *otá*, un caracol blanco largo llamado *ayé*, una pequeña semilla llamada *ewé ayó*, la cabeza de una pequeña muñeca llamada *ero aworan*, y una pequeña bola de cascarilla, llamada *efún*. Estos cinco elementos son colectivamente conocidos como *igbo*.

Antes de usar los caracoles, los santeros los abren por la parte de atrás, de modo que un lado muestra un espacio redondo y el otro una apertura horizontal que se asemeja a una pequeña boca. Esta es la parte del caracol que se dice que "habla" durante la consulta.

Cuando el santero tira los caracoles sobre su mesa de trabajo para leerlos, algunos caen "boca" arriba y otros "boca" abajo. Cada patrón, u *oddu,* tiene un nombre, al igual que los del coco, y también una historia o patakí, atribuida a ese diseño. Varios Orishas "hablan" a través de cada oddu. Quien habla y lo que dice depende del consultante mismo, porque el santero da a esa persona dos igbo y le pide que sostenga uno en cada mano, sin revelar cual mano sostiene cual elemento. Dependiendo del patrón que formen los caracoles, el santero escoge la mano izquierda o derecha del consultante, que entonces revelará el igbo que descifrará el mensaje del oráculo. Es un proceso muy complicado y prolongado que requiere una prodigiosa memoria porque el intérprete debe recordar no sólo cual igbo usar, sino también cual Orisha está hablando y cual patakí corresponde a cada patrón. Debido a que cada patrón depende del igbo sostenido por la mano, ya sea derecha o izquierda, y hay cinco igbos, las posibilidades del oráculo son innumerables.

A causa del incidente de Orúnla con Yemayá, los babalawos (quienes son los hijos de Orúnla) no leen los caracoles. En su lugar, usan el okuelé, una cadena conectada con ocho medallones uniformes que son hechos algunas veces de metal, algunas veces del carapacho de la tortuga o de cortezas de coco. Como el supremo sacerdote de la Santería, el babalawo debe ser consultado en todas las principales ceremonias, pero también está disponible para consultas regulares mientras una sea recomendada por un santero. Pero no todos los santeros trabajan con babalawos y algunas veces existen fuertes rivalidades entre ellos.

Una santera conocida mía una vez me dijo cómo un babalawo salvó su vida.

"El empezó por describir mi lugar de trabajo en cada detalle, como si lo hubiera visto", me dijo ella. "Luego prosiguió a decir que estaba en un piso doceavo y que detrás había un elevador viejo usado para transportar paquetes pesados. Le dije que estaba muy familiarizada con el elevador, ya que algunas veces lo usaba cuando los elevadores corrientes estaban muy ocupados. El movió su cabeza y me previno para que no lo usara otra vez. En unos pocos días iba a caerse y podría matarme.

"Quedé impresionada con la lectura y decidí seguir sus consejos. Pero la fuerza del hábito era tan fuerte que pronto me olvidé de su advertencia. Unos días después, tenía prisa para llegar a casa y decidí usar el elevador de atrás. Mientras estaba esperándolo, recordé las palabras del babalawo y decidí no tomarlo En esos momentos oí subir al elevador. Las puertas se abrieron en frente de mí, pero juro que en vez de la puerta del elevador, lo que vi fueron las fauces de la muerte. Retrocedí temblorosa y empecé a alejarme. En esos momentos un mensajero llegó corriendo por el corredor, gritándome que le retuviera el elevador. Cuando estaba entrando al ascensor lo detuve. Las puertas se cerraron a unas pulgadas de su cara. Me miró fijamente como si estuviera loca. Pero justo en ese momento sentimos una poderosa vibración. Segundos más tarde, oímos un fuerte choque, cuando el elevador cayó en picada al suelo, desde el piso doce. Ojalá usted pudiera haber visto la cara de ese mensajero. Parecía como muerto, y yo también".

Aunque mi madrina no podía competir con los conocimientos del babalawo, sus registros con los caracoles eran igual de impresionantes. Recuerdo el primer día en que me leyó los caracoles.

"A usted le gustan las calabazas, ¿no cierto?" preguntó ella, mientras fumaba lentamente un gran tabaco.

La miré incrédula. "¿Cómo sabe eso?" pregunté.

Ella se encogió de hombros y señaló los caracoles. "Personalmente, no sé nada", dijo. "Oshún me dijo eso. Ella dice que usted nunca debe comer calabazas en ninguna forma, porque usted es su hija y las calabazas le pertenecen a ella. Ahí es donde ella guarda su oro y donde prepara sus sortilegios, sus ebbos. Si usted come calabaza, ella se asegurará de que nunca tenga dinero, y el amor huirá de su vida. ¿Quiere que eso suceda?"

"Claro que no", dije, un poco nerviosa. "Pero y las calabazas que he comido antes de hoy?"

"Usted no sabía nada, así que eso no cuenta" dijo ella. "Tan sólo no la coma de ahora en adelante".

"Usted dice que soy la hija de Oshún", dije. "Recuerdo que cuando era una niña pequeña Changó me dijo lo mismo".

Mi madrina me miró. Sus manos volvieron a tocar los caracoles. "¿Cómo sucedió esto?" preguntó frunciendo el ceño.

Le conté la historia de un tambor al que había asistido con María y lo que Changó había dicho ese día.

"¿Esta María...era santera?"

"No, ella sólo creía mucho en los Orishas y tenía los collares y los Guerreros. La Santería no era muy conocida en Puerto Rico en ese tiempo".

"¿Entonces quién le dio a ella estas iniciaciones?" insistió mi madrina.

"Su propia madrina, una santera cubana que vivía en su vecindad y que era descendiente de los Lucumís, los Yorubas cubanos".

"Ya veo", dijo mi madrina, asintiendo con la cabeza. "Todavía hay descendientes de esclavos africanos en Puerto Rico, ¿cierto?"

"Si, principalmente en el pueblo de Loiza Aldea. La misma María tenía familia en Loíza, su mamá era descendiente de Yorubas".

"Eso explica mucho", dijo mi madrina

"¿Y Changó?" le pregunté. "¿Cuál es el vínculo con él?".

"Todos tenemos un padre y una madre entre los Orishas. Oshún es su madre y Changó es su padre. El favorece a todos sus hijos. Pero para usted él tiene especial afecto. Ruéguele siempre, y cómprele manzanas y bananas, sus frutas favoritas. De esa forma él siempre la protegerá".

Le conté mis experiencias con Changó en Viena.

"Una vez", le dije, "después de pedirle un favor especial, me encontré cara a cara con un soldado negro en la esquina de una calle vienesa. El soldado estaba vestido en faenas verdes, las cuales los soldados sólo usan dentro de su campamento. Me miró directamente con una profunda y sagaz mirada y tuve el presentimiento de que no era un soldado ordinario. No hay campamentos del ejército americano en

Austria, y no hay soldados negros en el ejército austríaco. Se que suena irracional, pero ¿podría ese haber sido Changó?".

"¿Por qué lo llama irracional?" preguntó, mirándome de reojo. "Todos los días vemos y hacemos cosas irracionales y no pensamos nada de ellas. ¿No cree que las ondas de radio y televisión son irracionales? ¿O usted cree que ver gente y edificios y animales salvajes moviéndose dentro de una caja es natural?".

"Pero eso es parte de la tecnología moderna," dije. "Todo en la ciencia está basado en las leyes naturales".

"También los Orishas están basados en las leyes naturales", contestó ella. "Dios —Olofi— está en la naturaleza. También los Orishas. Y hay leyes, misterios en la naturaleza, de los cuales nada sabemos. Las únicas cosas que sabemos de seguro en este mundo es que todo es posible. Claro que ese podría haber sido Changó. ¿Por qué no? El escogió mostrársele a usted como soldado porque es un Guerrero. Estaba vestido de faena porque estaba en guerra, trabajando para usted. Ese fue su mensaje. Había oído su petición y quería que supiera que estaba trabajando para usted. ¿Usted obtuvo lo que le pidió?".

"Sí, en efecto", dije. "Pero sucedió de una manera tan natural que nunca ni siquiera lo vinculé con ello. Pensé que era una coincidencia, que habría sucedido de esa forma de todos modos".

"No hay coincidencias en este mundo", dijo firmemente. "Todo lo que sucede ya ha sido preordenado".

"Pero eso excluye la libre voluntad", dije dudosamente. "¿No nos hizo Dios libres para que escogiéramos lo que queríamos en la vida?".

"Por supuesto" sonrió ella.

"Luego ¿cómo puede estar todo preordenado?".

"Porque él ya sabe lo que vamos a escoger. De otro modo no sería Dios".

Esta creencia no es la propiedad exclusiva de Santería. Jung una vez dijo que el ser humano sólo cree que él dispone y escoge, y no se da cuenta que ya está poseído por el complejo autónomo que se llama Dios. Este complejo es una expresión de la energía vital en la psiquis. Jung también teorizó que los fenómenos que llamamos coincidencias son en realidad el resultado de la interrelación de las fuerzas cósmicas en lo que él llamó el continum tiempo-espacial, donde el pasado, presente y futuro se mezclan en la eternidad. Jung llamó a estas "coincidencias" eventos sincronizados que son preplaneados por el inconsciente.

Varios meses después de darme los collares mi madrina me telefoneó y me pidió que fuera a su casa. Aunque todavía no había recibido los Guerreros, poseía una imagen de cemento de Elegguá que yo había comprado por impulso algunos años antes. Mi madrina creía que porque esta imagen "nunca había sido alimentada", no tenía poderes y sólo podía causarme problemas. (Los santeros insisten que guardar cualquier imagen o fetiche no consagrado en una casa creará disturbios psíquicos para su dueño).

Cuando llegué a la casa de mi madrina, ya estaba vestida y me esperaba. Después de que nos saludamos y presenté mis respetos frente a su canastillero, fuimos a su cocina a tomar té.

"¿Está usted ocupada hoy? preguntó, revolviendo el té distraídamente".

"No tengo nada en especial", dije "¿Por qué?"

"Porque me gustaría alimentar a su Elegguá hoy" Bajé mi tasa de té y la miré con curiosidad. "Madrina", dije. "Ese Elegguá no tiene base. Es sólo una imagen que compré porque me gustó. ¿Cómo puede usted alimentarla?".

Ella continuó moviendo su té, pero su ceño fruncido me dijo que no estaba tan calmada como parecía. Finalmente, puso a un lado su tasa pocillo y encendió un tabaco. La observé en silencio, esperando que hablara.

Doña Pepita, quien nos había presentado, me había prevenido varias veces de que nunca la presionara ni la contradijera.

"Ella es una vieja santera", doña Pepita me dijo. "Tiene más de 25 años como iyalocha. Eso significa que vive según las antiguas tradiciones santeras. La he visto abofetear a uno de sus ahijados, un hombre de cincuenta años, porque rompió una de las reglas de la religión. Y el ahijado cayó de rodillas y empezó a llorar, pidiéndole perdón. Así que acuérdese, esta es una de las más viejas, más famosas y más respetadas santeras mayores. No haga preguntas ni discuta. Usted sólo haga lo que le digan. En la Santería, si no obedece y no respeta, no tiene protección de los santeros ni de los Orishas".

"Usted siempre cuestiona lo que le digo" dijo mi madrina finalmente". "¿Por qué? ¿No confía en mí?"

Su cigarro se había apagado. Frunció el ceño y lo volvió a prender con un encendedor de oro grabado. Todos los santeros y santeras fuman gruesos tabacos cuando trabajan la religión.

"Sabe que confío en usted, madrina", sonreí. "¿Pero cómo puedo aprender si no hago preguntas?". Ella resopló, pero su cara se relajó, y supe que ya no estaba tan enfadada.

"¿Cómo propone que alimente a mi Elegguá?" me aventuré cautelosamente. "La imagen está en mi casa. Si me hubiera dicho por teléfono que planeaba alimentarla la habría traído conmigo".

"No le dije que la trajera", dije, "porque debe ser alimentada en su casa. Sé que este Elegguá no tiene base, pero le pertenece a usted. Algún día cuando reciba los Guerreros esta misma imagen puede ser usada para contener los secretos de Elegguá. ¿No le gustaría consagrarla ahora, para que Elegguá pueda empezar a ayudarle ahora mismo?"

Aunque no me atreví a decírselo, no estaba segura de que alguna vez recibiera los Guerreros. No estaba segura de que quería comprometerme a todas las obligaciones que la Santería exige de sus practicantes. Pero sabía que mi madrina nunca habría podido entender mi vacilación.

"Si Elegguá tiene que ser alimentado, preferiría hacerlo aquí", dije evasivamente. Además, no he hecho preparación para esta clase de cosas".

"No hay necesidad de preparaciones especiales", dijo. Un cierto timbre de finalidad en su voz me dijo que ella se había decidido". "¿Dónde guarda esta imagen?"

"En mi habitación", dije, sintiéndome muy incómoda ante la idea de que un sacrificio animal tuviera lugar en mi casa. "Sólo lo guardo allí por devoción a Elegguá. No es el lugar más cómodo del mundo para hacerle un sacrificio".

"Cualquier lugar es el lugar adecuado para mostrar respeto a un Santo", dijo ella severamente. "Lo que quiero saber es si usted está dispuesta a hacer lo que se le dice".

"Claro que haré lo que me diga, madrina.. Se que usted sabe lo que esta haciendo".

Todavía estaba llena de dudas, pero no quería detener mi aprendizaje con ella. Después de todo, ¿qué diferencia podría haber entre "alimentar" a Elegguá en mi casa en vez de la casa de mi madrina? Pero en realidad, había una importante diferencia que pronto iba a descubrir.

Aparentemente complacida, mi madrina se levantó y empezó a limpiar la mesa. Traté de ayudarla, pero con un gesto me hizo señas para que me alejara. "Espéreme afuera", dijo. "Me reuniré con usted dentro de poco".

Por "afuera", ella quería decir el corredor donde estaba el canastillero. Mientras la esperaba, caminé en derredor mirando los varios implementos de los Orishas. Cerca de la puerta de enfrente estaba el estante donde ella guardaba sus Guerreros y a Elegguá. Junto a ese estaba otro, que encerraba los atributos de Babalú-Ayé, sincretizado como San Lázaro, patrón de los enfermos. La *batea* o vasija grande de madera con los otanes de Changó, reposaba sobre un gran tambor pintado de rojo y blanco, un símbolo del amor de Changó por la música y el baile. Drapeado sobre el tambor estaba el *collar de mazo* de Changó, uno de los grandes collares de sartas múltiples que el santero recibe el día del asiento. Junto a la batea había un diminuto par de zapatos, un carro pequeño, un par de maracas, y varias hachas de madera grandes pintadas de rojo y blanco, todos los cuales eran atributos del dios del fuego y del relámpago.

A la izquierda de la batea de Changó había una gran urna de porcelana en matices azul y plateado, cubierta con una fina red de pescar, bordada con perlas cultivadas. Una gran estrella de mar y una extensa variedad de caracoles marinos y enormes corales rodeaban esta urna, el símbolo de Olocun, el aspecto de Yemayá que representa las profundidades del océano. Olocun algunas veces aparece en sueños como una bella mujer negra, con una cara redonda y pestañas lisas muy largas. En cada una de sus mejillas están pintadas las *yeza*, las tres líneas horizontales distintivas de los Yoruba.

Olocun es algunas veces representado como un Orisha masculino y otras veces como un Orisha femenina; algunos santeros dicen que este santo es hermafrodita. Olocun es muy temida y respetada, y en Cuba, sólo unos pocos santeros viejos se atreven a bailar sus ritmos especiales, con sus caras cubiertas con una máscara para que ella no los mate.

La adquisición de la urna de Olocun, una de las iniciaciones más hermosas de Santería, se dice que da al receptor gran estabilidad. Pero no cualquiera puede tenerla; sólo a los que reciben su *letra* (un patrón especial en los caracoles) se les permite ser iniciados en sus misterios.

María pensaba que era temerario bailar a Olocun: "Es como tratar de meter toda el agua del océano en la cabeza humana", solía decirme. "Pero la cabeza es demasiado pequeña, Olocum no cabe. Luego ella se enoja y ¡te arranca la cabeza!. Cada vez que ella mencionaba a esta formidable Orisha, María tocaba con sus dedos el piso y los besaba. "Para mostrar respeto, florecita, decía. "Muy malo ofender a Olocun. Ella puede matar".

Ya había completado el circuito a lo largo del pasillo, pasando el canastillero con las soperas de Obatalá, Oshún, Yemayá, y Oyá, y estaba una vez más en frente de la puerta. En una pequeña repisa en una esquina cerca del cielo raso estaba un pequeño gallo plateado balanceado encima de una copa. Estaba inspeccionándolo cuando mi madrina se reunió conmigo, lista para salir.

"¿Cuál es el significado de este gallo, madrina?" pregunté.

"Ese es Osun", dijo, abriendo la puerta. "El es el guardián de la casa y de mi vida. Cuando el peligro está cerca, Osun cae desde la repisa al piso, o simplemente se vira. Esto me da tiempo para averiguar a través de los caracoles cuál es el peligro y tomar las medidas apropiadas".

Algo en mis ojos debe haber traicionado mi incredulidad. Ella sonrió y se encogió de hombros.

"Cuando se ha vivido tanto como yo", dijo, "y se han tenido las experiencias que he tenido con los santos, ya no se tienen más dudas".

Me empujó suavemente fuera de la casa, y cerró la puerta detrás de ella.

"He estado pensando", dijo cuando la ayudaba a subir al carro. "Tal vez debería darle un palo hoy. Es un hermoso día, perfecto para esa clase de cosa".

La miré con curiosidad. "¿Qué es un palo, madrina?".

"Es un pedazo de rama que usted recoge en el monte y lo consagra a los ikú, los muertos", dijo. "En Santería, uno debe rendir respeto a los muertos antes que a los santos. Si usted ruega a sus ikú y se asegura que todos ellos están adelantados en el mundo espiritual, ellos les darán su protección. Si hace esto, usted verá como todos sus asuntos personales se resolverán por si solos, y logrará todo lo que se proponga hacer".

Yo nunca había podido adaptarme a la adoración de los ancestros, uno de los aspectos más importantes de Santería. Creía en rogar por los muertos, y había mandado a hacer varias misas para miembros muertos de mi familia. Pero pedirle ayuda a los muertos me sabía a necromancia, y me llenaba de escalofríos.

"No estoy segura de que quiero el palo, madrina", dije cautelosamente, no queriendo ofenderla. "¿No puedo sólo trabajar con los Orishas sin involucrarme con los muertos?"

Ella movió la cabeza con impaciencia.

"Pero quiera o no, usted está involucrada con los muertos. Todos nosotros lo estamos, ya creamos en la Santería o no", me dijo. "Eso es lo que la gente no entiende. Las almas de los muertos gravitan naturalmente alrededor de los miembros de sus familias en la tierra, esperando recibir ayuda en forma de velas y oraciones. Cuando esta ayuda no se les da, estas almas quedan atadas a la tierra, ocasionando daño inconsciente a sus parientes vivos. Muchos de los problemas y tragedias de la humanidad podrían ser aliviadas si la gente cuidara mejor de sus muertos. Cuando usted me pidió que fuera su madrina", añadió más calmadamente, "me prometió que confiaría en mí y seguiría mis consejos, no importa cuales fueran. Si se rehusa a hacer esto, consideraré terminado su aprendizaje, y estará libre de dejar mi casa".

Sabía que la casa a la cual se estaba refiriendo no era el lugar donde ella vivía, sino más bien la gran conglomeración de iyalochas y babalochas de la cual ella era el centro.

"Pero yo no quiero dejar su casa", le dije.

"No es cuestión de lo que usted quiera", contestó. "Usted debe aprender a trabajar con los muertos y perderles el miedo, o no puede permanecer en la Santería. Ahora si no quiere recibir el palo, por favor lléveme a casa, y no lo discutiremos más".

"Estamos más cerca de mi casa que de la suya", le dije. "Vamos allí mejor".

"¿Quiere aceptar el palo?" insistió.

"Si, madrina, quiero".

"Entonces primero vayamos a un vivero de pollos, donde podamos comprar dos, uno para Elegguá y uno para consagrar el palo", dijo, acomodándose mejor en su asiento.

Obedientemente conduje a un lugar cerca de mi casa donde aves de corral vivas pueden ser compradas y observé como meticulosamente escogía dos pequeños pollos machos muy jóvenes con plumas moteadas de negro y blanco.

"Este es el tipo de pollo que prefiere Elegguá", explicó ella. "Recuerde, deben ser machos; nunca ofrezca pollos hembras a Elegguá. No los aceptará".

Condujimos hasta un parque arbolado que era muy popular con ciclistas y gente que le gusta correr.

"No se preocupe", dijo ella, con tranquila seguridad. "Ellos no nos verán. Una vez que estemos en el monte, Osain, el dueño de los bosques, nos protegerá de los ojos humanos".

"Realmente espero que sí, madrina", dije. "Los parques en Nueva York puede ser muy peligroso para las mujeres".

Aparcamos el carro en uno de los carriles del parque y caminamos hacía los arboles. El mes era noviembre y el suelo estaba espesamente cubierto de hojas secas en un fantástico kaleidoscopio de colores. Siena quemada, ocre brillante, magenta, bermellón y rojizo —los matices mágicos de la paleta del artista— susurraban bajo nuestros pies. Mi madrina abrió su espacioso bolso y sacó dos centavos.

"Este es el derecho de Osain", y explicó. "Recuerde, cada vez que venga al monte a hacer cualquier trabajo, usted debe pagarle sus derechos".

Ella colocó el dinero en la hierba húmeda y dijo una corta oración en Yoruba.

"*Osain awaniye elese ko ewe lere miye oyare obe biye....*Poderoso Osain, que curas con sus hierbas, rogamos que sus hierbas nos sean favorables, y nos traigan buena salud y muchas bendiciones...".

Osain es un santo que solo tiene un ojo, un brazo y una pierna. Fue dejado en estas tristes condiciones después de una fiera lucha con otro Orisha. Algunos santeros creen que fue Changó, enojado por el interés de Osain en Oyá (una de las amantes de Changó), el que derribó a Osain con un rayo dejándolo cojo y ciego por toda la eternidad. Pero otra leyenda afirma que Changó y Osain son muy buenos amigos que nunca se lastimarían; y que fue Orúnla, el dueño de la Tabla de Ifá, quien mutiló a Osain. Según esta segunda versión, Changó enseñó a Orúnla cómo preparar un ebbó con doce antorchas de fuego y doce piedras de rayo (*odduarás*). De este poderoso hechizo surgió un rayo que encendió al monte, atrapando a Osain dentro. Cada vez que hay un fuego forestal, los santeros dicen que Osain y Orúnla están de nuevo batallando en el monte.

En esos momentos llegamos a una pequeña colina, escasamente cubierta de árboles.

"Cada vez que vea una colina en el monte, recuerde que es sagrada para Olofi", dijo mi madrina. "Todas las montañas y colinas son de él, pero las del monte son particularmente benditas".

Ella se inclinó y recogió una piedra redonda y lisa. "¡Que hermosa!" exclamó. "Vea que suave y perfectamente esculpida está. Estas piedras no son comunes, pero aquí son abundantes". Ella se agachó otra vez, sacó otras piedras con alguna dificultad, y me las dio. "Estas son las verdaderas joyas de la tierra, no tocada por las manos humanas", dijo. "Más preciosas que los diamantes y esmeraldas porque tienen la fuerza de los Orishas. Con éstas usted puede construir imperios, si sólo sabe cómo usarlas". Hizo una pausa durante un momento, luego añadió, "y si me escucha, le diré cómo".

"¿Qué debo hacer con ellas, madrina?" le pregunté.

"Guárdelas hasta que sea hora de consagrarlas". me contestó. "Yo le diré cuando". Abriendo nuevamente su bolso, sacó una pequeña botella de ron y una bolsa plástica llena de una mezcla de rosetas de maíz, maíz tostado, y pedacitos de pescado ahumado y jutía seca. Me puso la bolsa y el ron en las manos e hizo una pausa para encender un nuevo cigarro.

"Yo caminaré en frente de usted ahora", me dijo. "Pero cuando volvamos, debe caminar en frente de mí. Sígame, arrojando puñados de esa mezcla de maíz a ambos lados del camino a medida que avancemos. El alimento es para Osain y los ikú que viven en el bosque, para que así la tierra sea más rica y más fértil con nuestra ofrenda. A medida que camine, siga mirando al suelo hasta que vea un pedazo de rama caída que le atraiga. Cuando suceda, recójala en seguida. Ese es su palo".

Tomó el ron de mis manos y empezó a caminar hacia adentro del monte. De vez en cuando, tomaba una bocanada de ron y rociaba los árboles y los arbustos a cada lado del camino. A medida que caminaba, fumando y rociando, mi madrina le cantaba al monte antiguas oraciones Yoruba que la tierra había escuchado desde tiempos inmemoriales. Muy lentamente, la atmósfera a nuestro alrededor empezó a cambiar. La ligera brisa que había estado corriendo entre los árboles se detuvo de pronto. El aire se sentía pesado y sin movimiento alguno. Las hojas estaban inmóviles, como si estuvieran congeladas en el tiempo, y podía ver docenas de pájaros entre las ramas de los árboles, todos curiosamente silenciosos y observadores, como si estuvieran escuchando atentamente el extraño canto en la antigua y primitiva lengua.

Siguiendo las instrucciones de mi madrina, caminé detrás de ella, dispersando la mezcla de maíz a la izquierda y a la derecha de nuestro sendero buscando una adecuada rama de árbol. De pronto, entre las brillantes hojas, un opaco y plateado destello llamó mi atención. Revolví las hojas con la punta de mi bota y descubrí un báculo natural formado por la rama doblada de un árbol, la cual el tiempo había cubierto con tonos plateados. La recogí de inmediato y le grité a mi madrina que había encontrado el palo que estábamos buscando.

Esperó que me reuniera con ella y tomó el báculo.

"Esa es una verdadera belleza", dijo con admiración, "y tiene la bendición de Osain porque es una rama doblada con un mango natural, su símbolo tradicional en la Santería".

"¿Qué hacemos ahora?" pregunté.

"Agradecemos a Osain por sus bendiciones y dejamos nueve centavos donde usted encontró la rama como un derecho para los muertos, para quienes está destinado".

Mientras hablaba, sacó los nueve centavos de su bolso y me los dio. Mientras los depositaba entre las hojas, ella dijo la última oración a Osain.

Retornamos de la misma forma en que vinimos, esta vez yo llevando la delantera.

"Use el palo como el cayado de un pastor", me dijo mi madrina. "Apóyese en él, acostúmbrese a sentirlo, porque siempre será suyo, y siempre le dará fuerza y protección, especialmente cuando las cosas parezcan estar más sombrías".

Dejamos el parque, y condujimos directamente a mi casa donde almorzamos. Luego mi madrina se sentó en mi estudio y procedió a adornar al palo con cintas de diversos colores y diminutas campanillas que había traído de su casa. Se negó a aceptar algún pago por ellos o por los pollos, que había comprado con su propio dinero. "Usted sólo pague el derecho de Elegguá y de los muertos. Ese dinero sagrado siempre debe ser pagado por el ebbó para que tenga éxito".

Ella había traído nueve diferentes matices de cintas, aproximadamente de media pulgada de ancho. Las amarró laboriosamente al palo, una tras otra, formando una hilera sedosa que llegaba casi al suelo. Ató las campanas a los extremos de las cintas y cuando estuvo terminada tintineó el báculo al golpearlo ligeramente contra el piso, y me lo entregó.

"Aquí está su palo", dijo, con una sonrisa. "Que le traiga muchas bendiciones".

"Gracias, madrina", dije, abrazándola cordialmente. "Se ve muy bonito, creo que lo guardaré en mi estudio".

"Pero no es para el estudio", dijo. "Es para el cuarto de baño, donde uno ruega y alimenta a los muertos".

Yo estaba familiarizada con esta costumbre de Santería, pero nunca había podido entenderla.

"¿Por qué el cuarto de baño?"

"Porque es el cuarto más frío y oscuro de una casa, parecido a una tumba. Y porque es el lugar donde uno purifica el cuerpo de todas sus impurezas".

Se levantó con algún esfuerzo y recogió el bolso y el palo. "Traiga uno de los pollos y venga conmigo al baño", dijo.

Esta era la parte que más temía, pero abrí la caja con los pollos, tomé uno al azar, y seguí a mi madrina. Ella apoyó el palo contra una de las paredes del baño, y de su bolso aparentemente sin fondo sacó una caja de velas, un pequeño candelabro, una pequeña botella de ron, un paquete de panetelas, una jarra de miel, otra jarra con la familiar mezcla de maíz, y fósforos, alineándolos todos cuidadosamente en el piso. Después a se levantó y me pidió que me parara cerca de la puerta del baño, y tomó al pollo de mi mano. Sosteniendo al animal por sus patas, rápidamente lo pasó por todo mi cuerpo, empezando desde la corona de mi cabeza y terminando en los pies.

"¿Usted sabe por qué estoy haciendo esto?" me preguntó.

"Para transferir cualquier vibración negativa al rededor de mi al pollo", contesté.

Ella asintió con la cabeza. "Correcto. Ahora sostenga al pollo mientras lo consagro".

Tomé el pollo de sus manos y la observé cuando encendía el eterno cigarro, al que volteó, insertando la parte prendida dentro de su boca. Instintivamente hice una mueca de dolor, esperando que se quemara la lengua y labios. Pero simplemente sopló espesas nubes de humo a través del extremo opuesto del cigarro. Cuando el baño estuvo cargado de humo, puso el cigarro a un lado, y tomó una generosa bocanada de ron y roció el pollo con el. Luego tomó al pollo de mis manos y lo sostuvo sobre el palo. En este punto empezó a moyubar, invocando a los muertos en Yoruba.

"Ikú la tigwa, ayá un bai bai, anó la tigwá ayá un bai bai, eyé la tigwá Ayá un bai bai, ofó la tigwá ayá un bai bai...owé owé, lasakó owé ayá un bai bai...".

Empezó a nombrar a todos los santeros muertos mayores, uno por uno, como su propia madrina le había enseñado. Luego giró hacía mí y me pidió que mencionara a toda la gente en mi familia que hubiera muerto, empezando con mis tatarabuelos y avanzando hacia el presente. Tuve que pensar durante un rato, pero finalmente lo logré.

Tan pronto como las largas oraciones terminaron, movió su muñeca, arrancando la cabeza del pollo con un rápido movimiento. La sangre cayo directamente sobre la corteza plateada del palo y las cintas de colores.

"Rápido, abra la jarra de miel y vierta algo de ella sobre el palo". A medida que hablaba, movía el cuerpo del pollo por todo el palo para asegurarse de que estaba completamente rociado de sangre. Luego colocó el cuerpo del pollo en el piso junto al palo, y empezó a arrancar la plumas del ave, que luego puso sobre el palo. La sangre y miel hicieron que las plumas se pegaran a la rama cubriendo algunas pero no todas las cintas. Contrario a mis peores temores, no me alejé de él horrorizada sino que me sentí más bien cercana a él, como si abarcara mucha fuerza positiva.

Mi madrina me dijo que colocara un vaso de agua fresca cerca del palo, y una vela encendida sobre el candelabro al lado del agua. De su bolso sacó cuatro pedazos de coco, los refrescó con agua fresca, y preguntó a los ikú dónde deseaban que se dejara el cuerpo del pollo. La respuesta fue el monte, donde los restos del pollo serían enterrados con deferencia al día siguiente.

Entonces fue hora de "alimentar" a los muertos. Mi madrina colocó en el piso un pequeño plato con la mezcla de maíz y algunos de los restos de nuestro almuerzo.

"Recuerde, los muertos no comen como nosotros", me previno. "Pero el alimento es energía, y es esta energía la que estamos ofreciendo a nuestros ancestros. Ya que el alimento que se está ofreciendo es parte suya, es como si usted estuviera ofreciéndoles una parte de su propio suministro de energía".

"Pero es todo tan primitivo, madrina", dije dudosamente. "Es como si estuviera renunciando a todo pensamiento civilizado".

"No está haciendo nada por el estilo", dijo, moviendo su cabeza". "Usted no ha renunciado a nada. Es todavía en gran medida la misma persona que era antes de la ceremonia. Lo que ha hecho es reconocer la existencia de una realidad espiritual paralela a su cuerpo físico, y aceptar la cercana identificación entre todas las cosas naturales. El viaje en el que se ha embarcado es un viaje interior, y a causa de él, surgirá siendo un mejor ser humano".

"¿Pero y el pollo?" insistí. "¿No es cruel privarlo de su vida?"

"¿Cree usted en la reencarnación y la evolución espiritual?" preguntó.

"Si", dije. "Estas son creencias sostenidas por varias de las principales religiones del mundo".

"Bueno, entonces piense que su sacrificio por una causa espiritual avanzará extensamente la evolución espiritual de este pollo. ¿Usted cree que habría avanzado más —o sufrido menos— si hubiera muerto para decorar su mesa y satisfacer su hambre? La gente nunca sienten pena por los millones de pollos fritos o asados que se comen a diario a través del mundo pero se quejan de los pocos pollos que se le dan a los santos o a los muertos para su propio beneficio. Eso se llama hipocresía," me dijo.

"Nunca lo pensé de esa manera", dije.

Iba a recordar estas palabras muchas veces. A medida que me fui familiarizando con los misterios de Santería, observé varios de estos sacrificios y siempre me pregunté cual sería el destino de las energías que formaban la esencia espiritual del animal.

"No hay crueldad en nada de lo que hacemos en la Santería", me dijo mi madrina suavemente. "Nuestra única preocupación es servir a Dios y a los Orishas cumpliendo con ciertas leyes naturales. El sacrificio algunas veces es necesario porque también es una ley natural. Usted aprenderá más a medida que pase el tiempo. Pero ahora es tiempo de alimentar a Elegguá. El ya ha esperado suficiente tiempo".

Cuando ofreció el segundo pollo a Elegguá, me encontré pensando en el Orisha en lugar del pollo. Lo visualicé como una energía pulsante que absorbía el sacrificio del animal, transmutándola en vida radiante y eterna. Supe entonces por qué la madrina había insistido en hacer el sacrificio a Elegguá en mi casa. Ella quería que su esencia impregnara todo lo que me rodeaba. Sentí su poderosa emanación tocarme momentáneamente, llenándome de gran serenidad. Entonces comprendí por primera vez el significado del sacrificio y la unidad de las cosas.

CAPÍTULO NUEVE

FIESTA DEL

SANTO

Como la original religión Yoruba, Santería es una mezcla de animismo, panteísmo, y adoración a los antepasados. Una de las primeras lecciones que se aprende en Santería es que los muertos "siempre van primero". Los muertos o *ikú* son nuestros antepasados, a quienes debemos rendir nuestros respetos en todo momento. Como mi madrina, María creía que para recibir su protección es importante mantener contentos a los muertos por medio de oraciones, velas, flores, agua y algunas veces alimento.

"Vela y agua en el piso del cuarto de baño o el patio de atrás", María solía decirme. "Y una vez a la semana, una pequeña taza de café negro y un poquito de tu propia comida mantiene contentos a los ikú y a ti protegida".

Después de las ofrendas, se piden las bendiciones de los iyalochas y babaochas fallecidos, se menciona a cada muerto de la familia y se los bendice a todos, incluyendo a los ancestros no conocidos de nombre. Finalmente se pide las bendiciones de los Orishas, que deben ser mencionados también individualmente.

La idea de invocar a los muertos siempre me ha llenado de desazón, y mientras estuve bajo el cuidado de María siempre ignoré esta práctica. Pero cuando volví a practicar la Santería como persona adulta, encontré que no podía desasociarme de la adoración de los ancestros y practicar la religión. Pero nunca me he sentido cómoda con la idea de invocar y hacer ofrendas a los muertos, algo que los santeros insisten es primordial en la práctica de la religión. Las fiestas o tambores de santo (cuando los santeros se reúnen para honrar a un Orisha específico) siempre empiezan —como todos los rituales de Santería— con ofrendas de comida y oraciones a los muertos. Incluso Elegguá, el primer Orisha en ser honrado en todas las ceremonias, debe esperar hasta que las ofrendas y oraciones a los ikú sean hechas.

Hay varios tipos de fiestas o Tambores de Santo, conocidos en Cuba como *güemileres*. A menudo, un Tambor tiene lugar en el aniversario del día cuando un santero o santera se asentó, es decir recibió los misterios de su Orisha. El cumpleaños de un Orisha, usualmente observado el día asignado al santo correspondiente en el calendario católico, es a veces celebrado con un Tambor, que a menudo es acompañado por una misa católica en honor del santo. Es importante aclarar que hay dos tipos de "Tambores". El Tambor clásico es una fiesta donde se tocan los tres tambores de Santería, conocidos como Iya, Itotele y Okonkolo. Estos tambores se consideran sagrados y existe una ceremonia especial, de mucho colorido, cuando varios santeros iniciados son presentados a estos tambores. Los tambores de fundamento son instrumentos que han sido consagrados en ceremonias especiales a los Orishas. Estos son los tambores a quienes se le "presentan" los iniciados de Santería. Estos tambores no se tocan a menudo, sólo en ceremonias muy especiales. Generalmente, los tres tambores que se tocan en las fiestas de santo no son tambores de fundamento.

El otro tipo de "Tambor" es conocido como un Guiro, donde solo se toca un tambor, acompañado por los asheres, que son calabazos vacios, ornamentados con sartas de cuentas cuyo sonido es parecido al de las maracas.

Algunos Orishas importantes cuyos "días" son observados según el calendario católico incluyen a Changó (Santa Bárbara), el 4 de diciembre; Oshún (Nuestra Señora de la Caridad del Cobre), el 8 de septiembre; Yemayá (Nuestra Señora de Regla), el 7 de septiembre; Babalú-Ayé (San Lázaro), el 17 de diciembre y Obatalá (Nuestra Señora de la Mercedes) el 24 de septiembre.

Todos los practicantes de la Santería observan los días o cumpleaños de los Orishas, generalmente con ofrendas modestas de velas, flores, frutas y especialmente, agua. Pero los santeros iniciados en los misterios de un Santo, hacen preparaciones especiales para celebrar el cumpleaños de su Orisha. Las festividades siempre empiezan temprano, con ofrendas especiales al Santo, que a menudo incluyen sacrificios de animales, y la lectura de los cocos. Grandes cantidades de flores del color asociado con ese Orisha, comidas especiales, frutas de todas clases y velas, son colocadas en el piso al frente de la sopera con las piedras y secretos del Santo. Esto se conoce como la Plaza.

Los ahijados del santero deben ir a prestar sus respetos al pie del santo y a llevarle su derecho, que generalmente consiste de un coco y dos velas. Frente a la Plaza hay una pequeña canasta donde los ahijados y otras personas que vienen a saludar al Orisha dejan sus ofrendas de dinero, cantidades modestas de un dolár o poco más. Cada persona debe saludar al Santo, acostándose en el suelo sobre una estera, y tocando el instrumento de su devoción. Este puede ser una campana dorada para Oshun, un cencerro para Oya y una maraca roja para Chango. Mientras toca el instrumento, la persona pide la bendición y protección del Orisha. Luego el santero la toca levemente sobre los hombros, dándole su bendición en Yoruba, ayuda a levantar a la persona y la abraza, tocándose mejillas contra mejillas, brazos cruzados sobre el pecho. Luego la persona pasa al comedor o sala de recibo del santero, donde se reúne con otras personas que también vinieron a saludar al Orisha. Todo el mundo participa en el banquete que el santero ha preparado para la occasión y que en muchos casos puede ser espléndido. Alrededor de la medianoche, el santero invoca al Santo y pide su bendición para el y su familia, y todos los presentes. Esta ceremonia se conoce como *esperar al santo* y siempre tiene lugar la víspera del cumpleaños del Santo. La observación se extiende hasta el día siguiente.

Una persona que no puede ir a la casa de un santero a saludar a un Santo, lo "esperará" en su propia casa colocando dos velas blancas en el piso cerca de donde la imagen del Orisha es mantenida y encendiéndolos unos minutos después de la media noche. Usualmente algunas frutas y alimentos favorecidos por el Orisha también le son ofrecidos, así como también flores o bizcochos. Luego de encender las velas, se echa un poco de agua en el suelo, y se toca el agua con los dedos de la mano derecha mientras se toca el instrumento del Santo con la mano izquierda. Mientras se toca el instrumento, ya sea campana, cencerro o maraca, se le ruega al Orisha por la paz del mundo y se le pide su bendición y protección. Las frutas ofrecidas a un Orisha siempre se le dejan hasta que se dañan.

Hace varios años, a mi solicitud, mi madrina me llevó a rendir mis respetos a Changó en dos casas de santo diferentes. Empezamos nuestra peregrinación alrededor de las nueve de la noche de la víspera del cumpleaños del Orisha, que tiene lugar el 4 de diciembre. El primer lugar que visitamos fue el hogar de una vieja iyalocha que había sido iniciada en los misterios de Changó por más de treinta años.

Cuando llegamos, la santera estaba sola con uno de sus ahijados. Nos dio la bienvenida cariñosamente y nos llevó al cuarto principal de la casa, donde ella había preparado el "trono de Changó", donde los "secretos" de Changó incluyendo sus otanes, estaban ocultos. En un altar aparte estaba una gran estatua de Santa Bárbara rodeada de grandes cantidades de flores rojas y blancas, los colores de Chango. En ambos lados de la estatua reposaban dos velones blancos que serían encendidos al dar la media noche. Al pie del altar estaba un gran tambor rojo y blanco, junto con la batea de Chango, varias hachas de madera rojas y blancas y su gran collar de mazo. En pedestales más pequeños estaban otras soperas, que contenían los otanes de algunos de los principales Orishas, descansando sobre piezas de seda o de brocado, en los colores de cada Orisha. Reconocí las soperas de Obatalá, Yemayá y Oshún, que estaban contiguos a los de Oyá y el formidable Aganyú que se dice es el padre de Changó.

En frente de las soperas, extendidas sobre varias esteras, o alfombras de paja, había ofrendas a Changó y los otros Orishas, incluyendo grandes canastas de frutas tropicales con una abundancia de las bananas y manzanas favoritas de Changó, e innumerables bandejas de bizcochos y otras golosinas, pudines, natillas y los indescriptibles capuchinos "borrachos" —favoritos de Oshún—. En medio de este suculento festín reposaba un gran bizcocho de cumpleaños decorado en rojo y blanco, donde decía simplemente "Feliz Cumpleaños Santa Bárbara". Esta comida permanecería intacta hasta el día siguiente, cuando el cumpleaños de Changó sería celebrado en serio.

Debido a que los Orishas les gusta bailar, muchos santeros tienen música de ritmos africanos o latinoamericanos que tocan durante estas fiestas de santo. En los cumpleaños de Orishas muy populares, muchas estaciones de radio hispanas tocan música especial afro-cubana. Pero los santeros siempre prefieren música viva, y cuando su bolsillo se lo permite, contratan a grupos musicales para que toquen en estas festividades. Un babalawo una vez me contó que en Cuba él siempre contrataba la famosa orquesta Sonora Matancera para celebrar el cumpleaños de su santo. Esta legendaria orquesta cubana no está disponible en estos días, pero existen otras, como la bien conocida orquesta de Tito Puente, que conocen muy bien la música de los Santos. Como muchos otros músicos latinoamericanos, Tito Puente es un santero iniciado.

Tan pronto como entramos al cuarto, mi madrina se acostó en el piso en frente del altar para rendir foribale a Changó. Esperé respetuosamente al lado de ella, y tan pronto como se levantó yo también me acosté y rendí mis respetos al Orisha. Cuando terminé, tocó mis hombros ligeramente pidiendo la bendición de Chango para mí en Yoruba. Luego me ayudó a levantarme, y nos abrazamos en la tradicional forma de Santería tocando mejillas opuestas y los brazos cruzados sobre el pecho. Ella repitió el abrazo ritual con la iyalocha, que luego me abrazó.

Una vez terminadas las formalidades, pasamos al modesto comedor de la iyalocha, donde esta insistió que comiéramos de la abundante cena que había preparado para la fiesta.

"Es importante que comamos algo," me dijo mi madrina. "Esto nos da la bendición de Chango y también la recibe ella, ya que en la Santería se cree que mientras más personas coman en tu mesa, más bendiciones recibes de tu Santo".

Recordando que todavía teníamos que hacer otra visita, comimos sólo un poco en casa de la iyalocha. Luego le deseamos muchos años más de vida en el Santo y nos despedimos de ella.

La segunda casa que visitamos esa noche fue la de un santero mayor muy respetado, hijo de Changó, llamado Armandito. Eran casi las once cuando llegamos. El sótano, donde el altar a Changó había sido colocado, estaba lleno de gente. La mayoría de los que estaban sentados a lo largo de las paredes estaban vestidos con las ropas blancas favoritas de los santeros. El centro de atracción era un hombre alto y rechoncho de unos veinticinco años, inmaculadamente vestido con pantalones, suéter y zapatos de lona blancos y el gorro blanco del yaguó, o recién iniciado. Todos los santeros y santeras bromeaban amablemente con el yaguó, acusándolo de escuchar detrás de las puertas cerradas para enterarse de sus secretos. Revoloteaban alrededor de él afectuosamente, ofreciéndole frutas, dulces y otros bocadillos ligeros, como se haría con un niño pequeño. El yaguó disfrutaba felizmente por esta atención y circulaba petulantemente alrededor del cuarto, sonriendo y comiendo todo el tiempo. Durante un año y siete días —la duración de su iniciación— él sería tratado con atenciones especiales y cuidado cariñoso, instruido en los misterios de la Santería, y observado cuidadosamente. Todos sus movimientos y decisiones, aun su comida y ropa, serían controlados por su padrino y su madrina.

La entrada de mi madrina causó un poco de conmoción. Ella era obviamente bien conocida y respetada en esta casa. Varias santeras más jóvenes inmediatamente salieron a saludarla y a hacer foribale a sus pies. Ver a alguien acostarse en el suelo, a los pies de otro ser humano, es algo desconcertante. Pero esto es parte de una vieja tradición de la Santería. Una persona saluda a los pies de un santero para honrar al Orisha de este y para reconocer que el santero es su mayor en la religión. Se debe también hacer foribale a los pies de la madrina o el padrino cada vez que se visita o se encuentra frente a el o ella en cualquier sitio.

Durante un rato, mi madrina estuvo ocupada bendiciendo a las santeras, ayudándolas a levantarse, y abrazándolas, con el revolotear de muchas faldas blancas de volantes. Luego el yaguó se aproximó tímidamente a mi madrina y le pidió permiso para saludarla. Ella le indicó el piso con una sonrisa, y el hizo foribale a sus pies como las santeras habían hecho. Lo ayudó a levantarse con algún esfuerzo, ya que él era considerablemente más alto y pesado que ella. Luego, abrazándolo cordialmente, tocó sus mejillas con las de el y caminó con el hacia adentro de la habitación.

Los seguí en silencio sintiéndome un poco confundida e inconfortable. Después de un rato, mi madrina regresó a donde mí y tomándome de la mano, me presentó a los otros santeros como su ahijada. Pronto empecé a sentirme más relajada.

Un hombre negro muy anciano estaba sentado en silencio en una esquina, rodeado de varios santeros, que lo trataban con gran respeto. Mi madrina me condujo hacía él. Llegando a su lado, rindió foribale a sus pies y me indicó que hiciera lo mismo.

"Este es mi padrino", me dijo ella, ayudándome a levantarme. "El también es el padrino de varias personas aquí, lo cual lo hace un santero mayor. Recuerde su cara y siempre salúdelo cuando se encuentre con él, porque cualquier cosa que ha recibido de mí se originó en él".

El anciano me miró con ojos sabios y sonrientes. Su amable serenidad me recordó a María y mis ojos se llenaron de lágrimas. Bajé mis ojos para ocultar mi emoción, y él me presionó suavemente contra su pecho, tocando sus arrugadas mejillas con las mías en el abrazo tradicional de Santería. Luego giró y miró a mi madrina.

"Esta niña no debe mantener a su Orisha esperando", dijo él. "Debe recibir su collar de mazo pronto".

"Pero ella ni siquiera tiene los Guerreros todavía", replicó mi madrina.

"Sin embargo", dijo el anciano, "ella debe ser iniciada tan pronto como sea posible. Hay muchos Orishas esperándola".

El volvió a su asiento en la esquina y no nos prestó más atención. Mi madrina se alejó con una pensativa mirada en su cara.

"¿Qué quiso decir acerca del collar de mazo, madrina?" pregunté curiosamente.

"El collar de mazo", me dijo, "es el collar que usted recibe cuando es iniciada. Significa que debería asentarse tan pronto como sea posible, Cuando una persona recibe el collar de mazo sin estar iniciada, se dice que ha sido "prendida en el santo". Y debe ser asentada de inmediato.

"Pero no estoy lista para esto, madrina", le dije. "Ni siquiera estoy segura de que alguna vez me asiente".

"Lo sé", dijo ella vagamente. "Hablaremos de ello en otra oportunidad".

Durante algún tiempo estuvimos en frente del altar con las ofrendas de Changó, admirando la plaza con todas las frutas, bizcochos y flores. Cuando le pregunté a mi madrina por qué ella no hizo foribale en frente del altar, ella dijo que estaba esperando a Armandito, el dueño de la casa, que aun no habia llegado. Como iniciado de Changó, tenía que estar presente cuando ella rindiera foribale al Orisha.

Poco antes de la media noche, llegaron tres mujeres y un hombre, trayendo con ellos dos pequeños niños, una niña de alrededor de siete años y un niño no mucho mayor de tres años. Los adultos eran todos obviamente santeros de alguna importancia, y durante un rato las santeras más jóvenes rindieron foribale a los recién llegados, incluyendo a la niña (que había sido iniciada al nacer, haciéndola mayor en el santo que muchos de los presentes). Esta mostró la misma seguridad en sí misma y calma que los santeros mayores, bendiciendo y ayudando a levantarse del piso a los que saludaban a sus pies. El niño pequeño fue al centro del cuarto, estudiando a todos los presentes con una mirada curiosa y penetrante. Sentí sus ojos detenerse sobre mí brevemente, pero su ligero interés en mí se desvaneció tan pronto como vio a mi madrina. Caminó en línea recta hacía ella y rindió foribale a sus pies.

Mi madrina aceptó su homenaje con la misma expresión de respeto que había mostrado a las santeras mayores.

"¿Quién es su santo?" preguntó al niño, suspendiendo sus manos sobre sus hombros.

"Changó", contestó la pequeña voz.

Ella golpeteó sus hombros ligeramente, pronunció la bendición de Changó para él en Yoruba, y lo ayudó a levantarse. Se abrazaron ligeramente y se separaron.

Miré en derredor, esperando ver gente asombrada por las acciones de la criatura, pero nadie pareció ver nada extraordinario en su comportamiento. El simplemente estaba rindiendo sus respetos a un mayor, como se suponía que debía hacer.

Después que el niño se separó de mi madrina, saludó a varios otros santeros de la misma forma, incluyendo al padrino de mi madrina. Los padres, tía y hermana menor del niño intercambiaron más saludos con los santeros mayores en el cuarto. El yaguó —que más tarde descubrí era el hijo de Changó y Obatalá— también saludó a los pies del nino, ya que este, a pesar de su corta edad, era uno de sus mayores.

Era ahora casi medianoche. Finalmente el dueño de la casa hizo su aparición, vestido de blanco, con un gorro a cuadros blanco y rojo en su cabeza. Saludando a sus invitados amablemente, los invitó a compartir la cena ligera y bocadillos preparados para ellos. Por un rato todos circulamos alrededor de las mesas, llenando nuestros platos de comida, comiendo y charlando amigablemente. El Yaguó terminó sentado a mi lado, y pronto estábamos intercambiando información acerca de los santeros y Santería en general. El me dijo que no se había visto en un espejo desde el día antes del asiento hacia dos meses, y riendo me dijo que tenia que mirar fotografías suyas para recordar su cara.

"¿Cuánto tiempo tiene que estar sin mirarse en un espejo?" pregunté, sorprendida por la idea.

"Tres meses" dijo él.

"¿Pero cómo se afeita? ¿Y cómo hace para peinarse?"

"Mi madrina o mi esposa me afeitan", explicó. "En cuanto a mi cabello, no importa mucho, considerando que tengo la cabeza rapada y debo mantenerla cubierta todo el tiempo".

"¿Tres meses sin mirarse al espejo?" pregunté, alarmándome más a cada minuto. "¿Esto también se aplica a las mujeres?"

"Con las mujeres es peor", me dijo. "También se les afeita la cabeza y se les prohibe usar maquillaje, depilarse, rizar o teñir su cabello. Deben estar vestidas de blanco todo el año, con un pañuelo blanco amarrado alrededor de sus cabezas. Los únicos adornos que pueden usar son los collares y brazaletes de los Orishas".

"Ahora si que estoy segura", le dije. "Nunca me asentaré".

"Oh si lo hará", dijo él con seriedad. "Unas pocas vanidades femeninas son un pequeño precio a pagar por todos los beneficios que usted recibe cuando es iniciada en la Santería".

"¿Cuáles son los beneficios?" le pregunté.

"Es una cuestión de creencia y fe", contestó. "Personalmente creo que la protección de los Orishas valen todos los sacrificios en el mundo. ¿Cuánta gente conoce que pueda hablar verdaderamente con sus propios ángeles guardianes, pedirles favores, y ver esos favores concedidos?"

"¿Puede usted hablar con su propio ángel guardián?" pregunté.

"En realidad, dos Orishas guardan mi destino", dijo. "Changó me rige de la cintura para abajo y Obatalá de la cintura para arriba. Por eso es que mi brazalete de iniciación esta hecho de cuentas rojas y blancas".

El arremangó la manga de su suéter para mostrarme un brazalete de cuentas blancas y rojas entrelazadas y trenzadas tupidamente para formar una banda ancha. Era hermosa y así se lo hice saber.

"¿Eso significa que usted puede hablar libremente con Changó y Obatalá, como hace conmigo?"

"No tanto", sonrió. "Ellos me hablan dentro de mi cabeza, principalmente para prevenirme de cualquier peligro próximo o para aconsejarme sobre alguna situación dada. Ellos contestan preguntas que yo les hago y me dicen lo que yo debería o no debería hacer. Por supuesto, también puedo usar el coco para hacerles preguntas".

"Si pueden hablarle directamente, ¿por qué usa el coco?"

"Porque es más definido, especialmente si otra persona presente está haciendo las preguntas", dijo. "Pero como iniciado, ese no es el único beneficio que recibe. Está el conocimiento de cosas espirituales, de curas hierbales y sortilegios, y especialmente están los poderes...".

Estaba familiarizada con las historias acerca de los supuestos poderes de los santeros que incluyen telepatía, clarividencia, curación, y el don de la profecía y el de resolver problemas. Pero estaba igualmente familiarizada con la renuencia de los santeros a admitir estos poderes a los aleyos o no iniciados. Incluso mi madrina me sacaba apresuradamente del salón cada vez que iba a hablar acerca de algo concerniente a la Religión con otras santeras.

"¿Qué poderes?" pregunté al yaguó, feliz de encontrar a un iniciado dispuesto a discutir el tema. Pero él pareció darse cuenta de que había hablado demasiado y se levantó rápidamente mirando su reloj.

"Son las doce y cinco de la mañana", dijo, ignorando mi pregunta. "¿No vamos a saludar a Changó?"

Armandito, que pasaba por nuestro lado en ese momento, oyó la pregunta del yaguó.

"Lo saludaremos ahora", dijo. "Nunca saludamos a un Orisha al dar la media noche. Es siempre mejor esperar unos pocos minutos después de la hora para asegurar que las fuerzas del Orisha estén presentes".

Mientras hablaba caminó al altar y dobló una rodilla en frente de la batea de Changó. Todos nos inclinamos detrás de él en respetuoso silencio, y lo observamos cuando echo un poco de agua en el suelo y recogió la maraca de Changó, tocándola con su mano izquierda, mientras colocaba los dedos de su mano derecha sobre el agua. Mientras tocaba la maraca, Armandito empezó una invocación apasionada a Changó, llamando al Orisha para que bendijera y protegiera a todos los presentes y salvara al mundo de la guerra, el fuego y la destrucción. Luego invocó al Orisha para que bajara a la tierra y presenciara las malignas maquinaciones de seres depravados e impíos contra la humanidad, y derramara su ira sobre sus cabezas. Pidió paz, salud, amor y prosperidad y buena voluntad entre los seres humanos. Pidió al Orisha que protegiera todos los hogares y el país de los estragos de la guerra, del hambre y la pestilencia, y terminó ofreciendo su amor y devoción a Changó.

Cuando la invocación terminó, Armandito encendió las dos velas a ambos lados de la Plaza, y luego todos hicieron fila en orden de antigüedad para rendir foribale a Changó en frente de su altar.

Cada persona yacía en el piso según la forma de su propio Orisha, boca abajo, brazos a los lados para los Orishas masculinos, y de ambos lados para las Orishas femeninas. Cada uno batía la maraca mientras saludaba a Changó, pidiéndole ayuda en sus necesidades individuales.

No siendo una iniciada, fui una de las últimas personas en saludar al Orisha. Cuando me levanté de mi posición recostada, fui saludada por el diminuto omo Changó, que había estado bien adelante de mí en la fila.

"Cabio Sile pá Changó, dijo, con una sonrisa maliciosa.

"*Tó los días*", contesté, en el español tradicionalmente mal hablado de la Santería, y el niño rió. Su risa clara como de campana me recordó a mí primer Tambor, muchos anos antes, cuando había escuchado la muy similar risa de Changó posesionado de su omo-Orisha.

Todavía conmovida por el recuerdo, me volví a ver a la mamá del niño que me miraba fijamente.

"¿El nino está...?" pregunté.

"No", me dijo, "él no está *montado*. Pero Changó lo toca todo el tiempo. Eso es lo que usted sintió. Pero cuando lo monta, cuando posee al niño, es una cosa digna de verse. Usted debería haberlo visto durante la última ceremonia de su iniciación, cuando tenía año y medio. De pronto Changó lo montó y el niño comenzo a saltar, a cantar y a reír, mientras bailaba el baile ritual de Changó. Nadie se atrevió a tocarlo hasta que rodó por el piso sin sentido".

Pasmada, quería averiguar más, pero mi madrina se reunió conmigo en ese momento y me alejó del niño y de su madre. Dejamos la casa poco después, aunque sabíamos que la mayoría de la gente permanecería hasta la madrugada en honor a Changó.

"Usted no tiene que quedarse porque todavía no es una iniciada", dijo mi madrina.

Cuando mencioné la historia de la posesión del niño a la edad de dieciocho meses, ella se encogió de hombros.

"No sé porqué está tan sorprendida", me dijo. "Usted misma fue presentada a Yemaya cuando tenía cinco años".

"Si, madrina, pero nunca fui poseída", repliqué.

Ella se sonrió. "Alguna vez lo será", me dijo.

CAPÍTULO DIEZ

POSESIÓN

Según muchos santeros, el 4 de diciembre es un dia durante el cual es importante tomar precauciones especiales. Changó está muy activo en este su día y usualmente hace sentir su influencia con fuego. Y en realidad, el 4 de diciembre está generalmente rodeado de muchos fuegos y muertes ocasionadas por conflagraciones.

El día que siguió a nuestras visitas a la iyalocha y a Armandito estuvo muy complicado para mi, y no pude acompañar a mi madrina a otras festividades en honor a Changó. Pero una semana después, volví con ella a la casa de Armandito, esta vez para honrar a Babalú Ayé, sincretizado como San Lázaro, el patrón de los enfermos, cuyo cumpleaños es celebrado el 17 de diciembre. Alrededor de esta fecha tienen lugar muchas ceremonias y festejos en honor de este Orisha, cuya bondad y compasión lo han hecho muy popular entre los santeros.

Armandito había estado muy enfermo varios meses antes, y todos los esfuerzos de los doctores habían sido inútiles para curar su enfermedad. El babaocha habia puesto entonces toda su esperanza en los grandes poderes curativos de

San Lazaro, el cual le devolvió rápidamente la salud.
Armandito, en agradecimiento, prometió honrar al Orisha
con un Tambor.

Cuando llegamos a la casa de Armandito, ya estaba llena
de gente. Mi madrina fue directamente a un cuarto pequeño
en la parte posterior del sótano donde iba a tener lugar el
Tambor. Este cuarto había sido arreglado como una capilla,
donde la Plaza de Babalú había sido preparada. El cuarto no
tenía muebles excepto algunas bancas a lo largo de las paredes. En una esquina, en el centro de un exquisito altar, estaba una estatua grande y muy ornamentada San Lázaro, bor-
deada por dos candelabros dorados pesados sobre los cuales
ardían dos velones blancos. A ambos lados del altar, habían
dos urnas grandes de porcelana, laboriosamente gravadas en
oro y púrpura, llenas de flores. Directamente sobre el altar,
y extendiéndose a ambos lados de este, había un palio formado de flores color púrpura entrelazadas con *cundiamor*
(una hierba usada para curar la diabetes y que le pertenece
a San Lázaro/Babalú). Entre las flores se podían distinguir
lirios, orquídeas, lavandas, lilas y otras flores de matices
púrpura, siendo el púrpura el color favorecido por San
Lázaro. Varios pañuelos de brocado púrpura intercalado con
dorado colgaban alrededor del altar, detrás del cual había
sido drapeada una rica cortina, también de brocado en los
mismos colores.

Un par de muletas, el símbolo principal de Babalú, y
varias alforjas hechas de tela de saco y adornadas con púrpura colgaban de la pared a la izquierda del altar. La alforja
es uno de los atributos de Babalú, donde él guarda su alimento favorito, maíz tostado, y es usualmente hecha de tela
de saco, como recordatorio de que Babalú/San Lázaro fue
mendigo y se vistió de saco durante su vida en la tierra.

Es importante recordar que las Escrituras hablan de dos hombres diferentes llamados Lázaro. Uno era el hermano de Marta y María, a quien Jesús resucitó de entre los muertos. El otro aparece en una parábola que Jesús contó a los fariseos en Lucas 16:20. Este segundo Lázaro era un mendigo leproso cuyas llagas eran lamidas por los perros y que escasamente se sostenía con las sobras de la mesa del hombre rico. Cuando el mendigo murió fue al cielo, mientras que el hombre rico fue al infierno por no compartir sus posesiones con el mendigo. Es este mendigo Lázaro el cual ha sido sincretizado como Babalú Ayé.

Directamente en frente del altar estaba la Plaza con todas las frutas, bizcochos y golosinas que el Orisha prefiere. La estera estaba extendida en el suelo frente al altar, para la comodidad de los que deseaban rendir sus respetos a Babalú. La pequeña canasta con las ofrendas de dinero reposaba sobre la estera. Junto al altar, en un sitial de honor, supervisando cuidadosamente todo lo que pasaba en el cuarto, estaba el viejo padrino de Armandito. Todos los visitantes saludaban primero a sus pies, luego a los pies del Orisha.

Cuando entramos al cuarto, me detuve en frente del altar, subyugada por la brillantez y belleza del arreglo.

"Ese es el trono de Babalú", dijo mi madrina. "Dentro de ese altar están escondidos los secretos de Babalú, como el altar de Changó en la casa de Marta la iyalocha. Pero venga, debemos rendir nuestros respetos al padrino de Armandito".

Nos alejamos del altar y saludamos a los pies del viejo babaocha. Durante algunos minutos el anciano y mi madrina intercambiaron saludos y chistes. Luego volvimos al altar donde saludamos a Babalú, colocando un dólar en la pequeña canasta.

"¿Para qué es el dinero madrina?" pregunté.

"Para velas, flores, o lo que sea que Babalú requiera. Es su derecho", dijo.

"¿Hay un derecho para todo?" insistí.

"Si", dijo mi madrina, "lo hay. Con el derecho compramos velas, hierbas, comida y muchas otras cosas para los Orishas. Estas cosas son energía en varias formas. Así que lo que usted realmente está haciendo con el derecho es dar al Orisha una fuente de ashe, de energía, que él o ella le devolverá mil veces en forma de muchas bendiciones".

A medida que hablábamos dejamos el cuarto y cruzamos hacía el lugar donde el Tambor sería celebrado. Habían ya muchas personas congregadas adentro, todos agrupados alrededor de la pequeña cocina construida en un extremo de la habitación. De esta cocina salía plato tras plato de comida típicamente cubana. Tres santeras jóvenes con las caras rojas por el calor y de aspecto fatigado estaban sirviendo la comida —arroz con gandules, fricase de pollo, ensalada de papas y otra ensalada de lechuga— en fuertes platos de porcelana blancos. La casa de cada santero tiene un aparador donde docenas de estos platos son guardados para Tambores y otras fiestas de santo.

Me di cuenta de que aunque las tres mujeres estaban sirviendo, pasaban cada plato a un hombre de edad y ligeramente calvo que estaba junto a la cocina. Luego él pasaba los platos de comida a los invitados. Después que mi madrina y yo habíamos recibido nuestra comida, le pregunté acerca del hombre.

"Ese es el omo-Babalú que bailará para el Orisha", dijo mi madrina. "El representa a Babalú aquí hoy. Por eso es que la comida debe pasar a través de sus manos".

"¿Alguien siempre baila para el Orisha para quien se le ofrece un tambor? pregunté.

"Si", dijo mi madrina, "pero sólo un santero que ha sido iniciado en los misterios de ese Orisha. "Ella levantó la mirada de su plato, y viendo la curiosidad en mis ojos, sonrió. "Cuando alguien quiere darle un Tambor a un Orisha por cualquier razón, debe primero encontrar a un santero o santera que sea hijo o hija de ese Orisha, y que sepa como bailarle a ese Santo. Si el santero está de acuerdo en bailar en el Tambor, entonces la persona que ofrece el Tambor debe pagarle un derecho por su servicio y mandar a hacer un hermoso vestido, en los colores y estilo usados por el Orisha, para que el santero lo use. Pero no se le permite que lo use hasta después de que él ha bailado para el Orisha y ha sido poseído por el Santo. Luego algunos de los otros santeros lo llevan a otro cuarto y lo visten con el traje del Orisha. Cuando vuelve al cuarto principal, el Orisha que ocupa su cuerpo bendice a los presentes en el Tambor".

"¿Y los Batás?" pregunté. "¿También requieren un derecho?"

"Si, pero este derecho depende de si los tambores son de fundamento o están sin consagrar. Y recuerde, los tres tamboreros deben tocar esos tambores y cantar en Yoruba por muchas horas. Ellos no lo hacen por el dinero, que es mínimo, sino por los Orishas".

"Un Tambor debe salir muy caro", dije. "Entre los derechos, la plaza, las flores, y la comida para alimentar a toda esta gente, Armandito debe haber gastado mucho dinero".

"Si", dijo mi madrina, "Tambores como este pueden costar varios miles de dolares".

Cuando terminamos de comer, devolvimos nuestros platos vacíos al omo-Babalú. El los pasó a una de las santeras, que los lavó rápidamente y los hizo a un lado. La pequeña cocina era manejada con tanta eficacia que había poco indicio de que dozenas de personas estaban siendo alimentadas. Cuando mencioné esto a mi madrina, ella sonrió.

"Es la práctica", dijo. "Nosotros hacemos esto tan a menudo que podemos hacerlo con los ojos cerrados. A propósito, a esas santeras también se les paga un derecho por cocinar y servir".

Moviéndonos al centro del gran cuarto, nos reunimos con otras santeras. Una de ellas, una mujer algo mayor, con una atractiva cara color de ébano, llevaba puesto un tocado hecho de plumas. Su nombre, nos dijo, era Mencha y era hija de Oshún.

"¿Es usted cubana?" me preguntó, mirándome curiosamente. Cuando le dije que era puertorriqueña, ella agitó una mano.

"Es lo mismo", dijo. "Comemos las mismas cosas, creemos las mismas cosas, hacemos las mismas cosas. José Martí lo expresó muy bien cuando dijo: Cuba y Puerto Rico son de un pájaro las dos alas".

"Sí", dije con una sonrisa. "Y Cuba es el ala izquierda".

Mencha rió a carcajadas y las otras santeras le hicieron coro.

"Está bueno eso", dijo Mencha, riendo todavía. "Dígame, ¿Cuándo se asentó usted?"

"No lo he hecho todavía". Reí un poco cohibida, con la ligera vergüenza que siempre sentía cada vez que un santero me hacía esa pregunta. Mencha miró asombrada. "¿No ha sido asentada? Habría pensado...Usted parece..."

"Todos creen que ella ha sido asentada", interpuso mi madrina. "Creo que es porque ella ha sido parte de Santería desde que era niña".

"¿Entonces por qué no ha sido asentada?" me preguntó Mencha.

"Creo que no ha llegado la hora todavía", le dije.

"¿Quien es su ángel guardián?" preguntó.

"Me han dicho que es Oshún".

"¿Oshún?" Mencha frunció el ceño. "Usted parece más como...".

"¿Changó?".

"No, Elegguá", dijo Mencha, sorprendidamente. "Usted tiene esos ojos risueños, como si disfrutara de una buena broma".

"Si", me reí "Y me llevo muy bien con Elegguá. Una vez salvó mi vida".

En ese preciso momento, los tres tambores en el otro extremo del cuarto empezaron a tocar, interrumpiendo la conversación. Todos se dirigieron hacía los intérpretes; mi madrina y yo encontramos un lugar que daba a los tambores. El sonido hecho por estos es ensordecedor y puede ser muy molesto después de un rato, especialmente para una persona no familiarizada con los ritmos africanos.

Al principio, los tamboreros no cantaron, y sólo tocaban el batá en un ritmo especial, que parecía una conversación de tres partes. Esta música del tambor, me enteré después, es llamada el Oro, y es tocada para Dios, Olorún-Olofi.

Despúes del Oro, los tamboreros empezaron a tocar para todos los otros Orishas, empezando por supuesto con Elegguá. El tamborero principal que también era el *akoñrín*, o cantante de ritual y llamador de los Orishas, era un joven afrocubano que había volado recientemente de la Habana. Hablaba Yoruba con fluidez y conocía todas las canciones tribales tradicionales asociadas con los Orishas. El cantaba mientras los otros dos tamboreros contestaban en coro.

Junto a los tamboreros estaba un joven que sostenía un gran calabazo pintado en brillantes colores y cubierto por una red de cuentas grandes. El joven siguió girando el calabazo de cuentas en sus manos, produciendo un sonido similar al de un par de maracas. Este calabazo, conocido ashere, es usado para acentuar el golpe del tambor y llamar a los Orishas para que bajen a la tierra. Todos los intérpretes eran santeros iniciados.

En el piso junto a los tambores estaba la pequeña cesta para el derecho de los Batá, ya que estos tambores estaban consagrados.

A medida que los tamboreros tocaban los ritmos favoritos de cada Orisha, los omo-Orishas de ese santo particular se adelantaban, besaban a un billete doblado de un dólar, se bendecían con él, y lo depositaban en la cesta. Luego bailaban para el Orisha usando los movimientos especiales asociados con el santo.

La mayor parte de los bailes en Santería conllevan movimientos especiales con los pies y los brazos. Estos movimientos usualmente indican cual santo está siento "bailado". Todas las personas bailan de frente a los tambores. Los bailes de los Orishas varones tienden a ser más violentos en sus movimientos. El baile de Eleggúa por ejemplo, se hace balanceandose sobre un pie, mientras que en el de Obatalá se arrastran los pies y se mueve la persona tres veces hacia adelante y tres hacia atrás, los brazos colgando hacia el suelo y el cuerpo bien inclinado. Esto es una representación de la edad avanzada de este orisha. Para bailar a Changó, se zapatea rápidamente de lado a lado mientras las manos se elevan y se bajan rápidamente como si se estuvieran extrayendo rayos de la atmósfera. A las Orishas, por otro lado, les gusta balancear sus faldas con sus manos al ritmo del golpe del tambor, pero cada una gira su falda de una forma diferente. Los movimientos de Yemayá ondulan como las olas del mar, mientras que Oyá, la poderosa dueña del cementerio, agita una mano en el aire mientras abanica su falda con la otra.

Mi madrina y yo esperamos respetuosamente mientras los santeros presentes saludaban a la música de sus Orishas. Cuando los Batá cambiaron su golpe para tocar los ritmos de Oshún ella se adelanto para pagar el derecho del

Batá. Cuando me agaché para depositar mi dólar, mi madrina me retuvo.

"Usted no puede depositar dinero ahí," me dijo. "Solo los santeros iniciados y presentados a los Batas pueden rendirle homenaje." Y me mostró dos santeras detrás de mí, incluyendo a Mencha, que esperaban para honrar a Oshún. Un poco apenada, me hice a un lado para dejarlas pasar y devolví la amigable sonrisa de Mencha.

Mas adelante, me reuní con las demás personas en la pista de baile, para bailar en honor de Oshún. Esta no era la primera vez que yo había bailado para el Orisha, pero todavía no estaba segura de los pasos del baile ritual. Observé a los otros santeros mientras bailaban, siguiendo cuidadosamente sus movimientos. Sin embargo, muy pronto, el ritmo de los tambores y el ancestral canto africano tocó una fibra dentro de mí, y empecé a bailar espontáneamente, con abandono. Mis faldas batían fuertes sobre mis tobillos, y sentí elevarse mis ánimos con un regocijo que era casi sensual en naturaleza. El golpe del tambor y el canto se movían en olas a través de mi cuerpo, y seguí el movimiento hasta que fui una con la música. Luego el ritmo del Bata cambió y el akoñrín comenzó a cantar para otro Orisha. Me alejé de la pista de baile, sintiéndome un poco mareada.

Mencha sonrió cuando la pasé. "Bailó muy bien", me dijo. "Tal vez sea usted hija de Oshún después de todo".

Estaba por contestarle cuando un nuevo grupo de gente se atravesó entre nosotros para bailar al siguiente Orisha.

Con el escrupuloso protocolo de Santería, Babalú-Ayé, quien era el santo honrado por el Tambor, fue el último en ser bailado. Luego vino una etapa de descanso durante el cual los tamboreros descansaron y todos intercambiaron comentarios sobre la excelencia del Tambor. Armandito circuló entre sus invitados vestido de tela de saco para honrar a Babalú, con un gorro redondo de tela de saco en la cabeza, al cual se le habían cosido cuatro plumas de loro, símbolo del santero iniciado.

Durante el descanso, varias santeras atravesaron el cuarto con grandes bandejas de bizcochos cubanos que ofrecían a los invitados. Mi madrina me incitó a participar de los dulces ofrecidos, ya que según ella estaban llenos de ashé, la bendición de los santos.

"Si no puede comerse el bizcocho, póngalo en su bolso y llévelo a casa consigo", me dijo. "Un pequeño pedazo de uno de esos bizcochos le traerá a cualquiera buena salud y buena suerte".

Siguiendo esta sugerencia, tomé una servilleta de la cocina, envolví dos de los pasteles, y los metí en mi bolso. Una de las personas con quien compartí los bizcochos fue una de mis vecinas, una anciana judía viuda que había estado sufriendo con una cadera rota durante meses. Varios días después de que le di uno de los bizcochos de Babalú, me sorprendí de encontrarla caminando en la calle, sin su bastón. Cuando la felicité por su mejoría, su respuesta fue aún más sorprendente: "Creo que fue algo en ese delicioso bizcocho que me trajo", me dijo guiñando un ojo. "Me he estado sintiendo mejor desde entonces".

"Es muy posible," le dije riendo. "Ese bizcocho tenia algo de magia".

La súbita recuperación de mi vecina fue sólo uno de los muchos casos que he presenciado donde la comida de un Orisha ha curado a alguien. La carne de animales sagrados se dice que es particularmente poderosa en este aspecto.

Después que todos compartimos los refrescos y que los tamboreros habían descansado, se reasumió el toque del Batá. Los golpes del tambor y los cantos vibraban a través del cuarto en grandes olas de sonido. Encontré la música fascinante, aunque profundamente perturbadora. Me hacía sentir deseos de reír y de llorar al mismo tiempo; me hacia sentir sed y hambre. Me llenaba de una exaltación difícil de definir. Luchando por recobrar un poco de control, me di cuenta de que una joven que estaba cerca de mi se estremecía de pies a cabeza. Estaba apoyada contra una columna de madera, y los dedos de una mano estaban engarfados tan fuertemente contra la madera que se había roto una uña. Lentamente se dominó y las sacudidas amainaron. El color volvió a fluir en sus mejillas. Mas relajada, respiró profundamente y se movió más adentro del salón, lejos del Batá. Pero no había caminado más que unos pasos cuando se fue pesadamente de un lado, perdió el equilibrio y cayó contra varias personas. Su cabeza se fue hacia atrás y de nuevo empezó a temblar, esta vez incontrolablemente. Su boca estaba flácida y sus ojos abiertos pero desenfocados.

Sólo las personas que estabamos cerca prestamos atención al trance de la chica.

Algunas de las mujeres en el borde del círculo, obviamente no santeras, vieron que la ropa de la chica se había desarreglado un poco y se acercaron a ella para acomodársela. Una de las santeras al otro lado del cuarto les gritó que no la tocaran. Pero una de las mujeres ignoró la orden de la santera y, tal vez pensando que iba a hacerle un favor a la chica, la ayudó a recobrar su equilibrio y le arregló la ropa. Durante unos minutos sostuvo a la chica, pasándole un pañuelo para ayudarla a recobrar el conocimiento. La santera que la mujer había ignorado observo todo con silencioso desdén pero no hizo movimiento alguno.

Lentamente, la chica recobró su control y dejó de estremecerse. Pero sorprendentemente, no pareció apreciar haber sido sacada de su trance.

"¿Por qué no me dejó en paz?" le preguntó a la mujer. ¿No sabe que no es bueno tocar a alguien que esta siendo montado por un santo?"

"Solo quería ayudarle", dijo la mujer, obviamente molesta por la reacción de la chica.

"Pues no lo hizo", dijo la niña sin rodeos. "Una posesión incompleta es muy peligrosa. Ahora estaré sintiéndome mal durante días. La próxima vez que vea a alguien ser montado, por favor no lo toque".

Alejándose de la mujer, fue a sentarse en una de las bancas vacías en el extremo lejano del cuarto, mostrando señales de gran fatiga. Dos santeros se separaron del resto de la gente y fueron a atender a la chica.

El omo-Babalú escogido para bailar al Orisha se adelantó. Su aire de autoridad y seguridad en sí mismo inmediatamente lo separaron de los que estaban a su alrededor. Cuando empezó el baile de Babalú, este aire dignificado se sumó al impacto de su actuación como el alter ego del Orisha. Cojeando y arrastrando los pies al compás de los tambores, su baile se fue tornando cada vez mas violento. De pronto me di cuenta que estaba en la real presencia del Orisha. Los tambores redoblaron su sonido hipnotizador. La posesión fue tan gradual y la vez tan total que no me di cuenta en que punto Babalú monto al babaocha. Este empezó a temblar convulsivamente, rodando los ojos, pero en ningún momento perdió el ritmo del golpe del tambor ni detuvo el baile ritual.

El akoñrín, viendo que Babalú estaba en completa posesión de su omo-Orisha, se puso de pie inmediatamente y señaló al hombre del ashere para que tomara su lugar detrás del tambor. Quitándole el calabazo de las manos al hombre, se aproximó al omo-Babalú. Cara a cara con el Orisha, comenzó a provocarlo en Yoruba, llamándolo para que se adelantara y hablara a la audiencia, agitando el ashere cerca de la cara del babaocha.

Un súbito movimiento detrás de mí me hizo girar. Otro santero, también omo-Babalú, estaba siendo poseído por el Orisha. Más tarde le pregunté a mi madrina como un santo podía poseer a dos personas al mismo tiempo. Ella contestó que el cuerpo humano era demasiado débil e imperfecto para alojar toda la energía de un Orisha. Sólo un pequeño átomo de esa divina energía podía entrar, lo cual es razón para que sean posibles múltiples posesiones.

El segundo omo-Babalú, un hombre alto y delgado de unos veinticinco años, estaba doblado junto al piso, convulsionando su cuerpo bajo el poder de la posesión. El akoñrín se aproximó a él también y le habló en Yoruba. Estaba todavía asediando a Babalú cuando otro hombre, esta vez un hijo de Obatalá, cayo posesionado al otro lado del cuarto. Esa posesión fue seguida por otra, y otra, hasta que siete personas diferentes estuvieron poseídas. Los Orishas en posesión eran, en orden de aparición, Babalú (dos veces), Obatalá, Aganyú, Yemayá, Oggún, y Oyá.

Nadie tocó a ninguno de los omo-Orishas cuando las posesiones tuvieron lugar. El akoñrín fue del uno al otro cantando y hablando en Yoruba, pero siempre llevando el ritmo de los incansables tambores.

El omo-Obatalá, un hombre bien parecido de unos treinta y cinco años de edad, con piel muy blanca y prematuramente canoso, parecía renuente a ser poseído. (Después me enteré que era Obatalá quien no deseaba bajar a la tierra). Este santero continuó alejándose del akoñrín, quien lo seguía implacablemente a donde quiera que se movía, siempre llamando al Orisha en Yoruba y agitando el ashere frente de su cara. Finalmente, el Batá y el akoñrín parecieron dominar al omo-Orisha. De pronto se convulsionó y se puso rígido, y su cara palideció. Satisfecho, al ver la posesion completa, el akoñrín continuó moviéndose de un omo-Orisha al siguiente, cantando todo el tiempo en Yoruba y agitando el calabazo.

Mientras estaban teniendo lugar las otras posesiones, Armandito y otro santero condujeron al primer omo-Babalú, todavía poseído, fuera del cuarto, persuadiendo al Orisha en Yoruba, y pidiéndole que fuera con ellos.

"Ellos van a vestirlo en su propia tela de saco", mi madrina suspiró. "Luego lo volverán a traer para darle a la gente su bendición".

"Pensé que no debían tocarlo", volví a susurrar. "¿Entonces cómo van a vestirlo?"

"Esta bien tocar a alguien una vez que la posesión está completa", contestó ella. "Si se toca con anterioridad, las energías del Orisha pueden ser dispersadas. Por eso es que no molestamos a un santero durante el comienzo de una posesión".

Mientras esperábamos a que Babalú volviera con todos sus atributos, observé a los otros omo-Orishas completar sus posesiones. Yemayá había montado a una de sus hijas, una iyalocha de casi cuarenta años vestida con un traje turquesa oscuro. La mujer circuló por el cuarto, empujando suavemente a la gente, iluminando su cara con la suave sonrisa de Yemayá. El poderoso Oggún había tomado posesión de una mujer muy negra con rasgos toscos y figura rechoncha. Su posesión fue uan de las mas impresionantes, ya que ella se despojó completamente de su personalidad femenina para tomar la de un hombre rudo y viril. Caminó por el cuarto con el pesado andar de Oggún, levantando varios de los niños presentes y arrojándolos al aire para cazarlos luego con una sola mano. Alguien le dio al Orisha un cigarro encendido; él lo tomo inmediatamente y empezó a fumarlo con gusto. Continuó levantando niños aterrados, arrojándolos hacia arriba y recogiéndolos con una mano sin siquiera mirar. Los gritos de los niños eran ahogados por los tambores e ignorados por Oggún, que en un momento parecía estar haciendo malabares con varios niños en el aire. Estaba esperando que un niño cayera al piso en cualquier momento, pero no sucedió. Los padres observaban la habilidad de Oggún con consternación, pero nadie se atrevió a pedirle al Orisha que se detuviera. Después de un rato pareció aburrirse y se alejó para jugarle bromas pesadas a alguna de la gente mayor.

Mientras tanto el segundo omo-Babalú estaba purificando a uno de los hombres presentes. Chupando con fuerza un cigarro, le soplaba el humo en los oídos y cara y en la parte posterior del cuello del hombre. Varias veces movió sus manos rápidamente sobre el cuerpo del hombre, de su pecho hasta sus pies, luego de su espalda de nuevo hasta sus pies. Luego, sin vacilar, agarró al hombre por la cintura con ambas manos y lo levantó encima de su cabeza. Durante unos minutos sostuvo al hombre en alto, meciéndolo todo el tiempo. Luego lo depósito ásperamente en el piso y se alejó, queriendo decir que la sanación estaba completa.

A medida que los Orishas descendían, los santeros empezaron a congregarse alrededor de ellos con la esperanza de que les contestaran o les resolvieran problemas. Pero nadie se atrevió a invocar o a tocar a ningún Orisha. Todos se apretrujaban cerca del santo de su devoción y esperaban a que este decidiera a quien querían ayudar.

Miré a la iyalocha poseída por Yemayá con gran deseo, anhelando presentar mis respetos a los pies de la Orisha y pedirle su bendición. Desde que María me había llevado al mar para conocer el poder de Yemayá en las espumosas aguas, me había sentido muy cerca de la poderosa Orisha y sabía que siempre podría contar con su protección. Pero la santa era muy popular, las multitudes de personas que la rodeaban eran demasiadas. Sabiendo que era difícil llegar a ella, permanecí cerca al Batá y no intenté moverme.

Una anciana iyalocha, con su cabello blanco cayéndole desordenadamente alrededor de su cara, entró por el fondo del cuarto, poseída por Oyá. En sus manos llevaba una gran cesta llena de maíz tostado el cual tiraba por puñados sobre las cabezas de los presentes. Estando en el borde exterior del círculo, la vi aproximarse. Vi sus brillantes e inquietos ojos separarme del resto de la gente. Pronto estuvo cerca de mí ofreciéndome un puñado de maíz. Bajé mis ojos, incapaz de soportar la mirada persistente y constante del Orisha, y extendí mis manos. Sentí el suave y ligero toque del maíz, luego las manos de la Orisha se cerraron al rededor de las mías. La sensación de poder sobrenatural rezumando de esas glaciales manos de hierro fue tan extraordinario que sentí mis brazos hormiguear hasta el codo. Su toque me aterró, pero me esforcé por controlar mi temor, y levanté los ojos para encontrarla sonriendo serenamente.

"No tenga miedo, hija mía", me dijo. "Tome la fuerza de Oyá. No le tema. Ella será buena con usted siempre".

Sin decir más, me soltó las manos y se alejó, sin ofrecer maíz a nadie más en derredor. Mi madrina tocó mi hombro para llamar mi atención.

"No muy a menudo Oyá muestra preferencia por alguien que no es su hija", me dijo. "Debe recordar honrarla de ahora en adelante, y ella siempre la protegerá. Es algo muy especial estar en gracia con la dueña del cementerio. Ella es muy poderosa, y puede protegerla de la muerte".

"¿Cómo la honro?" le pregunté, más que dispuesta a mantener a la muerte acorralada.

"Consiga una imagen de Nuestra Señora de la Candelaria, la guardiana de la llama", dijo mi madrina. "Ella es Oyá en la iglesia católica. Coloque la imagen bien encima de la puerta del dormitorio, y Oyá siempre la protegerá. También, cuando pase por un cementerio levante la mano en saludo y diga, *Jekua jey, Yansa*, a su casa grande no queremos ir'. 'La casa grande' es el cementerio. Y en días venteados, recuerde saludarla silenciosamente en una esquina de la calle, porque ella también controla los vientos".

Nuestra conversación fue interrumpida por un pequeño disturbio en la entrada del cuarto. Estiré mi cuello para ver la causa de la agitación, pero un mar de gente obstruía mi visión. Abriéndome paso hacía adelante a través del círculo, vi al primer omo-Babalú caminando hacia el Batá, vestido con el traje tradicional del Orisha: pantalones a la rodilla y una túnica ajustada que llegaba hasta sus caderas. Ambas prendas eran de tela de saco, ornamentadas con trenza púrpura y diseños dorados a lo largo de las mangas y piernas. Una banda ancha púrpura rodeaba la frente del omo-Orisha y dos alforjas púrpuras estaban entrecruzadas sobre su pecho; en una alforja, él llevaba maíz tostado y en la otra guardaba las limosnas de mendigo. Con las piernas desnudas y descalzo, cargaba una gran gavilla de hierbas atadas con cinta púrpura en su mano derecha y un largo cayado en su izquierda. La gente le ofrecía limosnas cuando pasaba, y él humildemente las aceptaba.

Cuando el Orisha entró al cuarto, se abrió un ancho camino en frente de él de manera que pudiera caminar con facilidad. Arrastraba ligeramente los pies como un anciano enfermo que ha preservado su dignidad a pesar de la calamidad. Había algo intenso y conmovedor en derredor de la figura majestuosa y a la vez frágil y en los bondadosos ojos llenos de dolor. Por un impulso súbito, me abrí paso por entre la gente hasta el borde del camino de Babalú. Sin proferir palabra, me tendí en frente del Orisha y le rendí mis respetos.

Babalú se inclinó tocándome ligeramente sobre los hombros con su gavilla de hierbas, me ayudó a levantarme y me abrazó fuertemente. Sin decir nada, sacó unos pocos granos de maíz tostado de las profundidades de su alforja y me los ofreció. Los tomé, también en silencio, y le di limosnas a su vez. El las puso en su alforja y con una agradecida venia se alejó.

Otras personas se adelantaron también y rindieron sus respetos a los pies del Orisha. El entonces adelantó su laboriosa caminata hasta que llegó al Batá. El akoñrín se puso de pie inmediatamente, como se hace ante la llegada de un invitado importante, y empezó a cantar una de las canciones tradicionales de Babalú. Los otros Orishas, que se habían dispersado durante el Tambor, vinieron también a saludar a Babalú. Durante algún tiempo estuvieron todos frente a los tambores, abrazándose y saludándose cordialmente en Yoruba. Hubo mucha alegría y risas, y luego todos se entrelazaron de brazos y empezaron a bailar juntos al ritmo del Bata. Todos los presentes se unieron en el baile y en la alegría general.

Unos minutos después, Armandito regresó al cuarto llevando una gran canasta de frutas sobre su cabeza. Encima de las frutas descansaban dos palomas blancas, aseguradas sus patas con cintas de satín blancas. La esposa de Armandito, también iyalocha, se paró detrás de él, arrojando puñados de maíz tostado a ambos lados del cuarto en un ritual de purificación. Cuando Armandito llegó ante el Batá, los Orishas dejaron de bailar y rodearon al babaocha, abrazándolo afectuosamente y agradeciéndole por ofrecer el Tambor. Luego la mayoría de ellos se hicieron a un lado, y sólo los dos omo-Babalú y el omo-Obatalá permanecieron junto a Armandito.

En estos momentos, los tres Orishas iniciaron un extraordinario ritual de purificación. Un omo-Babalú tomó la cesta de la cabeza de Armandito y empezó un ejemplo clásico de un rito purificador, o despojo, haciendo llover las frutas sobre la cabeza del babaocha y luego frotándolas sobre su cuerpo. Armandito se mantuvo inmóvil, mientras el segundo Babalú rasgó los pantalones y la túnica de tela de saco que el babaocha tenia puestas. Luego los tres Orishas procedieron a lamer las partes del cuerpo de Armandito que había quedado descubierto, su cara, cuello, pecho, brazos y piernas. Durante toda la purificación, el Batá continuó tocando. Los Orishas siguieron bailando con sus peculiares movimientos rígidos con los ojos vidriosos y los cuerpos tensados como alambres.

De pronto el omo-Obatalá se inclinó y con un rápido movimiento de las manos recogió las dos palomas, que habían estado en el piso junto al Batá. Con manos ansiosas desató las cintas alrededor de las patas de las palomas y luego, sosteniendo un ave en cada mano, los pasó sobre el cuerpo de Armandito. Las palomas agitaban el aire con sus alas, que parecían brillar en las tenues luces del cuarto. Sus alas formaron un momentáneo arco sobre la cabeza de Armandito.

No queriendo perder ningún detalle de la ceremonia, me incliné sobre el círculo y vi al Orisha cambiar ambas palomas a su mano izquierda. Por un momento sus alas revolotearon sobre su apretado puño, luego su mano derecha se movió con rapidez. Y de pronto las dos palomas colgaron flácidas sobre su muñeca, ambas cabezas arrancadas súbitamente de sus cuellos. De los cuellos cercenados brotaron dos fuentes de sangre, manchando las ropas blancas e inmaculadas del omo-Obatalá. Rápido como un águila, su maciza cabeza se inclinó hacía adelante y atrapo el chorro carmesí en su boca. Durante algunos minutos bebió con avidez, luego levantó su cabeza, los labios rojo brillantes, los ojos brillantes como soles y extendió las palomas en invitación silenciosa a los otros dos Orishas, que se adelantaron deseosos de tomar parte de la ofrenda de sangre.

Durante un rato los tres Orishas unieron sus cabezas fraternalmente sobre las palomas y consumieron su esencia. Luego una vez más volvieron su atención a Armandito, que había estado esperando que terminaran. El omo-Obatalá un poco de la sangre sobre la cabeza y cuerpo de Armandito. Los tres Orishas arrancaron puñados de plumas de los cuerpos de las palomas y las frotaron sobre el cuerpo del babaocha, extendiendo la sangre sobre su piel. Luego colocaron las palomas y las frutas en un gran pañuelo de tela de saco y lo amarraron en un bulto, y sacaron a Armandito del salón al toque incesante del Batá.

Esta no era la primera vez que había presenciado sacrificios de animales y en más de una ocasion había sido el sujeto de innumerables despojos, pero nunca había presenciado un ritual donde los Orishas bebieran la sangre de la ofrenda animal. La ceremonia me había estremecido, tal vez porque las acciones eran tan instintivas, mucho más allá de cualquier acción humana. Una vez, durante un safari africano, había visto una manada de leones alimentándose de una cebra; los animales se habían apiñado sobre su caza en la misma estrecha camaradería que los tres Orishas habían mostrado cuando consumían la sangre de las palomas. En lo mas profundo de mi ser, me sentí de pronto atormentada y asaltada en mis creencias más básicas.

"Porque la sangre es la vida", dicen las escrituras pero también dicen que la sangre es de Dios solamente, y que el hombre nunca debe consumirla, si no desea incurrir en la ira de la Deidad. ¿Cómo entonces se atrevían los santeros a beber sangre? Expresé mis dudas a mi madrina.

"Pero los santeros no beben sangre", dijo, dejando escapar una gran nube de humo de su eterno cigarro, "los que toman sangre son los Orishas. Usted nunca verá a un santero beber sangre cuando no esté poseído por un Orisha. La sangre de los animales sacrificados es vertida directamente sobre los otanes de los santos, que pueden beberla de esa forma o cuando están montados sobre sus hijos. Y recuerde," añadió, "los Orishas son manifestaciones de Dios, y como tales, la sangre también les pertenece".

Me tomó afectuosamente de la mano y me guió fuera del salón. "Lo que usted necesita es conocer a Obatalá en persona", me dijo mientras caminábamos hacia la pequeña capilla.

"¿Que quiere decir madrina?" pregunté.

"Obatalá", me explicó con una sonrisa, "el Orisha que bebió la sangre de las palomas antes. Y a propósito, las palomas le pertenecen a Obatalá, así que él estaba solo participando de su propia comida".

Mientras hablaba me dirigió escaleras arriba, guiándome hasta la capilla. Entrando al salón, vimos que tres Orishas estaban teniendo consultas dentro. En una pequeña banca, directamente a la izquierda del altar, estaba el primer Babalú, rodeado por un pequeño grupo de devotos. Obatalá, también rodeado por sus seguidores, estaba sentado en el extremo lejano del salón. En el centro del salón estaba el formidable Oggún, con sus robustas piernas separadas, un grueso tabaco en la boca, ignorando totalmente el hecho de estar habitando el cuerpo de una mujer.

La multitud no nos permitió cruzar a donde estaba sentado Obatalá, de modo que mi madrina y yo esperamos pacientemente durante unos minutos en el grupo que rodeaba a Oggún. El Orisha separó a una muchacha del grupo y le indicó que se acercara más.

"Omo-mi, venga a Oggún", dijo, gesticulando con su mano. "Usted mucho *talaca* (pobre). *Arón* (enfermedad) *irora* (congoja), siempre le rodean. ¿Cómo está su pierna?"

La inesperada pregunta tomó a la muchacha por sorpresa, y miró al Orisha con ojos interrogantes. "¿Qué pierna padre mío?" preguntó.

"La que se rompió el año pasado, omo-mi", dijo el Orisha, señalando con su cigarro la pierna derecha de la chica.

Esta quedó boquiabierta. Instintivamente tocó su muslo. "Ya está bien, padre mío", tartamudeó, "pero algunas veces me duele".

"Pierna no sana bien, omo-mi", dijo el Orisha, moviendo su cabeza. "Necesita ayuda. Pero acérquese, Oggún frota pierna para usted, entonces usted estará *daradara* (bien) otra vez". El Orisha señaló a una de las santeras que estaba cerca y esta regresó en unos momentos con una jarra de la grasa amarilla conocida como manteca de corojo. El Orisha se arrodilló en el piso en frente de la muchacha, le quitó el zapato derecho, y masajeó su pierna con el corojo. De vez en cuando escupía en la palma de su mano, mezclaba la saliva con la grasa, y continuaba frotando. Cuando terminó, se levantó rápidamente y abrazó a la chica.

"Necesita muchos baños con flores blancas y *oñi* (miel)", dijo, "y *añada efún* (cascarilla) al agua. De esa forma estará bien, *didún* (dulce), y el amor puede venir a su vida".

El Orisha rió con deleite, frotando su barriga con evidente placer. La chica se alejó de Oggún, su cara reflejando su felicidad, y este llamó a otra persona a su lado.

En estos momentos alguna de la gente que rodeaba a Obatalá dejó el cuarto. Mi madrina se abrió paso hasta que estuvo cerca del Orisha y esperó. Obatalá saludó a una pequeña niña que fue traída ante él por su madre, la bendijo y la hizo a un lado. Tan pronto el Orisha estuvo momentáneamente libre, mi madrina se movió hacia adelante y se tendió en el piso para rendirle foribale.

Sonriendo, el Orisha se inclinó, tocó sus hombros y la bendijo en Yoruba. Luego la ayudó a levantarse y se puso de pie para abrazarla. Mi madrina me indicó que me acercara y volteó para dirigirse al Orisha.

"Obatalá, padre mío" dijo, "quiero que bendiga usted a mi ahijada. Ella todavía no ha sido iniciada en Ocha, pero tiene los elekes, y ama la religión".

Obatalá volvió hacia mi sus oscuros y luminosos ojos, abrió sus brazos, y suavemente, con infinita ternura, me presionó contra su pecho. De pronto me sentí inundada de amor. Incliné mi cabeza sobre su hombro y su contacto fue sublime. Nunca antes sentí tal ternura y suavidad. Hubiera querido permanecer en su abrazo eternamente. Por unos momentos sentí que estaba en el espacio, muy lejos de la tierra. Pero segundos mas tarde, me encontré de nuevo en la capilla y el Orisha me sonreía dulcemente.

"Omo-mi", dijo, hablándole a mi madrina, pero todavía mirándome, "quiero que le haga un eleke a mi niña, el eleke de Eshu Alabbgwanna, el dueño de todos los caminos. El se encargará de que ella esté siempre protegida a donde quiera que vaya".

"Si padre mío", dijo mi madrina, inclinando su cabeza reverentemente. "Lo haré tan pronto como sea posible".

"Bien", dijo él con un suspiro, y me empujó hacia ella suavemente.

Me alejé de él de mala gana. La ternura de su sonrisa me dijo que él entendía mis sentimientos. Con un poco de prisa, mi madrina me sacó del salón ya que mucha otra gente estaba esperando para hablarle al Orisha. Pero cuando di vuelta para volver a mirarlo desde la puerta, él todavía estaba sonriéndome.

Poco después de esto dejamos el Tambor y llevé a mi madrina a su casa. No le comenté acerca de la ceremonia que habíamos presenciado, ni acerca de mi extraordinaria experiencia con Obatalá. Ella me dijo que iba a preparar enseguida el collar que el Orisha había ordenado, y me llamaría tan pronto como estuviera listo.

Pasaron varios días, pero no podía sacar al omo-Obatalá de mi mente. Una y otra vez revivía cada momento del Tambor y cada acción que lo había visto emprender. Pensaba en él y veía su cara en frente de mis ojos continuamente. Y de pronto me di cuenta de que estaba infatuada con un hombre cuyo nombre ni siquiera sabía y a quien tal vez nunca iba a volver a ver.

Estaba muy consciente de que era el aura de Obatalá lo que amaba en su hijo, pero era la cara del hijo y la presencia del hijo lo que seguía saliendo a la superficie en mi mente. No podía evitar identificar al omo-Orisha con el santo porque el omo-Orisha era el único contacto físico que tenía con Obatalá.

Casi una semana después del Tambor, mi madrina me llamó para decirme que el collar estaba terminado. Ella quería que fuera y lo recibiera esa tarde. Unas pocas horas después estaba en su casa, donde me confirió el collar en una ceremonia mucho más simple y corta de la usada para los primeros cinco collares.

Antes de interrogarla acerca del omo-Orisha, esperé hasta que el ritual terminara y estuviéramos sentadas en su cocina, sorbiendo té en los familiares tazones. Sabiendo que mi pregunta era delicada, decidí no ser directa con ella.

"Madrina", dije, revolviendo el té dentro del tazón, "¿cómo es que un santero llegue a ser tan poseído por su Orisha que se convierta en el Orisha mismo?".

"Ese es uno de los secretos de Santería", dijo, encendiendo un nuevo cigarro y dándole chupadas delicadamente. "Tendrá que esperar a ser iniciada para aprender eso".

"Tome a ese omo-Obatalá, por ejemplo", continué, como si el asunto no tuviera importancia. "Su posesión fue tan completa que me pareció estar hablando con el mismo Obatalá".

"Usted estaba hablándole al mismo Obatalá", respondió mi madrina.

"Lo sé," dije, sirviéndome algo más de té, "pero él estaba todavía usando un cuerpo humano".

Mi madrina recogió una revista de la mesa y empezó a pasar sus páginas perezosamente. "No importa" dijo. "Todavía era él, no el omo-Orisha quien estaba hablando".

"A propósito, madrina, ¿quién era ese santero?" pregunté a la ligera. "¿Usted sabe cuantos años ha estado en el santo?".

"A propósito", dijo mi madrina, mientras continuaba pasando las páginas de la revista, "eso no le interesa".

Me quede completamente sorprendida.

"¿Por qué no quiere decirme?", le pregunte atónita.

"Mejor sáquelo de su mente", contestó suavemente, haciendo a un lado la revista. "Sé lo que está pensando dentro de usted, y está equivocada. No es él quien la fascina; es Obatalá. Y Obatalá es un espíritu, puro y brillante, mucho más allá de nuestras debilidades humanas".

Mi cara se sonrojo "Madrina", tartamudeé, avergonzada como nunca, "usted no sabe lo que está diciendo".

"Si lo sé", dijo. Extendió su mano y tocó la mía suavemente. "Esto sucede muy a menudo, en especial cuando se conoce a un Orisha cara a cara. Usted es sólo humana. No es posible mirar al amor perfecto y a la paz cara a cara y no enamorarse de el. Y eso es lo que es Obatalá".

"Pero es en su hijo en quien estoy pensando", le dije.

"No lo es", me contesto ella. "Le aseguro, si usted viera a ese hombre ahora, no le interesaría. Ni siquiera lo reconocería, porque estaría vacío de la chispa de luz que verdaderamente usted ama. Estaría vacío de Obatalá".

"¿Pero cómo es que nunca me sentí de esta forma con Elegguá y Changó? También los amo", insistí.

"Elegguá y Changó son lo que usted es, fuerza y alegría," sonrió. "Obatalá es lo que usted quiere ser, amor y paz".

La miré y su sonrisa ablandó el filo de mi duda.

"Oh madrina", dije encubriendo mi cara entre las manos. "Es cierto que quiero paz y amor y luz y sabiduría sobre todo. Obatalá es todas esas cosas".

"Por supuesto", dijo. "Pero siendo usted humana, necesita expresar su amor de la única forma que un ser humano puede. Obatalá entiende eso. Algún día él le dará la sabiduría para amarlo de la forma como debe ser amado, y encontrará ese amor infinitamente más dulce y más profundo de lo que pueda llegar a ser el amor humano".

Mi madrina y yo nunca discutimos este tema otra vez, pero después de esto estuvimos mucho más unidas. A menudo me preguntaba si ella había tenido una experiencia similar, pero nunca me atreví a preguntarle. Después de esta conversación, no pensé tanto en el omo-orisha. En cuanto a Obatalá, mi amor y comprensión de su verdadera esencia han crecido a traves del tiempo, y con ello un sentido de paz que aumenta constantemente.

CAPÍTULO ONCE

EL BABALAWO

El trabajo del babalawo es en gran parte judicial. El hace algunas de las decisiones más importantes de la religión, especialmente las concernientes al santo que debe ser "coronado" sobre la cabeza de una persona. El babalawo también debe estar presente durante la matanza de los animales de sacrificio ofrecidos a los Orishas durante el asiento.

Aunque es sin duda el sumo sacerdote de la Santería, el babalawo no puede llevar a cabo muchas de las tareas del santero. No tiene el poder de "hacer santo" o dar collares. Las únicas iniciaciones que puede dar son las de su propio santo, Orúnla, la cual solo puede ser recibida por los hombres, además de la entrega de Elegguá y los Guerreros. También, cuando la "letra" —el mensaje del oráculo— lo indica, puede darle a una mujer el *Cofá de Orúnla*, una iniciación especial del Orisha que incluye un brazalete de cuentas y un collar con los colores especiales de Orúnla, amarillo y verde. Una iniciación similar es recibida por los hombres llamada la Mano de Orúnla. Algunos babalawos son santeros inciados, pero no todos.

Al comienzo de cada año, un cónclave de babalawos se reúne para determinar cual Orisha u Orishas gobernarán el año, y los sucesos que tendrán lugar durante los próximos doce meses. Este proceso de adivinación con sus extensivos pronósticos es conocido como la "letra del año."

Algunos santeros resienten la autoridad de los babalawos y evitan consultarlos. Pero cuando un problema se vuelve insuperable o hay duda acerca de que hacer en alguna situación dada, incluso el más renuente santero se tragará su orgullo y vendrá a consultar al babalawo. Y existen varios diseños en el oráculo de los caracoles donde los mismos santos indican que el problema debe ser llevado a los pies de Orúnla, es decir, a donde un babalawo.

Aunque mi madrina siempre me reprendía por ello, constantemente le pregunto a los santeros más viejos acerca de la religión. Sé que no les gusta que se les pregunte, especialmente por alguien que ni siquiera está iniciado, pero la única forma en que se aprende algo en la Santería es preguntando y tratando de escuchar algunos fragmentos "jugosos" de conversación que pueden tener lugar entre los santeros mayores. Si no se hacen preguntas ni se escucha a hurtadillas, simplemente no se aprende nada porque a los santeros no les gusta enseñar sus secretos a nadie, incluyendo a sus ahijados, los cuales tienen que aprender a fuerza de experiencia. Esto parece ser una tradición de Santería. Puesto que todos los santeros han experimentado la misma falta de enseñanza de parte de sus padrinos y madrinas, ellos lanzan la pelota de regreso a sus propios ahijados. Por lo tanto, al riesgo de ser considerada una persona con muy malos modales —una reputación que estoy segura disfruto entre algunos santeros— yo siempre estoy haciendo preguntas. Algunas son despectivamente ignoradas, otras son contestadas con cautela; sólo rara vez alguien expondrá alguna información voluntariamente.

En el curso de mis estudios sobre la Religión, muchos de los santeros que entrevisté me mintieron abiertamente y me dieron informes incorrectos sobre sus prácticas y creencias. La escritora cubana Lydia Cabrera, autora de la muy popular obra sobre la Santería El Monte, también fue engañada por muchos de sus "confidentes", y mucha de la falsa información que recibiera fue publicada por ella en El Monte, ya que no sabia que le habían mentido. Mis primeros libros sobre la Santería, inclusive la primera edición de este libro en ingles, estaban abarrotados de información incorrecta que recibí de muchos santeros, que me mintieron a sabiendas. Una de estas santeras, muy conocida en Nueva York, llamada Emilia, y con la cual ahora tengo muy buena amistad, todavía se ríe y me recuerda toda la información incorrecta que me diera cuando la entreviste por primera vez. Una de las cosas que me dijo Emilia fue que la Tabla de Ifa —el oraculo mas sagrado del babalawo— eran los caracoles. Naturalmente que esto es una gran falsedad, ya que la Tabla de Ifa y los caracoles son dos sistemas adivinatorios completamente distintos.

Ahora es muy fácil escribir sobre la Santería y discernir la verdad de la mentira porque la Religión esta mucho mas abierta. Pero cuando yo empecé a escribir sobre el tema, no había información alguna, los santeros escondían sus secretos y no había tampoco ningún libro disponible, excepto El Monte, y éste estaba lleno tambien de errores.

Libros como La Ocha, escrito por un santero, no daban gran información sobre los secretos de la Santería. Los errores que aparecieron en mis primeros libros me ganaron una crítica acerba de parte de muchos santeros y fanáticos de la Religión, que alegaban que yo estaba difundiendo mentiras y falsedades sobre la Santería, cuando habían sido ellos mismos los que me habían proveído las mentiras y las falsedades que aparecieron en mis primeros libros.

Yo fui la primera escritora que presentó al mundo los misterios de la Santería, estableciendo paralelos entre los Orishas y los arquetipos del inconsciente humano. Y aunque mis libros fueron escritos para una audiencia popular y no para el mundo académico, éste los recibió con los brazos abiertos porque daban no sólo información sobre la Santería sino un análisis psicológico sobre el simbolismo de la Religión y su gran importancia étnica. Por esta razón, son utilizados como textos de estudio en universidades alrededor del mundo. Los mismos errores que aparecieron en los primeros libros fueron vistos como parte del trauma que es parte de la Santería, ya que ejemplifican el celo con el cual los santeros protegen y esconden los secretos de su religión. Cuando la Corte Suprema de los Estados Unidos hizo la decisión histórica de declarar a la Santería una religion válida protegida bajo la constitución americana, los textos principales que fueron usados por los jueces fueron mis libros sobre la Santería.

Es para mi una gran satisfacción saber que mi obra sobre esta Religión ha servido para protegerla y darle refugio bajo la ley americana. Estoy segura de que los Orishas, si no los santeros, aprecian mis esfuerzos.

En tiempos modernos muchos santeros han decidido abrir la puerta y exponer muchos de sus secretos en una gran variedad de libros. Entre estos esta Oba Ecun, que ha descrito en minucioso detalle, no solo los trabajos o "ebbos" de Santería, sino la ceremonia completa del asiento. No se como la comunidad santera ve la decisión de Oba Ecun de "tirar el santo a la calle", que es como los santeros describen la revelación de sus secretos. Pero en mi opinión, Oba Ecun ha hecho una gran contribución al mundo con sus libros porque ha demostrado que ya no hay necesidad de ocultar las practicas de la Religión. El secreto era importante en el tiempo de los esclavos que tenían que esconder sus practicas de los ojos de los españoles, para no ser severamente castigados. Pero ya la esclavitud no existe.

No es necesario mentir, ni esconder algo que no tiene nada que ocultar. Continuar ocultando las practicas y creencias de esta religión sólo logra crear sospechas de prácticas siniestras o ilícitas, además de temores y desconfianzas infundados entre personas no iniciadas. La Santería es una religión válida, reconocida y protegida por la constitución americana, los Orishas son entidades de luz, los santeros y los babalawos tienen conocimientos muy profundos que solo pueden ser de ayuda para la humanidad. Esa es la verdad de la Santería. No es necesario ocultarla más.

La siguiente vez que me encontré con la iyalocha Mencha tuvo lugar en otro Tambor. Estaba sentada al lado de mi madrina, esperando que la ceremonia comenzara. En esos momentos llego Mencha con una yaguó, una niña que hace poco había sido iniciada en los misterios de Obatalá. Al darme cuenta de los muchos brazaletes que adornaban los brazos de la yaguó, le pregunté si eran parte de la iniciación. Mi madrina empezó a fruncir el ceño, pero yo evité sus ojos. La yaguó miró sus brazaletes con una orgullosa sonrisa.

"Si", dijo, extendiendo sus brazos para mostrarlos mejor. "Los cinco dorados pertenecen a Oshún, los siete de plata pertenecen a Yemayá, y estos nueve de bronce en mi brazo izquierdo pertenecen a Oyá". Señaló a un solo brazalete de plata que resaltaba entre los de bronce. "Este", dijo, "pertenece a Obatalá, mi padre. Es el único que debo usar todo el tiempo. Los otros los uso sólo cuando quiero".

Señalé a un hermoso brazalete hecho de cuentas blancas y de cristal entrelazadas y curiosamente terminado en un botón blanco amarrado a un precioso ojal. "¿Y este de cuentas blancas?" pregunté.

"Ese es el brazalete de mazo", contestó ella, acariciándolo con delicadeza. "Es blanco porque soy iniciada de Obatalá, y su color es blanco".

"Ya esta bueno, yaguó", dijo mi madrina autoritariamente. "Se supone que usted no debe discutir los detalles de su iniciación con nadie, especialmente un aleyo".

La yaguó se sonrojó y bajó sus ojos.

"Lo siento, madrina", dije. "En realidad es mi culpa. No debí haberle preguntado".

"Usted siempre está haciendo preguntas", dijo mi madrina severamente. "Aunque siempre estoy diciéndole que no lo haga".

Mencha había estado siguiendo el intercambio con una sonrisa divertida. "En realidad, lo que ella preguntó y lo que la yaguó contestó no son secretos", interpuso ella.

Le sonreí a Mencha agradecidamente. "¿Cuánto tiempo hace que es santera?" pregunté.

"Treinta años y dos meses", contestó ella, profundizando su sonrisa. "Es una lástima, pero usted acaba de perderse mi cumpleaños como iyalocha. Venga el próximo año. Aprenderá mucho".

"Usted debe haber sido iniciada muy joven", dije. "Nunca habría pensado que había pasado todos esos años en el Santo".

"Tenía doce años cuando me asenté. Parece como si siempre hubiera sido santera. Pero ¿cuándo va usted a dar el paso decisivo?"

"Realmente no se", dije, con una rápida mirada a mi madrina. "Todavía tengo que conseguir los Guerreros".

"¿Todavía no tiene los Guerreros? Bueno, debería conseguirlos tan pronto como sea posible, dijo ella, bajando su voz, "y cuando lo haga, asegúrese de recibirlos de un babalawo para que haga las cosas bien".

El comentario de Mencha hizo que mi madrina interviniera en la conversación.

"No estoy de acuerdo con usted", le dijo a Mencha firmemente. "Un santero puede dar una base de Elegguá tan buena o incluso mejor que un babalawo. Personalmente prefiero el santero porque él prepara Elegguá y los Guerreros especialmente para cada persona, con verdaderos secretos adentro, y no entrega algo de una repisa como lo hace el babalawo. Además, el Elegguá que da el babalawo no puede ser usado durante el asiento".

"Eso es cierto," dijo Mencha con tono apaciguador. "Además, una persona puede recibir los Guerreros de manos del babalawo y del santero. Yo misma tengo dos Elegguás, cada uno para un camino diferente. Mientras mas, mejor. Y mucho más poder y protección se reciben de los Guerreros. Lo que quiero decir es que el babalawo debería ser el primero en dar el Elegguá porque él es la voz de Orúnla, quien lo sabe todo".

Las diferencias en opinión entre Mencha y mi madrina, típicas entre muchos santeros, no fueron resueltas durante esta conversación. Cada una de ellas había vivido muchos años dentro de la Religión y se habían adherido a sus creencias personales durante demasiado tiempo.

Desavenencias esporádicas salen a la superficie entre algunos santeros, pero la mayor parte están de acuerdo en como los principales dogmas de la fe deberían ser observados.

Cuando fui a casa esa noche después del Tambor, pensé en las palabras de Mencha y concluí después de un rato que lo que ella había dicho tenía sentido. Por lo tanto resolví recibir a Elegguá y a los Guerreros de las manos de un babalawo.

Cuando le dije a mi madrina mi decisión, ella inclinó la cabeza. "Sabía que me diría esto. Mencha puede ser muy convincente. Conozco a muchos santeros que rápidamente la pondrían en su lugar y rehusarían a hacer lo que está pidiendo, pero yo siempre dejo que mis ahijados hagan algunas decisiones. Después de todo, usted va a pagar por los Guerreros. Tiene derecho a recibirlos de quien usted quiera. La próxima semana la llevaré a ver a un babalawo y veremos que tiene que decir Orúnla de todo esto".

El sistema mas importante de adivinación de Orúnla, el santo patrón del babalawo, es también conocido como La Tabla de Ifá. Un babalawo una vez me contó que Ifá (otro nombre dado a Orúnla por los yorubas) es más que el dios de la adivinación. El es la respuesta a cada pregunta que alguna vez se haya hecho un ser humano. El representa a la sabiduría que creó el universo y el poder que lo sostiene.

En el principio, según la leyenda Yoruba, la Tabla de Ifá pertenecía a Changó. Pero al incontenible dios del trueno y relámpago le gustaban demasiado las fiestas y el baile y no le prestaba gran atención a la cuestión de mirar el futuro. En lo que respecta a Changó, el presente es mas que suficiente. Que se preocupe otro por el futuro.

Un día él notó que a Orúnla parecía gustarle la tabla de adivinación y pasaba muchas horas mirándola fascinado. Muchos anos antes Olofi, el padre de los dioses, había presentado a Orúnla con el don del baile, haciendo al Orisha el mejor bailarín en el panteón Yoruba. Changó siempre había querido sobresalir en el baile para impresionar a sus muchas amigas. Después de alguna consideración, se aproximó a Orúnla y ofreció cambiar la tabla de adivinación por el don codiciado del baile.

A Orúnla el cambio le pareció ideal. El siempre estaba muy involucrado en temas profundos y no tenia tiempo ni deseos de bailar. Así que los dos Orishas completaron felizmente el intercambio y nunca lamentaron su decisión. Changó se volvió más popular que nunca a medida que sus habilidades de baile mejoraban, mientras que la reputación de Orúnla como hombre sabio creció hasta que las principales decisiones de todos los Orishas le eran traídas de antemano para que él decidiera el mejor paso a seguir.

La decisión de cual Orisha se debe coronar en la cabeza de una persona durante el asiento puede ser averiguada de varias maneras. El santero o el oriate —un interprete experto de los caracoles— puede averiguar cuál Orisha es la madre o padre de un individuo. Esto se conoce como "bajar el caracol a la estera", y significa que los caracoles deben ser leídos en el suelo sobre una alfombra de paja. Pero si alguna vez hay dudas acerca de cual Orisha "es dueño" de la cabeza de una persona, lo único que se puede hacer es llevar la pregunta a los "pies de Orúnla", y dejar que el babalawo lea el veredicto final del Orisha. Una vez Orúnla ha "hablado", el asunto está resuelto. Ese Orisha, y sólo ese Orisha, puede ser coronado en la cabeza del yaguó, porque la palabra de Orúnla nunca debe ser cuestionada.

Mi primera reunión con un babalawo fue sólo una consulta general, ya que el proceso delicado de determinar el Orisha gobernante de una persona requiere un cónclave de varios babalawos.

Era finales de diciembre cuando entré a la casa de un babalawo. Me habían contado tantas historias extraordinarias acerca de este mago legendario que apenas me atrevía a enfrentarlo. La casa era grande y cómodamente amueblada, y nada en la sala de espera daba indicación del trabajo del babalawo.

Mi madrina y yo fuimos las primeras en llegar. Mientras esperábamos, varias otras personas llegaron a consultarse. Cuando nos llamó a su salón de trabajo, ya habían cuatro personas esperando. Cuando salimos, el cuarto estaba lleno de gente, algunos de los cuales tenían que estar de pie en el corredor.

El salón donde nos recibió el babalawo era pequeño y amueblado como una oficina. El escritorio estaba medio enterrado bajo montículos de papel con un teléfono digital a un lado. Dos canastilleros de archivador de tamaño mediano estaban contra la pared izquierda. Detrás del escritorio estaba una silla de ejecutivo y habían dos más pequeñas en frente del escritorio. Una de estas sillas era para la persona que se iba a consultar y la otra para su madrina o padrino, si estaba acompañado.

Detrás de la silla del babalawo estaba un canastillero con las soperas de los Orishas del babalawo, ya que éste también había sido iniciado como santero. Todas las soperas estaban lujosamente envueltas en paños de seda brocada. Todos sus collares de mazo —los collares de iniciación— estaban drapeados sobre las soperas. Los secretos de Orúnla estaban afuera del canastillero en una urna especial. El efecto general era de riqueza y esplendor.

El hombre que estaba detrás del escritorio tenía unos 65 años. Era un mulato de piel clara con cabello blanco cortado a ras, constitución mediana y ojos astutos y penetrantes que nos sonreían de detrás de unas gruesas gafas de concha. El gran habano en su boca dispersaba espesos penachos de humo por todo el cuarto.

Tan pronto como entramos, el babalawo se puso de pie y saludó a mi madrina cordialmente. Luego nos indicó que nos sentáramos en frente suyo. En su manera simple y directa, mi madrina le contó al babalawo que ella me había traído porque yo quería recibir a Elegguá con un babalawo y ella pensaba que yo debería consultarlo primero. El babalawo escuchó e inclinó su cabeza, comprendiendo pero sin decir palabra. Cuando ella terminó, él volteó hacía mí y me pidió el derecho de Orúnla. Yo le di el dinero y el lo tomó de mis manos y lo envolvió en un pedazo de papel de bolsa. Doblando el papel en forma de triángulo, metió los extremos dentro de los pliegues, me devolvió el pequeño paquete, y me pidió que lo pusiera entre mis manos unidas y me bendijera con él. Hice como me dijo y le devolví el derecho, el cual hizo a un lado.

En este momento, sonó el teléfono y el babalawo se disculpó para contestarlo. Habló durante unos pocos minutos y luego colgó. El hombre que acababa de llamar, nos contó confidencialmente, era un abogado boliviano que había venido a Nueva York tan sólo para reunirse con el babalawo, de quien necesitaba un importante servicio. "Un delicado asunto", dijo el babalawo, "pero veré que puedo hacer". No fue más lejos, pero a juzgar por lo que sucedió después, el boliviano había acudido a la persona correcta.

Pidiéndome mi nombre, el babalawo lo anotó en un pedazo de papel, luego recogió el Okuelé y empezó la consulta. Como mencioné antes, el okuelé es una cadena de unos 40 centímetros de largo que une a ocho medallones redondos, usualmente de cascara de coco, pero que también puede ser de concha de tortuga. A un lado de cada medallón hay líneas y pequeños diseños. El oráculo es descifrado según el lado sobre el cual los medallones caen cuando el babalawo arroja el okuelé a la mesa. El okuelé, como los caracoles, también hace uso de cinco igbo, o ayudas de adivinación: una piedra negra, un pequeño caracol, una semilla castaño de indias, una pieza de hueso tallado, y una pequeña semilla negra.

El babalawo recogió el derecho, bendijo el okuelé con él y empezó a rezar, invocando para que viniera Orúnla y me ayudara a resolver mis problemas. Oí mencionar mi nombre varias veces, pero puesto que el babalawo estaba hablando en yoruba, no entendí lo que le estaba diciendo al Orisha. A medida que rezaba, el babalawo sumergía sus dedos en una pequeña calabaza llena de agua, y luego tocando el okuelé con sus dedos húmedos. Después de un rato, cuando las oraciones parecieron terminar, presionó el okuelé contra mi frente, me bendijo con él, y procedió con el oráculo.

Arrojando el okuelé por vez primera, el babalawo recogió dos igbo y me dijo que los rodara entre mis manos y luego separara mis puños, manteniendo un igbo en cada uno, sin dejarle ver cual igbo iba a cual mano.

Rodé los dos igbo entre mis manos, los separé en mis puños y extendí mis manos cerradas al babalawo. El arrojó el okuelé de nuevo y escogió una mano. La abrí y le mostré el igbo dentro.

"Maferefún Changó", dijo el babalawo, queriendo decir "gracias a Changó". "El la protege de muchos problemas".

Mi madrina y yo intercambiamos miradas, pero sin hablar. El babalawo empezó a hacer hileras de círculos pequeños y líneas verticales debajo de mi nombre, a medida que el okuelé descifraba el mensaje de Orúnla. Estos círculos y líneas formaron una serie de patrones que el babalawo luego interpretó según las parábolas yoruba. conocidas como patakis.

Cada patrón correspondía a una parábola o "letra", y en cada letra hablaba uno o más de los Orishas. El sistema es muy complicado porque puede haber cualquier número de combinaciones dentro del okuelé y también con el igbo, que controla el discurso de los medallones. A medida que observaba crecer los patrones en el papel, me di cuenta de que se trataba de un sistema binario. El 1 y el 0 que el babalawo usaba eran los mismos dígitos usados por las computadoras, que pueden ser fácilmente vistos en el respaldo de cualquier tarjeta de computadora. Además, el babalawo estaba usando el código binario de la misma manera que una computadora, en patrones al azar, cada uno de los cuales encierra un mensaje. Este era un hombre que nunca había usado una tarjeta de computadora, mucho menos programar una, y que en esos momentos estaba usando un sistema aprendido a través de incontables años de tradición religiosa africana, creada y concebida muchos siglos antes de la invención de la computadora.

Después de la consulta, cuando le dije al babalawo acerca de las similitudes entre el okuele y el sistema binario, él se encogió de hombros.

"Es el sistema más simple del mundo", dijo. "Y el más completo. Es una combinación —o series de combinaciones— entre algo, el uno, y nada, el cero. Todo el universo está hecho de algo y nada. Con esas dos cifras, los mundos pueden hacerse y destruirse. Pero ahora estamos en la provincia de Orúnla", añadió con una sonrisa. "No puedo decirle más. Excepto que los yorubas no eran los únicos que usaban el sistema binario. Muchas otras civilizaciones antiguas lo conocían. La tecnología de computadora lo utiliza simplemente porque es el mejor y el más simple. Todo el conocimiento que puede ser obtenido yace entre el uno y el cero, por lo cual Orúnla los usa".

Las cosas que el babalawo me dijo durante la consulta cubrieron un amplio campo. Cada vez que terminaba de escribir un patrón, levantaba la mirada y decía algo nuevo.

"Dígame", dijo en un punto, "¿ha visto usted morir a alguien en frente de sus ojos?"

"No", dije, mirándolo preocupada. "¿Por qué pregunta?"

"Porque Orúnla dice que una vez en su vida usted vio morir a alguien de una forma trágica —alguien que fue muerto por otra persona—".

"Pero eso es imposible", tartamudeé, aumentando mi preocupación. "Recordaría tal cosa. Eso nunca me ha sucedido gracias a Dios".

"Tal vez usted era muy joven cuando tuvo esa experiencia, y encuentra difícil recordar", insistió el babalawo, persuadiendo a mi memoria.

Y de pronto recordé. Cuando tenía cinco años, poco después de que empecé la escuela, vi a un compañero de clases —un niño de mi edad— ser atropellado por un carro. Como si un velo hubiera sido de pronto levantado de mis ojos, vi a la imagen del niño, corriendo con los brazos abiertos hacía su mamá, quien lo esperaba frente a su casa, al otro lado de la carretera. El carro parecía estarse moviendo en cámara lenta, pero de pronto la mamá estaba de pie sola en el lado opuesto del camino y el niño estaba bajo las ruedas del carro. Desde el bus escolar donde yo estaba sentada, vi a sus ojos moribundos vueltos hacia arriba para mirarme, y había una infinidad de pesar en esos ojos. Muchos años después, fui a visitar su tumba y me pregunté como un lance imprevisto del destino lo había conservado siempre un niño mientras yo había crecido para ser una mujer.

El impacto del recuerdo fue tan fuerte que mis ojos se llenaron de lágrimas. El babalawo vio que yo recordaba e inclinó la cabeza.

"Orúnla nunca se equivoca", dijo en voz baja. "Aunque algunas veces deseamos que lo hiciera".

"¿Pero por qué tengo que recordar esto?" pregunté. "Estaba tan enterrado en mi mente...".

"Usted tenía que recordar porque esa alma la ha acompañado durante muchos años, y es importante que ruegue por ella ahora y le ayude a ganar luz. Si usted reconoce su existencia y su presencia en su vida, le ayudará a lograr muchas cosas".

"Pero no me gusta mucho rezarle a los muertos", objeté.

"Lo sé", dijo el babalawo. "Ya he visto eso. Pero debe hacer un esfuerzo. Es muy importante para su propio desarrollo espiritual que rece a las almas que son miembros de su grupo familiar o que están con usted a través de la amistad o simpatía, como en este caso".

Mi madrina, que había estado en silencio todo este tiempo, inclinó la cabeza en señal de conformidad. "Vivo diciéndole la misma cosa", le dijo al babalawo. "Incluso le di un palo —muy en contra de sus deseos— y continúo recordándole que en Santería rezarle a los ikú es lo primero".

"Y en todas las otras religiones", dijo el babalawo. "Incluso los chinos le rezan a sus ancestros...".

Aunque el babalawo usualmente termina con el okuelé en quince minutos, esta consulta duró casi una hora.

"Esto ha sido casi un itá", dijo finalmente el babalawo. "Lo cual es la lectura de toda la vida que el yaguó recibe durante un asiento. Pero usted me agrada; siento un afecto instintivo hacia usted, aunque acabamos de conocernos, y siempre me encontrará aquí cuando me necesite".

La lectura que el babalawo me dio ese día incluyó una evaluación médica minuciosa y exacta de mi salud física, que alimentos debería evitar, un repaso detallado de mi vida pasada, matrimonio, y posterior divorcio, mi vida amorosa, estado financiero, y la correcta predicción de la fecha de publicación de mi próximo libro, ¡que todavía no había escrito! También se me dijo lo que podía esperar del próximo año y que hacer para mejorar mi vida. El prescribió los ebbós —los remedios— para los problemas que le traje, a fin de resolverlos rapidamente. En cuanto a Elegguá, debía recibir al Orisha tan pronto como fuera posible, con el babalawo o con el oriaté, según prefiriera. Pero para la mejoría de mi vida en general, era vital tener a Elegguá y a los Guerreros a mi lado —de inmediato—. También debía recibir las iniciaciones de Olokun y el Cofá de Orúnla, a la mayor brevedad posible.

CAPÍTULO DOCE

ELEGGUÁ Y

LOS GUERREROS

Los lunes pertenecen a Elegguá. En ese día todos los santeros y seguidores de Santería se despiertan más temprano
que de costumbre para atender al Orisha, quien es la clave
de todos los misterios de la religión.

Es muy fácil honrar a Elegguá. Todo lo que se requiere es
lavar la cabeza de piedra que representa al Orisha con agua
fresca y ungirla con manteca de corojo. La imagen es
expuesta a los rayos del sol durante unas pocas horas antes
del medio día y luego se devuelve a su lugar usual —en el
piso o en una pequeña cómoda cerca de la puerta del frente—. Antes de dirigirse a Elegguá —o a cualquier otro
Orisha— su seguidor vierte tres pequeñas cantidades de
agua en frente de su imagen. Entonces le habla a Elegguá,
preferiblemente en yoruba, y pide la bendición y protección del Orisha en todos los esfuerzos humanos. Si una
persona no habla yoruba, debe entonces memorizarse unas
oraciones cortas al Orisha en la lengua africana, aunque no
sepa el significado exacto. Elegguá conoce la intención y
eso es suficiente.

Una de las muchas oraciones dirigidas al Orisha es:

Alalé le cupaché ago meco, Elegguá ago Laroye Eshú
beleke inka Eshú Bi mamakeña, ofemi, moforibale Olo-
dumare bara male Babamiloguó, Okuloguó, eyeloguó,
ofologuó, iguaraye abollo kereketé.

Naturalmente que el yoruba usado en esta versión ha sido
corrupto a traves de los siglos, pero el significado es obvio.
En la oración, se rinde homenaje a Olodumare —Dios— y
se le pide a Elegguá en sus aspectos de Laroye y Eshú por
buena salud, buena suerte, y protección contra todo mal.

La oración africana es entonces complementada con una
extensiva invocación en la lengua materna del suplicante, y
es cuando se le pide al Orisha que interceda en alguna situación especial que puede estar causando la preocupación de
la persona. Después de la oración, Elegguá es "alimentado"
con sus comidas favoritas, tales como pescado y jutía ahu-
mados, maíz tostado, pedacitos de coco, además de carame-
los porque se dice que le gustan mucho los dulces. Luego se
le enciende una vela blanca al frente. Algunas veces, especialmente si el Orisha ha concedido un favor especial, se le
ofrecerán otras cosas, como una gran canasta de frutas, que
es dejada a sus pies hasta que la fruta empiece a pudrirse.

Algunos santeros recomiendan que antes de la ofrenda
de comida, Elegguá debe ser rociado con una bocanada de
ron al cual han sido añadidos tres granos bien mascados
de pimienta negra. Un cigarro es entonces encendido y
tres bocanadas de humo sopladas en la imagen, que es
mantenida expuesta todo el día con una vela blanca
ardiendo a su lado.

Como vimos anteriormente, Elegguá es algunas veces preparado en un gran caracol; otras veces sus secretos están

concentrados en un coco seco o en una piedra. Pero en general, la mayoría de los Elegguás son preparados como una cabeza hueca hecha de cemento. Dentro de la cabeza van todos los datos personales de quien lo recibe y los secretos del Orisha.

De acuerdo a una tradición, la cabeza es hecha mezclando un puñado de tierra de siete lugares diferentes: de cerca de una iglesia, de una vía principal, de una cárcel, de un ayuntamiento, de un hospital, del cruce de cuatro caminos y de una panadería. A esta tierra son añadidos varias de las hierbas y de los palos que pertenecen a Eleggua, según la Santería. A la mezcla es añadido un palo que pertenece a Osain, una piedra plana natural (preferiblemente oscura), la cabeza de una tortuga, y veintiuna monedas de varias denominaciones obtenidas de siete almacenes diferentes. Pero no todos los santeros lo preparan de la misma manera y existen muchas variaciones en su preparación. Algunos añaden algo de oro y de plata a la mezcla, y naturalmente, el nombre de la persona.

Todos estos materiales son a su vez mezclados con un poco de cemento y omiero, el líquido sagrado preparado por los santeros durante las principales iniciaciones. El omiero es usualmente hecho de veintiuna de las hierbas atribuidas a los Orishas, bien trituradas a mano, a las cuales se le añaden miel, sangre de los animales de sacrificio, vino rojo seco, y otros ingredientes. El omiero es el elixir milagroso de Santería, y muchos santeros afirman que unos pocos sorbos de esta agua a menudo maloliente puede curar cualquier enfermedad y traer mucha suerte. Mi madrina tenia mucha fe en los poderes del omiero.

"Mantiene a la persona saludable y se lleva todo lo malo", siempre me decía. Y cuando me quejaba de que su olor y sabor son suficientes para diezmar a un batallón de marinos, ella movía la cabeza severamente.

"No huele mal", insistía, con inquebrantable fe. "Es fragante, puro, y sagrado. Tiene toda la fuerza de los Orishas". Y en toda verdad, debo admitir que beber un poco de omiero me ha curado gripa, bronquitis, dolores de cabeza, y— por increíble que parezca— innumerables desórdenes estomacales. Unas pocas gotas de omiero añadidas a mi baño regular siempre me deja sintiéndome más fuerte y llena de gran vitalidad.

El omiero y el cemento añadido al resto de los ingredientes usado en la preparación del Elegguá tiene como resultado una pasta que luego es usada para formar la cabeza del Orisha. Una pequeña cuchilla es usualmente insertada en la parte superior de la cabeza. Los ojos y la boca están siempre formadas por tres pequeños caracoles.

Cuando una persona recibe esta imagen consagrada, también recibe un pequeño caldero con las armas e implementos de los Guerreros que incluyen —además de Elegguá— a Oggún, el poderoso forjador de hierro, y a Ochosi, el cazador divino. Osun, el guardián de la puerta, también es dado al iniciado junto con los Guerreros. Es representado por un pequeño gallo plateado encima de un cáliz también plateado, y debe ser colocado en una repisa alta cerca de la puerta de entrada. Cuando Osun cae de su lugar, quiere decir que hay peligro cerca, y medidas apropiadas deben ser tomadas para evitar este peligro. Cuando el santero o babalawo da a Elegguá y a los Guerreros a un creyente, siempre le dicen, "por este medio le entrego estas armas para su defensa. Permita que estos Guerreros siempre peleen sus batallas y siempre serán ganadas". Luego procede con la verdadera ceremonia de iniciación.

Las iyalochas a menudo dan la iniciación de los guerreros, pero la preparación de la imagen y la investidura de los poderes de Elegguá en la imagen pueden ser sólo hechos por un hombre, ya sea santero o babalawo. Y hay muchos rituales secretos del Orisha que pueden ser dirigidos por sólo hombres, ya que Elegguá, como Orúnla, no está muy interesado en la interrelación entre los sexos.

Finalmente recibí a Elegguá y los Guerreros de un babalawo. Este venerable anciano, con fama de haber traído a la Santería a los Estados Unidos hace más de cuarenta anos, era conocido como el decano de los babalawos. Durante su vida, fue muy amado y respetado en la comunidad santera, y su fama era tan grande que siempre era invitado a ser orador en la conferencia anual de babalawos celebrada en Nigeria. Su nombre, que él me permitió revelar, era Pancho Mora.

Cuando por primera vez fui donde él para una consulta, arrojó el okuelé, lo estudió cuidadosamente, y luego escribió unas pocas palabras en una tira de papel. "Tres piedras de tamaño mediano encontradas en el monte". Lo miré inquisitivamente.

"Eso es lo que usted debe traerme para preparar su Elegguá", explicó. "Eso es todo lo que usted necesita ahora. Nada más es importante".

"Pero no estaba planeando recibir a Elegguá ahora", dije.

El inclinó la cabeza con una sonrisa.

"Cuando esté lista", dijo, "eso es lo que debe traerme. Luego preguntaré cual de las tres piedras es la adecuada para su Elegguá. Construiré la base del Orisha sobre la piedra escogida".

"¿Todos los Elegguás son preparados de esta forma?" pregunté curiosamente.

"No, hay muchas formas de preparar a Elegguá. Pero el suyo debe ser preparado con una piedra del monte".

Cuando dejé la casa del babalawo todavía no planeaba recibir a Elegguá, pero de algún modo ese fin de semana me encontré conduciendo fuera de los límites de la ciudad.

Sabía que el tipo de piedra que los santeros y babalawos usan como otanes es suave y redonda. Pero la primera piedra que me encontré en el monte era de forma piramidal, de textura áspera y de tono grisáceo. No era un otán típico, pero me sentí irresistiblemente atraída hacia ella. Cuando la extraje del suelo donde estaba empotrada, vi que estaba medio cubierta de musgo. Un fuerte olor de hierbas frescas rezumaba de ella. Me la eché al bolsillo rápidamente y continué buscando hasta encontrar otras dos piedras que resultaron ser como los otanes clásicos.

Unos pocos días después estaba de vuelta en la casa del babalawo. Al darle las piedras, me disculpé por la forma inusual de la gris y le expliqué mi gran atracción por ella. "Averigüemos ahora mismo si es la piedra correcta", dijo inmediatamente. "A menudo la piedra que más le gusta es la que Elegguá quiere". Sin decir mas, arrojó el okuelé, lo miró durante algún tiempo, y movió la cabeza con incredulidad.

"Qué fenómeno," dijo después de un rato. "No sólo es esta la piedra sino que esta "letra" particular o patrón del okuelé, es mi propia cifra especial como babalawo".

"¿Qué quiere decir?" pregunté.

Me miró con sus sabios y viejos ojos y sonrió cordialmente. "Digamos que Elegguá ha escogido esta piedra para usted y a mí como su padrino", dijo. Pero algo en su voz me hizo sentir que no estaba diciéndome todo lo que vio en el okuelé.

No le hice más preguntas. Me dijo que volviera después de una semana para recibir a Elegguá y a los Guerreros, ya que necesitaba siete días para la preparación de Elegguá. Cuando regresé a la hora designada, me dio los Guerreros en una ceremonia corta pero impresionante la cual dijo que podía describir, ya que no era un secreto.

Después de saludar a Orúnla, su Orisha, me dijo que me arrodillara frente a el y que extendiera mis manos abiertas hacía él. Entonces colocó la cabeza de cemento que representaba a Elegguá en mis palmas, rezando todo el tiempo en yoruba. Después de un rato, levantó a Elegguá de mis manos y me dijo con voz grave que nunca mas debía arrodillarme frente de Elegguá. Podía ponerme de pie o agacharme, pero no podía arrodillarme. Nunca me explico por que.

Luego reemplazó a Elegguá con el pequeño caldero que contenía los implementos de Oggún y Ochosi y continuó rezando. La última cosa que colocó en mis manos fue la copa plateada rodeada de pequeñas campanas de plata y coronada por un gallo que representa a Osun. Me pidió que agitara la taza y pidiera la protección del Orisha. Finalmente me ayudó a levantarme y tocó sus mejillas con las mías en el abrazo tradicional de Santería.

"Usted ahora es mi ahijada y yo soy su padrino", dijo con una sonrisa afectuosa. "Debe venir a verme de vez en cuando, especialmente en el cumpleaños de mi santo. Y recuerde que siempre estaré aquí cuando necesite ayuda".

El precio de la iniciación también incluía el collar de cuentas amarillo y verde que pertenece a Orúnla y el brazalete de cuentas del Orisha conocido como el idé de Orunla. El brazalete fue colocado dentro de otro brazalete de oro hueco para "evitar las miradas curiosas", según me dijo el babalawo.

La parte más impresionante de la ceremonia vino cuando le pregunté al babalawo el nombre de mi Elegguá. El garabateó dos palabras en una de sus tiras de papel y me lo dio. Decía simplemente: Eshú Alabbgwanna.

Tan pronto como leí el nombre, recordé el Tambor al que una vez había asistido con mi madrina, donde yo había estado cara a cara con Obatalá. Me pareció escuchar de nuevo las palabras del Orisha cuando le hablaba a mi madrina: "omomi, quiero que haga un nuevo eleke para mi hija, el eleke de Eshú Alabbgwanna, el amo de todos los caminos. El verá que siempre esté protegida donde quiera que vaya".

Estaba segura de que el babalawo que me había dado a Eleggua y los Guerreros y el omo-Obatalá no se conocían. ¿Cómo explicar entonces que ambos coincidieran en que Eshú Alabbagwanna era el nombre de mi Elegguá, especialmente considerando que Elegguá tiene veintiún nombres? La única explicación posible era que fue Obatalá mismo y no su hijo el que habló conmigo ese día.

La ceremonia en la cual una persona recibe a Elegguá y los Guerreros es totalmente diferente de la iniciación, o asiento, donde Elegguá es coronado en la cabeza de uno de sus hijos. Esta iniciación, una de las más complicadas en Santería, le da el poder a un individuo de oficiar en todos los rituales de Elegguá y entrar en sus misterios. Los extraordinarios poderes recibidos por un iniciado de Elegguá no se asemejan a los recibidos con la iniciación de los Guerreros. Esa iniciación da la protección y poder de Elegguá y los otros tres Orishas, pero no le da al iniciado poder personal ni el conocimiento de los vastos misterios de Elegguá.

Los poderes de Elegguá son tan inmensos que toman al yaguó o iniciado, casi por sorpresa. Mi madrina una vez me contó de una iniciación que presenció durante la cual Elegguá fue coronado sobre la cabeza de una vieja mujer. El asiento tuvo lugar en el monte (mi madrina no fue clara al respecto intencionadamente). Elegguá, según la tradición, es siempre saludado colocando un pie hacia delante y luego levantado primero el codo derecho y luego el izquierdo. Algunas veces, cuando los Guerreros también están presentes, el brazo derecho es extendido hacia adelante con el puño apretado, siguiendo con el brazo izquierdo en la misma posición. La persona entonces le da la espalda al Orisha, mueve su trasero vigorosamente, y golpea duro sus pies sobre el piso. Cuando el Orisha posee a uno de sus hijos, él saluda de la misma manera. Y cuando baila, él siempre salta en derredor en un pie.

La mujer que estaba siendo iniciada no sabía nada de Santería. Ella se había enfermado de pronto, y cuando su hijo la llevo a un santero para consulta, los caracoles pronosticaron muerte para ella a menos que fuera inmediatamente iniciada en la Religión. Investigaciones adicionales con un babalawo revelaron que la mujer era hija de Elegguá, quien era por lo tanto el Orisha que debía coronar su cabeza.

Debido a la urgencia del caso, la iniciación fue celebrada tan pronto como fue posible, y no hubo mucho tiempo para instruir a la mujer en algunas de las ceremonias del Orisha. Pero de pronto, en medio del asiento, la mujer quedó poseída por el Orisha. Así montada por el Santo, se despaseó entre todos los santeros, presentando primero un codo y luego el otro, moviendo su trasero con inesperada energía, y bailando el zapateado de Elegguá vigorosamente por todo el lugar. Luego, siguiendo el frenético ritmo de los tambores, empezó a saltar en un pie por todo el monte, llevando el compás con los tambores todo el tiempo.

Algunos de los santeros trataron de sujetarla, temerosos de que el corazón de la anciana pudiera ceder bajo la presión, pero Elegguá estaba divirtiéndose mucho y no iba a permitir ninguna interferencia. Evadió todas las manos extendidas para tomarlo, gritando de júbilo, zapateando y saltando alternadamente, y agitando ambos puños en el aire. Cuando se aburrió del baile, procedió a hartarse con alimentos preparados para él y sólo cuando estuvo satisfecho permitió que alguien lo tocara. Mi madrina decía que este asiento tuvo lugar hace mas de veinte años, y la anciana iniciada llego con el tiempo a ser una célebre iyalocha, viviendo muchos años despues de su iniciación.

Como María me dijo cuando yo era pequeña, hay veintiún Elegguás, cada uno de los cuales anda un camino diferente y responde a un nombre distinto. Algunos santeros afirman que todos los Elegguás unidos como una sola fuerza son conocidos como Eshú. Pero Eshú conocido sólo por ese nombre tiene connotaciones más bien negativas, ya que se dice que es vengativo y sanguinario cuando se ofende. Los santeros que creen en este aspecto de Elegguá identifican a Eshú con San Bartolomé, cuyo día es celebrado el 24 de agosto. Pero usualmente a Eshú se le añade otro nombre para indicar el camino que el anda y dónde puede ser encontrado. Eshú Laroye vive dentro de las casas, detrás de puertas cerradas; Eshu Alabbgwanna vive en el monte; Eshú Bi en las esquinas de las calles; Eshú Agüere en las colinas; y Eshú Kaloya en la plaza de mercado. Eshú Oku Boro es el amo de la vida y la muerte, mientras que Eshú Alayiki es el patrono de lo inesperado. Eshú Oggüanilebbe, el temible compañero de Oggún, causa accidentes para que Oggún pueda beber la sangre que es derramada. Y Eshú Latieye gana todas las apuestas, no importa que tan altas sean las probabilidades contra él.

Entre los veintiún aspectos del dios están algunos muy viejos. Elufe, el más viejo de todos, es extremadamente serio y no tolera la inmoralidad alrededor de él. Marimayé, origen de todos los otros Elegguás, se dice que es maligno y es preparado con ratones. Añagüi, un amigo cercano de Orúnla, distribuye el trabajo entre los otros Elegguás; y Alaleilú, muy honrado por los santeros, es uno de los más poderosos de los Elegguás.

El Eleggua más joven es Barakeño, que vive en el monte y causa confusión a donde quiera que va. Otro Eleggua travieso es Aganika, que siempre está causando problemas con la policía, a quien trae donde quiera que ronda.

Cuando una persona recibe a Eleggua, también aprende el nombre de su Eleggua personal, que indica el camino andado por el Orisha conjuntamente con el iniciado. Debido a que cada uno de los veintiún Elegguás deben de cuidarse de una manera diferente, es muy importante conocer cual aspecto del Orisha es armonioso con la personalidad de un individuo para que no haya disonancia después. Un error en la elección de Elegguás puede ser desastroso para el que lo recibe.

Como el mensajero de los dioses y el guardián de todos los caminos, Eleggua está para siempre escondido detrás de la puerta, escuchando lo que va a suceder para poder ayudar a quienes le caen bien y causar estragos a los que le caen mal. Muchos patakís ilustran este hábito de Eleggua y como lo usa.

En una bien conocida leyenda, cuando Changó intercambió el sistema de adivinación por el don de baile del Orúnla, él primero tuvo que convencer a Olofi de que Orúnla podría leer el oráculo exactamente. No sabiendo que más hacer, Changó sugirió que Olofi diseñara una tarea de adivinación para determinar si Orúnla tenía algún don adivinatorio natural. Pensando que esta era una buena idea, Olofi fue a los campos y plantó un puñado de maíz seco en una parcela de tierra y un puñado de maíz tostado en otra. Eleggua, que estaba oculto como de costumbre, vio a Olofi plantar el maíz y se dio cuenta enseguida lo que planeaba Olofi. Inmediatamente corrió hacía Changó, uno de sus mejores amigos, y le dijo lo que el padre de los dioses estaba planeando. Changó, determinado a adquirir el don del baile a toda costa, le contó todo a Orúnla. Por supuesto, cuando Olofí llamó a Orúnla para preguntarle cual de las dos parcelas producirían maíz nuevo, el futuro dios de la adivinación estaba listo con la adecuada respuesta. Le dijo a Olofi que el maíz tostado en la parcela izquierda no germinaría; por lo tanto sólo la parcela derecha produciría nuevo maíz a su debido tiempo. Muy impresionado con los talentos "innatos" de adivinación de Orúnla, Olofi inmediatamente autorizó a Changó a completar la transacción.

Otro pataki ilustra los peligros de no alimentar a Elegguá. Parece que en un tiempo las diosas Yemayá y Oshún se ganaban la vida con la lectura de los caracoles. Elegguá, a quien empleaban como portero, abría la puerta a todos los que venían a la casa de las dos Orishas por consulta. Al comienzo, todo salió muy bien. Oshún y Yemayá compartían sus ganancias generosamente con Elegguá, a quien daban de comer los más deliciosos alimentos. Pero después de un tiempo, se volvieron mezquinas con su dinero y olvidaban alimentar a Elegguá. El pobre Orisha se sentaba cerca de puerta día tras día, dejando entrar a la gente para consultar a las dos diosas mientras él se consumía en harapos, con un gruñente estómago vacío. Finalmente, casi muriéndose de hambre, Elegguá decidió que ya había aguantado suficiente. Cuando la siguiente persona llegó para consultar, Elegguá le dijo que Oshún se había mudado.

"¿Y Yemayá?" insistió la persona.

"Oh ¿no sabía usted?" Elegguá con una inocente sonrisa. "Ella se unió al ejército".

·

A medida que nueva gente llegaba para consulta con Oshún y Yemayá, les decía que las dos diosas habían dejado la adivinación para continuar una extensa serie de prácticas improbables tales como buceo submarino, baile de tabla y paracaidismo. Dentro de su *ile* (casa), fue ahora el turno para que las dos diosas se consumieran en harapos, casi muriéndose de hambre. Cuando se dieron cuenta de que Elegguá estaba enviándolas al asilo para pobres, le pidieron perdón al Orisha y prometieron que nunca olvidarían compartir su dinero y comida con él. Elegguá —quien afortunadamente no guarda rencor— estuvo de acuerdo, y muy pronto los tres Orishas estaban viviendo como reyes otra vez. Este patakí muestra por qué todos los Orishas dejan que Elegguá coma antes que ellos, y por qué los santeros son tan cuidadosos en atender las necesidades del Orisha antes que nadie más.

Cuando se mantiene a Elegguá feliz y bien alimentado, él puede volver la vida de una persona en un paraíso. Mantendrá los problemas alejados, y abrirá todas las puertas de la oportunidad de manera que el individuo pueda lograr sus más queridos sueños. Aunque Elegguá no controla todos los esfuerzos humanos, es el mejor amigo de todos los otros Orishas, cada uno de los cuales controla un aspecto diferente de la vida. Todo lo que Elegguá tiene que hacer es interceder con uno de los otros Orishas y el deseo de una persona será inmediatamente concedido. Así que es importante tratar al poderoso Orisha con los proverbiales guantes de gamuza para asegurar su continuo apoyo.

Hay muchos ebbos preparados con ayuda de Elegguá. Elegguá Laroye —un amigo cercano de la diosa del amor Oshún— es muy favorable para los amantes, especialmente los que han sido abandonados o mal tratados. En 1980, una amiga argentina llegó llorando, amenazando con suicidarse.

Su esposo de quince años la había dejado por otra mujer y estaba pidiendo el divorcio. Los dos hijos de la pareja estaban deshechos por la separación; el hijo menor, que sólo tenía ocho años y adoraba a su padre, se rehusaba a comer o a ir a la escuela. La esposa, que había estado en los Estados Unidos durante sólo unos pocos años, no hablaba inglés fluidamente y no sabía lo que iba a ser de ella y los dos niños. Me preguntó si sabía de alguna clase de magia que hiciera volver a su esposo a casa.

Inmediatamente le di instrucciones para preparar un ebbo conocido como "el coco borracho", que se hace con Eleggua Laroye y Oshun. Este ebbo se prepara con un coco seco vacío. El coco se abre, se le bota el agua y se rellena de cinco licores y cinco dulces diferentes. El nombre de la persona que uno desea influenciar es escrito en un pedazo de papel y colocado dentro del coco junto con otros ingredientes. El licor es colocado dentro del coco —simbolizando la cabeza de la persona— para "emborrachar" de amor a la persona para la cual se está haciendo el sortilegio. Igualmente, los dulces tienen como fin endulzar la disposición de la persona hacia quien la ama.

Una vez el coco es preparado, se llena un vaso de agua clara y se coloca el coco encima. Una vela blanca es quemada sobre el coco durante veinticinco días, numero de Oshún. Al final de este tiempo, el agua que todavía queda en el vaso, es vertida donde la pise la persona para la cual se hizo el sortilegio. El coco es entonces atado con cintas amarillas y es arrojado a un río, ya que tanto el color amarillo como las aguas del rió son atributos de Oshún, la diosa del amor. Junto con el coco se tiran también veinticinco centavos, como derecho de Oshún.

El sortilegio es tan efectivo que muy a menudo se ven los resultados mucho antes de que terminen los veinticinco días. En el caso de mi amiga argentina, su esposo volvió a casa quince días después de empezar el coco, medio aturdido y arrepentido, no plenamente consciente de qué lo había hecho descarriarse o qué le había traído de regreso a su esposa.

Hay innumerables ebbos para cada propósito imaginable. ¿Por qué Elegguá es tan efectivo en la solución de problemas humanos? Creo que es porque él vive dentro de la consciencia de todo ser humano y puede transmitir mensajes telepáticos de una persona a otra. Como los otros Orishas, Elegguá es pura energía psíquica dirigida a través de un canal específico. Junto a los otros Guerreros, él vence todos los problemas porque transmuta la energía negativa en energía que es positiva y creativa. Elegguá es el impulso que hace que la vida valga la pena vivirla; es optimismo y esperanza, y toda oportunidad que se realiza de seguro tiene la influencia de este gran Orisha.

CAPÍTULO TRECE

ASIENTO

Durante la ceremonia del asiento cuando "hace el santo", el yaguó "muere" en una muerte mística y renace en Ocha, el nombre africano para Santería. Un año después, cuando la madrina o padrino da al yaguó la libreta donde toda su vida futura está revelada, el yaguó ve una anotación en la primera página de la libreta que dice, "Hoy nació en Ocha un niño que fue llamado...". Aquí está escrito el nuevo nombre africano del yaguó, seguido por la fecha de iniciación. La libreta, que nunca debe ser vista por nadie excepto su dueño, enumera a todos los otros Orishas que el iniciado también debe recibir, y cómo puede protegerse de cualquier peligro o dificultades que puedan surgir.

Yo no soy santera, ya que nunca he recibido la iniciación del asiento. Lo que sé acerca de esta ceremonia lo he aprendido de santeros iniciados. Alguna de la información que recibí era deliberadamente vaga, ya que la ceremonia es secreta y nunca debería ser revelada. Pero hace varios años, una de mis amigas más cercanas fue iniciada como iyalocha, y ella me reveló la mayoría de los detalles de la ceremonia, aunque retuvo algunos secretos de los cuales no se atrevió a hablar.

Si fuera una santera iniciada, estaría rompiendo un juramento de secreto por revelar los detalles de esta asombrosa ceremonia, pero puesto que no lo soy repetiré simplemente lo que me dijo alguien que recibió la iniciación. Por lo tanto no romperé ningún juramento.

Como no puedo usar el nombre verdadero de la santera que fue iniciada, la llamaré Laura.

Varias semanas antes de la fecha del asiento, Laura fue a la casa de su madrina y trajo el dinero que había ahorrado para el costo de la iniciación. Algunas iniciaciones son mas costosas que otras, especialmente las de Elegguá, que pueden fácilmente doblar el costo del asiento de Laura: pero ella recibió los misterios de Obatalá, cuyas iniciaciones están entre las menos caras, tal vez porque los rituales son mas sencillos. Obatala es uno de los santos que mas se "corona" en la Santería debido a que es el dueño de todas las cabezas, y cuando hay duda sobre cual es el verdadero ángel guardián del yaguó, a menudo se inicia en los misterios de Obatalá. También, cuando una persona hace el santo para recuperarse de una seria enfermedad, los santeros algunas veces coronan a Obatalá en la cabeza de la persona para asegurar que escapará de la muerte. Pero un babalawo que conozco bromea acerca de la alta incidencia de las iniciaciones de Obatalá en Santería y le echa la culpa a la incompetencia de algunos santeros que no saben o no se atreven a emprender algunas de las iniciaciones más complicadas, tales como las de Elegguá, Ochosi y Oyá.

Laura permaneció en la casa de su madrina hasta el día del asiento, cuyo nombre africano es *Karioriocha* (*ka*, colocar; *ri*, encima; *ori*, cabeza; *ocha*, dioses). El día del asiento fue cuidadosamente escogido, para asegurar que Laura no estuviera teniendo su menstruación, ya que durante este tiempo una mujer debe abstenerse de tocar cualquier cosa que pertenezca a los Orishas, o incluso aproximarse al cuarto donde se guardan los otanes. Los collares no deben ser usados durante este tiempo tampoco.

El dinero que Laura dio a su madrina tuvo muchos usos. Una parte fue usada para pagar los derechos de la madrina, babalawo, oriaté, ayugbona (sacerdote o sacerdotiza asistente), y los santeros que habían sido "levantados", es decir invitados a que participaran en la ceremonia. El resto del dinero fue usado para pagar por los animales de sacrificio; los varios implementos y armas de los Orishas; la comida; y la ropa de Laura, incluyendo el hermoso vestido y corona que usó después del asiento. Lo que sobró fue gastado en otras necesidades, tales como las soperas donde se guardan los otanes, varias docenas de platos blancos, la batea de Changó, las cuentas para los collares de mazo, y los brazaletes de metal de las Orishas.

Entre las ropas que la madrina compró para Laura habían siete diferentes conjuntos (incluyendo faldas, blusas y vestidos), ya que el yaguó tiene que cambiarse las ropas todos los días para preservar la meticulosa limpieza que los Orishas exigen.

La madrina también compró siete juegos de ropa interior y ropa de dormir, para ser cambiada al menos una vez al día, preferiblemente dos veces; siete pares de medias blancas; siete sábanas; siete fundas de almohada; siete toallas grandes y siete pequeñas; un par de zapatos y sandalias. Todas estas ropas eran blancas, ya que el yaguó tiene que vestirse de este color durante todo un año. Las faldas, blusas, vestidos y traje de iniciación fueron todos cosidos por una santera que se especializa en diseñar y coser ropas de iniciación. (Los hombres compran su ropa hecha).

Laura está casada, y su esposo —un ferviente creyente en Santería no— objetó que ella pasara la semana antes del asiento en la casa de su madrina. El sabía que Laura tenía que abstenerse de contacto sexual durante al menos setenta y dos horas antes de la iniciación, y se consideraba afortunado de que los santeros hayan relajado las antiguas reglas que solían demandar abstinencia sexual durante un año. Después de la iniciación el yaguó permanece siete días más en casa del padrino o madrina. Al termino de este tiempo se le permite regresar a su casa. Y si está casado, como en el caso de Laura, se le permite entonces reasumir relaciones maritales normales.

El primero de muchos pasos en el asiento es el *ebbó de entrada*. Como ya se discutió, el ebbó es un remedio, sortilegio, purificación o cualquiera de mil formas en las cuales un individuo propicia a un Orisha para que le ayude. En el ebbó de entrada, el cual debe ser oficiado por un babalawo, el yaguó pide a los Orishas perdón por todos sus pecados pasados y todos los actos impuros que ha cometido en su vida.

Durante el ebbó de entrada de Laura, su madrina y ayugbona estuvieron presentes con ella. El babalawo le pidió a Orúnla que tipo de purificación necesitaba Laura para purificarse de sus faltas pasadas de tal manera que ella pudiera recibir el kaririocha. El Orisha respondió que además de los usuales componentes del ebbó, tales como el coco, agua, el afoché de Orúnla, pescado ahumado, jutía, y ciertas hierbas, se requerían varios pollos y palomas.

Laura fue purificada según las instrucciones de Orúnla. Los animales fueron pasados sobre su cuerpo en forma ritual y luego sacrificados por el babalawo. Como habían llevado sobre sí todos los pecados de Laura, no se comieron estos animales.

Después de esta primera purificación ritual vino la segunda purificación, ésta con agua de río. Algunos santeros insisten en llevar al yaguó a un río y purificarlo allí, pero algunas veces el agua de río es traída en cubos para el ilé-Orisha, donde el iniciado es bañado. Este procedimiento fue seguido en el caso de Laura, ya que las aguas de río que rodean Nueva York no son lo suficientemente limpias para la purificación. El agua fue traída de la parte alta del estado de Nueva York, pero Laura tuvo que ir al río con su madrina y la ayugbona para pedir la bendición de Oshún, y depositar en la ladera del río las ofrendas rituales a la diosa —un estofado de camarones, las frutas favoritas de Oshún, y bizcochos de miel especiales—. Junto a la comida fue dejado el derecho de Oshún.

Al volver al ilé-Orisha, la ayugbona y otras dos iyalochas llevaron a Laura al cuarto de baño para la purificación. Las tres mujeres rasgaron las ropas de Laura en pedazos, hasta que estuvo desnuda en el piso del cuarto de baño. Esta acción, que evoca el día en que María rasgó mis ropas cerca de la orilla del mar, representa la destrucción de los vínculos del yaguó con el pasado y su voluntad de volver a nacer. Las aguas que lo purificarán son un símbolo del fluido amniótico en el cual floto en el vientre de su madre antes de nacer.

Ya desnuda, Laura da, fue ayudada por las iyalochas a entrar en la tina de baño llena de agua de río. Con una barra nueva de jabón de castilla —el único que los santeros aceptan para purificación ritual— la ayugbona refregó a Laura vigorosamente de pies a cabeza, cantando todo el tiempo en yoruba, invocando a los Orishas a que estuvieran presentes en la purificación. El jabón fue envuelto en ásperas fibras vegetales que dejaron la piel de Laura cosquilleando con la circulación de la sangre. Cuando terminó el baño, fue envuelta en una toalla blanca, secada y vestida con ropas nuevas y blancas. La ayugbona entonces la sentó en una silla y procedió a peinar y trenzar su cabello. En ningún momento, durante el proceso de bañarse, vestirse o acicalarse se le permitió a Laura hacer nada ya que el yaguó, como un niño recién nacido, no puede cuidarse a si mismo, y debe depender de otros para todas sus necesidades.

Después de que fue vestida y peinada, Laura fue llevada al cuarto donde el canastillero de su madrina estaba guardado y esta le pidió que se sentara en el piso sobre una estera. La Ayugbona entonces trajo un plato de comida y se sentó a su lado para mirarla comer.

Esa noche, la ayugbona purificó la cabeza de Laura con coco. Esta rogación de cabeza completó su purificación final como yaguó. Las esquinas, ventanas, y puertas del ilé-Orisha fueron selladas ritualísticamente. Tarde en la noche, su madrina se aproximó a ella por detrás y, tomándola completamente por sorpresa, deslizó el collar de mazo de Obatalá alrededor de su cuello. Esta ceremonia, llamada la *prendición* es el verdadero comienzo de la iniciación. El *inafa,* o collar de mazo, es un símbolo de derecho del Orisha sobre la cabeza del yaguó. La prendición es el compromiso final del yaguó. En cualquier momento antes de que la inafa es deslizada alrededor de su cuello, el yaguó puede cambiar de parecer en cuanto hacer el santo y salir del ilé-Orisha. Pero en el momento que la prendición termina y el inafa descansa sobre su pecho, el yaguó está comprometido de por vida a la adoración y cuidado de su Orisha. Ya no puede echarse atrás.

Inmediatamente después de la prendición, Laura fue llevada a una especie de cubículo en una esquina del cuarto formado por varias sábanas blancas que servían como paredes. Se le dijo que se sentara en un banco dando la cara a la pared y se le previno de que no hablara a menos que se le dijera. Durante varias horas, estuvo sentada en su cubículo, escuchando los sonidos de las iyalochas a medida que se alistaban para el asiento.

Durante el tiempo que estuvo mirando a la pared, Laura supo lo que es estar en las garras de la paranoia mas aguda. Muy lentamente, un terrible desazón se fue apoderando de ella. Los más absurdos temores empezaron a infiltrarse en su mente. ¿Y si esta gente iba a matarla en algún tipo de sacrificio humano? Después de todo, ¿cuánto tiempo hacía que conocía a su madrina? Tres años no era mucho tiempo.

A medida que sus temores crecían, Laura empezó a idear cómo escapar del ilé-Orisha. Trató de recordar la posición de las puertas y ventanas, y empezó a considerar un plan de escape. El sudor corría por su cara y espalda. Aterrada, colocó su mano sobre su pecho para calmar los latidos de su corazón, y sus dedos se posaron ligeramente sobre el collar de mazo de Obatalá.

El súbito contacto con el collar de cuentas sacó inmediatamente a Laura de su ciego pánico. Grandes olas de alivio la cubrieron rápidamente y sus temores retrocedieron. Apretando su collar con dedos temblorosos, comenzó a rezar a Obatalá pidiendo perdón por sus dudas y la ayuda del Orisha durante el resto del ritual. Obatalá pareció oír su oración porque un gran sentido de paz se extendió sobre ella y pudo relajarse mientras continuaba su larga espera.

Los minutos se hicieron horas y la mente de Laura empezó el viaje interior que debía llevarla a dimensiones profundas que ella nunca soñó que podían existir. Su primera sensación, una de somnolencia, fue pronto reemplazada por la realización de que estaba fuera de su cuerpo, mirándose a si misma y toda la actividad que estaba teniendo lugar en el ilé-Orisha.

Mientras Laura estaba empezando su largo descenso en las profundidades de su inconsciente, las iyalochas estaban preparando el omiero, la base de todas las iniciaciones en la Santería.

La preparación del omiero es conocida como "hacer a Osain", quien es el dueño de todas hierbas o ewe. En Cuba y Puerto Rico, el santero va al monte a recoger hierbas frescas para el omiero, pero en los Estados Unidos, donde algunas de las plantas tropicales requeridas no crecen, el santero consigue el ewe en las botánicas, los almacenes de mercancías religiosas que proveen las necesidades de los santeros. Las botánicas importan las hierbas de los trópicos y las mantienen refrigeradas para asegurar su frescura.

Las santeras que participan en el asiento, todas vestidas de blanco con pañuelos atados alrededor de sus cabezas, y llevando sus collares y brazaletes ceremoniales, se sientan en frente de la estera, cada uno sosteniendo una vasija de arcilla pintada con el color de su Orisha. Uno de los mayores, que conoce de memoria cuales hierbas pertenecen a cual Orisha, divide las hierbas entre las iyalochas de modo que cada uno recibe el ewe de su Orisha. Arrodillándose sobre la estera, cada iyalocha recibe el ewe de su santo y entona una invocación a su deidad en Yoruba.

Cuando todo el ewe ha sido distribuido, el oriaté llega al *igbodu* y empieza el canto que consagra las hierbas a los Orishas. Después de las oraciones rituales a los ikú, Olofi, y los Orishas, (incluyendo Osain), el oriaté canta las invocaciones ceremoniales a los Orishas, empezando como de costumbre con Elegguá. A medida que cada canto termina, el oriaté marca en el piso una línea vertical con tiza, y dos de las iyalochas más jóvenes vierten agua sobre cada recipiente de arcilla.

Mientras tanto, las iyalochas trituran el ewe con sus manos y contestan en coro cada uno de los cantos del oriaté. Cuando este largo y tedioso proceso es completado, los otanes y collares de cada Orisha, sus correspondientes caracoles, y sus implementos, son lavados en el líquido verde claro que resulta de la trituración de las hierbas en el agua.

Durante el lavado de ritual, las piedras u otanes reciben la bendición de cada Orisha y son consagradas en sus nombres. Después, el líquido que queda es recogido en un gran recipiente. En este momento son añadidas al omiero el agua sagrada, el agua de coco, el agua de mar y de río, el agua lluvia, la miel, el ron, la manteca de cacao, la cascarilla, la jutía y el pescado ahumado, el maíz tostado, la pimienta, y otros ingredientes. Cuando todo esto ha sido mezclado, una de las iyalochas sumerge un carbón caliente en el líquido y lo saca inmediatamente, diciendo que es "mejor morir ahogado que incinerado". El último ingrediente del omiero es la sangre de los animales de sacrificio.

El toque ligero de la mano de la ayugbona sobre su hombro sacó a Laura de su ensueño. Como si estuviera en un trance, ella sintió como la madrina la ayudo a ponerse de pie, y la arropo con una sábana blanca. Durante esta segunda parte de la ceremonia, conocida como la segunda *prendición*, la ayugbona ordenó a Laura que cerrara sus ojos.

Guiada por la mano de la ayugbona, dejó el cubículo y fue llevada a la puerta del santuario o igbodu. Una voz de adentro le dijo que se identificara y pidiera lo que quería. "Santo", contestó ella. "¿Cuál santo?" preguntó la voz "Elegguá", ella contestó. Como si no hubiera hablado, la voz repitió la misma pregunta: "¿Cuál santo?" Esta vez, Laura contestó "Aganyú". La misma pregunta fue hecha una tercera vez, y ella contestó, "Changó".

Una y otra vez continuó la voz, demandando los nombres de cada uno de los Orishas que iban a ser recibidos en la iniciación, y Laura los nombró a todos. El último Orisha que ella mencionó fue Obatalá, en cuyos misterios iba a ser iniciada. Sólo cuando el nombre de Obatalá fue dicho se le abrió la puerta a Laura.

Todavía con sus ojos cerrados, entró en el igbodu donde las iyalochas la despojaron de su ropa, y cuidadosamente la lavaron con un poco del omiero. Durante todo el lavado, las iyalochas cantaban en yoruba, pidiéndole a los Orishas que la bendijeran, protegieran y vigilaran el asiento. Por entonces, Laura estaba tan aturdida que apenas estaba consciente de lo que estaba sucediendo alrededor de ella. Escuchaba las voces y sentía las manos de las iyalochas cuando la bañaban, secaban y vestían. Pero parte de ella parecía estar perdida, y lo que quedó se estaba lentamente hundiendo dentro de un profundo y oscuro pozo.

Todavía con los ojos cerrados, Laura fue llevada al *apotí*, o trono, que es un taburete redondo cubierto con los colores del Orisha. Solamente los Orishas que son "reyes" y "reinas", tales como Changó, Obatalá, Oshún, y Yemayá, se sientan en tronos. Todos los otros se sientan en sillas. El apotí también es lavado en el omiero. Pintados en el piso en una esquina del igbodu hay cuatro círculos concéntricos de blanco, rojo, azul y amarillo. Sobre los círculos, envuelto con algunas hierbas en un pañuelo blanco, y cubierto con una hoja grande de malanga, está colocado el derecho del Orisha. El apotí es colocado sobre todo esto.

Tan pronto como Laura se sentó en el apotí, fue inmediatamente rodeada por las iyalochas, que, encabezadas por su madrina empezaron a cortar su cabello. A medida que cada iyalocha cortaba un mechón del cabello, cada una expresaba un deseo para la salud, felicidad, y bienestar general de

Laura. A través del pago de un derecho, es posible "comprar" la cabeza del yaguó a un Orisha, evitando por lo tanto
la pérdida total del cabello del iniciado. Pero Laura había
estado muy enferma inmediatamente antes del asiento, y
Obatalá había demandado el sacrificio de su cabello. La
madrina había aconsejado afeitar su cabeza completamente
en total acuerdo con la tradición santera.

Mientras el oriaté afeitaba su cabeza, él y las iyalochas
cantaban en yoruba, invocando a los Orishas en su orden
tradicional. Cuando la cabeza de Laura estuvo completamente afeitada, el oriaté pintó en ella círculos concéntricos
en los colores de los cuatro principales Orishas: blanco para
Obatalá, rojo para Changó, amarillo para Oshún, y azul
para Yemayá. En el centro de su cabeza el oriaté pintó un
círculo blanco para simbolizar a Obatalá, la deidad de
Laura. Por toda la cabeza, frente, y sienes, cada iyalocha
pintó un punto en el color de su Orisha. Luego en sus mejillas, la madrina pintó tres líneas verticales blancas para simbolizar la yeza, las marcas tribales de los yorubas.

En estos momentos, la parte central del asiento, la verdadera "coronación" del santo tuvo lugar. Esta ceremonia es
conocida como la *parada* y cuando está completa, el yaguó
ha sido iniciado en Ocha.

Las iyalochas prepararon una pasta de hierbas trituradas y
otros ingredientes —el "secreto" del santo— y lo colocaron
encima de la cabeza de Laura. En este punto, ocho de las iyalochas —simbolizando el número de Obatalá— suspendieron
cuatro pedazos de tela en colores de los principales Orishas,
blanco, rojo, amarillo y azul, sobre su cabeza. Los otanes de
los Orishas, empezando con las pertenecientes a Elegguá, fueron entonces colocados en las telas como una "corona". Todos
los cantos e invocaciones de cada Orisha fueron entonados

por los presentes. Los últimos otanes en ser colocados sobre la cabeza de Laura fueron los de Obatalá.

A medida que el canto crecía, Laura parecía perder sus últimos vestigios de consciencia. Ella sintió caerse hacia adelante y ya no supo más. Después su madrina le contó que ella se había puesto de pie del apotí y caminado alrededor del igbodu, completamente poseída por Obatalá, cuya presencia había sido tan fuerte que se habían requerido varios santeros para calmar al Orisha.

Con la punta de una cuchilla se hicieron ocho cortes pequeños en la lengua de Laura para asegurar que su Orisha tuviera el don del habla, porque de otra forma nunca podría hablar a través de ella. Se hicieron ocho cortes porque este es el numero de Obatalá. Esta parte de la iniciación sólo tiene lugar cuando el Orisha que ha sido coronado baja y se posesiona del yaguó. Cuando esto sucede se dice que el santo llego con ashé.

En este punto, Obatalá sonrió y saludó a todos los presentes, agradeciéndoles por toda su devoción y duro trabajo. Cuando el Orisha finalmente se fue y Laura abrió sus ojos, no podía recordar nada de lo que había acontecido. Se le pidió que se sentara una vez más en el apotí, y la última parte de la ceremonia, el sacrificio de los animales sagrados a los Orishas tuvo entonces lugar.

Los animales de cuatro patas habían sido mantenidos fuera del igbodu, y llevados adentro uno por uno, cada uno con un pedazo de seda blanca adornada con ribetes dorados alrededor de su lomo. Laura fue instruida a que se arrodillara cada vez que el babalawo inmolaba uno de los animales.

Antes de que cada animal fuera sacrificado, Laura mascaba unos pedazos de coco y algunos granos de pimienta, que eran luego colocados en los ojos, oídos y frente de los animales. Luego se le pidió que tocara la frente del animal tres veces con su frente, pechos y piernas. La víctima de sacrificio era luego atada de las patas y colocada de lado sobre el piso en un lecho de hierbas rituales.

A medida que cada animal era sacrificado, su sangre era recogida en un recipiente de arcilla mientras todos cantaban en yoruba. Más tarde esta sangre era vertida sobre los otanes que estaban descansando en sus recipientes en frente del apotí. La cabeza era entonces cercenada y ofrecida a Laura, quien probaba un poco de la sangre y luego la escupía hacia el cielo raso, como indicación de que la sangre le pertenece a Dios, a Oloddumare. Despues de ser sacrificado, cada animal era sacado inmediatamente del igbodu, las patas primero como todos los muertos. Más tarde, cada animal sería ritualísticamente desmembrado y cada parte del animal presentado a los Orishas antes de ser usada para el consumo de cada uno de los santeros y sus familias. Esta carne es considerada sagrada ya que tiene la bendición de los santos. La comida que se sirve después del asiento esta hecha con esta carne.

Los animales de cuatro patas incluidos en el asiento de Laura fueron seguidos por una variedad de aves de corral, tales como gallos, gallinas, palomas y patos, entre otros. La cabeza de cada animal fue ofrecida a Laura, quien probó la sangre y repitió la acción de escupir hacia arriba. Cada parte de los animales fue cuidadosamente nombrada en yoruba a medida que eran presentadas a los Orishas, y los cantos y las invocaciones nunca cesaron durante el sacrificio.

El sacrificio ritual duró más de cuatro horas. Cuando finalmente terminó, el babalawo, con la cara empapada de sudor, su ropa y cuerpo salpicados de sangre, humildemente bajó su cabeza en frente de los Orishas, y profirió las palabras finales del sacrificio y del asiento, *"eroko ashé"*, que significa: Está hecho, con su bendición.

Pero no todos los asientos terminan con la bendición de los Orishas. Algunas veces se comete un error en alguna parte en la preparación de la ceremonia, y entonces cosas terribles pueden suceder.

Hace varios años, una de las ahijadas de mi madrina, a quien llamaremos Eva, se impacientó porque mi madrina no se apresuró a iniciarla en la Religión. Eva dejó la casa de mi madrina y fue a otra santera para asentarse. Aunque mi madrina le había dicho que ella era hija de Oyá, la nueva santera a quien se dirigió insistió que Oshún era su Orisha. Sin consultar a un babalawo o a un oriate para asegurarse de la verdad, esta santera procedió a iniciar a Eva en los misterios de Oshún.

La primera señal de que algo estaba mal tuvo lugar durante el asiento, cuando las iyalochas trataron de cortar el cabello de Eva. Normalmente muy fino y suave, de pronto se volvió áspero y tieso como alambre, y proyectado hacia afuera como las serpientes en la cabeza de Medusa. Por mas que trataron las iyalochas, ninguna de las tijeras rituales cortaba el cabello. Los ojos de Eva, que se suponía estaban cerrados, de pronto se abrieron y miró fijamente a las aterradas iyalochas como si sus ojos estuvieran a punto de salirse de sus cuencas. Su cuerpo empezó a convulsionar incontrolablemente hasta que cayó del apotí.

La ayugbona y las otras iyalochas, temblando casi tanto como Eva, le dijeron a su nueva madrina que no se atrevían a cortarle el cabello. Era obvio, dijeron, que se había hecho un error al decidir cual Orisha debería ser coronado sobre su cabeza. Obviamente Eva no era hija de Oshún. En su opinión, era temerario continuar con la iniciación como se planeó inicialmente. Si Eva era hija de Oya, no se le podía cortar el pelo, ya que esta es la única Orisha que no permite que se afeite la cabeza de sus hijos.

Pero la nueva madrina no quiso escuchar las palabras de las iyalochas, y rápidamente descartó la reacción de Eva como histérica y melodramática. Tomando las tijeras de las manos de la ayugbona, le dijo a las aterradas mujeres que ella sola cortaría el cabello de Eva y aceptaría el castigo de Oyá si salía mal la iniciación. Firmemente tomó un puñado de cabello y después de muchos forcejeos, finalmente se las arregló para cortarlo. Junto a ella estaba su esposo, quien era el oriaté a cargo de supervisar la ceremonia. Tan pronto como las tijeras cortaron el reacio cabello, el oriaté se tambaleó, se agarró la garganta, y cayó muerto a los pies de su esposa.

La santera dejó caer las tijeras y se arrodilló al lado del marido para ver que le sucedía. Segundos después sus gritos convirtieron a la iniciación en una pesadilla. Oyá había llevado a cabo su castigo.

Esta historia es sólo una de muchas que he oído sobre los peligros de cometer un error durante el asiento. Porque los Orishas, que pueden ser infinitamente generosos y cariñosos con sus hijos, también pueden ser terriblemente implacables cuando se les ofende.

La noche de su asiento, Laura durmió en la estera a los pies de los Orishas. Su madrina durmió en un catre a su lado. Al día siguiente, conocido como el *Día del Medio*, Laura fue vestida con sus ropas de coronación, un hermoso traje hecho de satín blanco bordada con diminutas perlas, con falda amplia, mangas mullidas, y un escote alto. Una corona ancha, hecha de los mismos materiales que su vestido, rodeaba completamente su frente, cubriendo su cabeza afeitada. Alrededor del cuello ostentaba los collares de mazo de Obatalá, Chango, Elegguá, Yemayá y Oshún. Estos últimos cuatro Orishas se reciben siempre durante el asiento. Ademas de lkos collares, llevaba los brazaletes de los

Orishas: siete de plata para Yemayá, cinco de oro para Oshún, nueve de cobre para Oyá, y uno sólo de plata para Obatalá, su Orisha. Descalza, estaba de pie frente al trono, con las soperas de los orishas con sus otanes a su alrededor. Cada sopera estaba lujosamente drapeada en tela de brocado en los colores de cada Orisha. Alrededor del trono había sido formado un palio tapizado de encaje blanco y brocado de plata. Había una gran cantidad de flores blancas alrededor de ella, y sobre el piso descansaban muchas ofertas de frutas y las comidas preferidas de Obatala. Se veía muy hermosa, como todo omo-Orisha iniciado. Porque en esos momentos ella no era Laura, sino Obatalá mismo en toda su majestuosa belleza.

Poco después del medio día, su esposo, familia, amigos, y otros invitados al asiento vinieron a visitarla y rendirle sus respetos a su Orisha. Los visitantes usaban la estera colocada en frente de su trono para postrarse y así rendir foribale a Obatalá. Una pequeña cesta al lado recogió todas las ofrendas.

Alrededor de las dos de la tarde, comenzó el Tambor que generalmente se celebra después de un asiento. Varios orishas bajaron durante el Tambor, incluyendo a Yemayá, que era la Orisha de la madrina de Laura. Cuando un santero hace santo a uno de sus ahijados, se dice que esta "plantado", y se espera que su Orisha baje a darle su bendición al yaguó. Esto es algo que sucede invariablemente.

Después del Tambor, todos los presentes pasaron a la cocina donde cada uno recibió un plato rebosante de comida, preparada con la carne de los animales sacrificados. Como es acostumbrado en los Tambores donde acuden muchas personas, la gente se acomoda como pueden, la mayoría de pie por falta de suficientes asientos. Pero todos comen y conversan entre si en gran camaradería. La comida del asiento es considerada sagrada y de grandes bendiciones para los que la comparten.

Alrededor de las seis de la tarde, el último visitante se había marchado y las puertas del igbodu fueron cerradas a los extraños. Permanecieron así durante siete días, tiempo durante el cual Laura comió y durmió en el igbodu, dejándolo sólo para ir al baño. Su madrina y ayugbona nunca se apartaron de su lado, alimentándola, acompañándola al baño, lavándola y atendiendo cada capricho, como si fuera una niña pequeña, como es considerado el yaguo.

Tres días después del asiento, tuvo lugar el ita. Todos los santeros se reunieron para leer los caracoles y determinar lo que sucedería en la vida futura de Laura, cuáles otras iniciaciones tenía que recibir, y cómo podía protegerse contra enemigos y otros peligros. Su nombre ritual también fue determinado en este momento. Esta extensa información fue cuidadosamente apuntada en una libreta que su madrina guardó y le dio un año después, al final de su período de iniciación.

Siete días después del asiento, vino el *día de la plaza*. Laura y su madrina fueron al mercado a comprar una gran ofrenda de variadas frutas para los Orishas. En cada una de las cuatro esquinas de la calle fuera del mercado, ella depositó, bajo instrucciones de su madrina, unos pedazos de coco, pescado ahumado, jutía, maíz y tres centavos, todo bien envuelto en un pedazo de papel de bolsa. Este era el derecho de Elegguá, para que él la bendijera y la protegiera de todo mal.

Dentro de la plaza, Laura y su madrina compraron todas las frutas que pertenecían a los Orishas. Cuando nadie estaba mirando, Laura robó una pera del puesto de las frutas; su madrina le había explicado que este ritual de robo era parte de la iniciación y le traería suerte. El robo simbólico es una representación de que los Orishas son dueños de todo lo que existe, y tienen el derecho de tomar todo lo que quieran del mundo material. Este derecho, que no se extiende a los santeros, es ejercido sólo una vez en la vida del santero, en el día de la plaza.

Después de que Laura y su madrina terminaron de comprar las frutas, regresaron al ilé-Orisha. Fueron recibidas en la puerta por el ayugbona con el tañido ritual de *agogó*, las campanas con las cuales los Orishas son llamados a la tierra. Laura y su madrina colocaron las frutas en una cesta grande, y cuidadosamente la balancearon sobre la cabeza de Laura. Volviendo al igbodu con la cesta sobre su cabeza, presentó las frutas ritualísticamente a cada uno de los Orishas.

Esa tarde, las frutas fueron divididas entre todos los iyalochas y babaochas presentes durante el asiento. Un gallo y dos cocos fueron dados a Elegguá. Laura pagó un pequeño derecho a su madrina, recogió sus otanes, soperas, caracoles, y todos los implementos de sus santos, y volvió a casa con su esposo.

Este no fue el fin de la iniciación, sólo el comienzo. Durante tres meses después de que volviera a casa, a Laura no se le permitió sentarse a una mesa o usar un cuchillo y tenedor. Tenía que comer sus comidas sentada en una estera sobre el piso, usando sólo una cuchara. Una vasta cantidad de alimentos le estaban prohibidos, de acuerdo a su ita; entre ellos el coco, maíz en cualquier forma, todo alimento de color rojo, tales como los tomates y manzanas, lo que significaba que no podía comer hamburguesas ni pizzas, ni habichuelas coloradas.

Cuando terminaron los tres meses, tuvo lugar el "ebbó de tres meses", con más purificación ritual y cantos. Poco después, Laura fue presentada a los tambores batá, en una bella ceremonia durante la cual ella se vistió con su traje de coronación, collares, corona y brazaletes. Presentó un plato hondo al batá con dos cocos y dos velas y el dinero del derecho. Se le dijo que depositara su ofrenda cerca del batá y besara cada uno de los tres tambores mientras se arrodillaba en frente de ellos. Generalmente, varios yaguos son presentados a los batas, ya que estos no se tocan a menudo y los santeros aprovechan la oportunidad para presentarles a sus ahijados cuando hay un Tambor de fundamento.

Durante el curso del año de iniciación, Laura no pudo usar maquillaje, rizarse o pintarse el cabello, que fue creciendo poco a poco. Durante este período estuvo vestida meticulosamente de blanco, su cabeza modestamente cubierta por un pañuelo del mismo color, amarrado al estilo africano. Excepto durante su menstruación, tenía que usar sus collares y brazaletes cada vez que salía a la calle, siempre acompañada de su madrina o ayugbona. Tener que vestirse constantemente de blanco y usar sus "joyas" de iniciación no le molestaba tanto a Laura como la atención que recibía. Todos los días alguien la detenía en la calle y le preguntaba si ella era monja, musulmana o miembro de algún culto. Ella evitaba desesperadamente tener que usar el tren, ya que todos en el vagón la miraban fijamente como si tuviera cuernos en la cabeza.

A veces sentía que el año nunca terminaría, pero finalmente llegó a su término. Su cabello había crecido varias pulgadas. Había perdido algo de peso y se sentía más ligera. Su salud había mejorado considerablemente, y cuando finalmente se miró en un espejo, vio que sus ojos brillaban y su piel parecía flexible y suave. Nunca se había sentido o lucido mejor.

Al final del año de iniciación, la madrina de Laura le entrego su libreta, su ropa de coronación y el cabello que había sido cortado de su cabeza durante el asiento. Este cabello debía ser colocado en su ataúd cuando muriera, y el vestido y "joyas" usadas para ese viaje final.

Laura ha sido santera durante tres años. Ha asistido a innumerables asientos, Tambores y otras fiestas de santo. Sólo hay una ceremonia a la que nunca ha asistido y preferiría nunca asistir: la ceremonia conocida como el *itutu*, celebrada cuando muere un santero.

CAPÍTULO CATORCE

ITUTU

LA MUERTE DE UN SANTERO

Como el asiento, la lúgubre ceremonia del itutu se extiende durante todo un año. Está dividida en tres partes. El primero de los tres rituales es celebrado el mismo día que el santero muere, el segundo nueve días después de su muerte, y el tercero un año después.

Cuando un santero muere, su familia inmediatamente informa a varios olochas, que deberían sumar al menos nueve —el número de Oyá, dueña del cementerio—. Los santeros se reúnen en la cámara mortuoria donde yace el cuerpo. Cerrando con llave todas las puertas proceden con el ritual, que es una forma de apaciguamiento para asegurar que parta el alma de la persona muerta y no vaya a quedarse para perseguir a los vivos.

Los santeros se sientan en un círculo. Uno de ellos —preferiblemente un oriaté— pide a cada uno de los Orishas si quieren "partir" con el muerto o permanecer en la tierra. Para este propósito, las soperas de todos los santeros muertos (con los otanes que él recibió durante su asiento) son abiertas, y los caracoles de cada Orisha son usados para las preguntas. Dieciocho caracoles son asignados a cada Orisha, excepto Elegguá, quien es dueño de veintiuno. Pero como de costumbre, sólo dieciséis son usados para la lectura del deseo de cada Orisha.

Mientras algunos escogen quedarse otros Orishas optan por "irse" con el muerto. Inmediatamente después de que los Orishas han "hablado", el oriaté rompe las soperas de los Orishas que desean partir con los muertos. Un plato blanco y uno de los collares de cada uno de los Orishas que parten también son rotos. Los otanes, junto con los complementos y atributos de los Orishas o son arrojados a un río o enterrados con el santero muerto. Si el Orisha decide quedarse en la tierra, el oriaté le interroga hasta que determine con quien —entre la familia, amigos, o ahijados del santero muerto— el Orisha desea quedarse. Una vez que se ha establecido el heredero, los otanes y varios atributos del Orisha pasan inmediatamente en posesión de esa persona, quien debe purificarlos tan pronto como sea posible para liberarlos de la influencia del santero muerto.

Mi madrina tenía los otanes y los caracoles del Oshún de su propia madrina, quien escogió permanecer en tierra —apasionadamente encariñada con la vida como ella es— en la casa de mi madrina.

"¿No tenía un poco de miedo al recibirlos?" le pregunté a ella.

"¿Por qué?" contestó mi madrina, mirándome de reojo. "Oshún es mi madre, y mi madrina me amaba. Además, purifiqué los otanes y los caracoles minuciosamente tan pronto como los recibí. Y déjeme decirle, esos caracoles 'hablan' mucho mejor que los míos.

Yo los uso todo el tiempo. Después de todo, tienen las ashés de dos santeras. Son doblemente poderosos".

"Pero pertenecían a una persona muerta, madrina", insistí, con un temblor interior. "Yo no podría usarlos".

"¡Usted y su miedo a los muertos!" resopló mi madrina desdeñosamente. "¿Qué haría usted si alguien muriera y le dejara una valiosa herencia? ¿No tocaría el dinero?".

"Pero eso es diferente, madrina".

"¿En qué es diferente? Los otanes y caracoles de Oshún son una herencia muy valiosa para mí porque me confieren algo de los inmensos poderes de Oshún. Y si usted no cree que eso es valioso, usted tiene un sentido muy pobre de valores".

Pero los otanes y caracoles no son los únicos objetos sagrados de los cuales se pueden disponer. El cabello cortado durante el asiento del santero muerto, las tijeras y cuchilla de afeitar que fueron usados, los tintes, los cuatro pedazos de tela en los colores de los Orishas que fueron colocados en la cabeza del santero, y el peine usado para peinar su cabello antes del asiento, deben todos partir con los muertos.

Los santeros visten el cadáver con la ropa que usó durante su iniciación o con ropa ritualistica en los colores del Orisha del difunto. Los caracoles de los Orishas que parten son colocados sobre el pecho del cadáver encerrados en una bolsa blanca, junto con pedacitos de jutía, pescado ahumado, y unos pocos granos de maíz. El cabello es colocado junto al cuerpo en el ataúd. Los otros objetos son colocados en una jícara grande que ha sido previamente cubierta con dos pedazos de tela, uno blanco y uno negro, en forma de cruz. Dentro de la jícara, todos los santeros depositan puñados de peluche de maíz seco, pedacitos de quimbombó (okra) seco, y cenizas.

Entonces todos ellos le dan la espalda a la calabaza y el oriaté mata un pollo negro que pone sobre las cenizas. La calabaza con este ebbó simbólico es colocado junto al ataúd. Debe entrar al cementerio antes que el cuerpo y debe ser arrojado en la tumba de manera tal que llegue a descansar en la cabecera del ataúd.

Varias horas antes del entierro, todos los santeros empiezan a cantar en Yoruba y bailan alrededor del ataúd, llamando al santero muerto por su nombre de iniciación, y a todos los santeros mayores muertos y a otros ikús para que vengan a asistir a la ceremonia; el oriaté marca el compás con un palo ritualístico. Luego los Orishas son llamados, uno por uno, empezando con Elegguá, para que vengan y purifiquen el cuerpo de toda impureza.

Los Orishas llegan al itutu al tomar posesión de sus hijos, purifican al olocha muerto con pañuelos de color que pasan por todo el cadáver. Algunos Orishas lloran amargamente con pena por haber perdido a un sacerdote amado y fiel, que ya no podrá continuar las tradiciones de la religión. La diosa Oyá, que debe preceder a todos los muertos a su solitario domicilio, también posee a uno de sus hijos y purifica el cuerpo con su eluke, una especie de abanico hecho de la cola de un caballo..

Cuando es completado el ritual de purificación, los santeros que no están poseídos colocan a los montados por sus Orishas con sus espaldas contra la pared y golpean la pared con sus puños tres veces. Esto despide a los Orishas, que ahora salen para acompañar al muerto a su último lugar de descanso. Las puertas del salón mortuorio ahora se abren, y el ataúd es removido.

Una vez en la calle, un pequeño recipiente de arcilla es roto detrás del carro funerario, y abundante agua fría es arrojada por su costado de manera que el muerto comience "refrescado" su viaje final.

Mi madrina me contó una aterradora historia que tuvo lugar durante el itutu de un amigo de ella, un iniciado de Oyá, la dueña del cementerio.

El itutu había casi terminado, los santeros empezando a alinear a los olochas poseídos contra las paredes para despedir a los Orishas. Mi madrina, que había estado mirando desconsoladamente la cara de su amiga muerta, vio los ojos del cadáver abrirse lentamente hasta que estuvieron mirándola directamente.

"Casi me desmayo", me dijo mi madrina. "Mi corazón saltó tan fuerte en mi pecho que pensé que saldría por mi boca".

"Pensé que no le tenía miedo a los muertos, madrina", le dije con una sonrisa.

"No le tengo miedo a los muertos", replicó con una mirada helada, "mientras permanezcan muertos. Pero cuando tratan de volver a la vida, bueno, esa es otra historia".

"Hay varias razones naturales de por qué un cadáver puede abrir los ojos", le dije, "tales como un movimiento incontrolado del mecanismo del párpado. No tiene nada que ver con lo sobrenatural".

"Muy bien", dijo mi madrina. "Pero cuál es la explicación natural del hecho de que cuando volteé para decirles a los otros santeros lo que había visto, me encontré cara a cara con la santera muerta".

"¿Qué quiere decir, 'cara a cara'?" pregunté incrédulamente.

"Quiero decir que estaba de pie a mi lado, tan clara como el día". Mi madrina tembló un poco y frotó sus brazos vigorosamente. "Estaba vestida de negro, y sus ojos tenían una mirada fija y vacía. Me alejé lentamente de ella, y no hizo movimiento para seguirme. Silenciosamente —porque no podría haber hablado si hubiera tratado— agité el brazo del Oriaté y señalé a la santera muerta. Inmediatamente me di cuenta por la mirada en sus ojos que él también podía verla. Uno por uno, todos los mamalochas y babaochas en el cuarto se dieron cuenta de la presencia del espectro. Sin una palabra, todos formamos un círculo alrededor del ataúd, junto al cual estaba el fantasma de la muerta. Unimos las manos y empezamos a rezar una vez más, llamando el nombre de la santera muerta, y preguntándole que reconociera que ella era un espíritu y que era tiempo de dejar el mundo material. Muy lentamente, el fantasma empezó a desmaterializarse hasta que sólo una espiral humeante quedó flotando sobre el ataúd. Después de un rato esto también desapareció, y pudimos respirar normalmente una vez más".

"¿Qué sucedió después?" pregunté, todavía estremecida por la historia.

"Nada más", dijo mi madrina. "Pero soñé con ella casi todas las noches después del itutu. Sólo nueve días después de su muerte terminaron los sueños".

La misa del funeral en honor del santero muerto nueve días después de su muerte, es conocida como oro ilé Olofi —oraciones en la casa de Olofi (la iglesia)—.

Después de la misa, los santeros se reúnen una vez más y "ofrecen coco" al olocha muerto. Durante esta segunda parte del itutu, los santeros piden al espíritu si está satisfecho con los ritos y purificaciones, y si hay algo que él requiera para la paz total de su alma. Los deseos del santero muerto son llevados a cabo meticulosamente tan pronto como es posible después del ritual.

Un año después, la tercera y última parte del itutu es llevada a cabo. Durante ésta, la parte más complicada de la ceremonia, un animal de cuatro patas, usualmente un cerdo, es sacrificado a los muertos.

Antes de la ceremonia, la cual es llamada levantamiento del plato, todos los olochas pintan las tres rayas conocidas como yeza entre los Yorubas en sus mejillas de manera que Oyá perdone sus vidas y no se los lleve con ella. El derecho de los ikú es colocado por cada santero en su cesto cerca de una mesa, y el ritual comienza al cubrir la mesa con una sábana blanca. Sobre este improvisado altar es colocado el plato en que el muerto solía comer. Otro plato lleno de sal es colocado sobre la mesa, junto a una gran botella de agua florida —un elemento básico en Santería— dos velas encendidas, y las imágenes de San Pedro (Oggún) y Santa Teresa (un aspecto de Oyá). En la pared detrás de la mesa los santeros cuelgan otra sábana blanca con una cruz negra en el centro.

Durante la ofrenda del coco que precede al sacrificio, todos los santeros alejan la mirada de los pedazos de coco a medida que caen al piso. Esto se hace de manera que los ikú no exijan la vida de un observador junto con el sacrificio del animal.

Cuando el babalawo sacrifica la ofrenda del animal, los presentes hablan en Yoruba, rezándole a todos los muertos, empezando con los santeros mayores. Fuera de la casa, un santero marca cada oración haciendo una línea con tiza en el palo de ritual usado para invocar a los muertos.

Como durante todos los sacrificios de animales, la cabeza del cerdo muerto es separada de su cuerpo y colocado en un plato blanco; la cabeza, junto con una jícara llena de la sangre del animal, es colocada debajo del altar donde los muertos pueden comerlos.

Alrededor de la media noche comienza el tambor de muerto. Contrario a la feliz atmósfera de los tambores de los Orishas, un tambor dedicado a los muertos es triste y melancólico. Todos cantan y bailan, pero la acción es mecánica. No hay alegría en las voces o movimientos de los olochas. Durante estas sombrías festividades, los Orishas no descienden a la tierra, con excepción de Elegguá —quien abre todas las puertas, incluyendo la puerta de la muerte— y Oyá, reina de los muertos.

Poco después hacia la media noche, dos de los santeros llevan algo de la comida que se sirvió en la ceremonia al cementerio. Si no pueden entrar, dejan su ofrenda cerca de una de las esquinas del cementerio. El alimento, preparado con arroz y la carne del animal sacrificado, es cocinado sin sal como son todos los alimentos de los ikú. Los santeros acompañan a los muertos en esta comida de funeral la cual llaman osún.

Antes de que salga el sol, la cabeza del animal de sacrificio y su sangre son retirados y llevados al cementerio o al monte. El tambor continúa hasta la madrugada de la mañana siguiente, cuando todos los santeros y los miembros de la familia del muerto asisten a una misa dicha en su honor.

Cuando los santeros vuelven de la iglesia, la casa donde tuvo lugar el tambor es purificada ritualísticamente. Algo de la comida es arrojada alrededor de la casa y luego se barre, de manera que "el muerto salga, siguiendo la comida". El piso es luego fregado con hierbas especiales y agua clara.

El acto final del itutu, y el que le da a la ceremonia su nombre, ocurre cuando cuatro santeros limpian el altar y levantan la sábana que lo cubre, colocándola doblada sobre el piso con el plato del muerto encima. Esta es el rompimiento ritualístico del plato, que es entonces llevado a una esquina de la calle y quebrado en muchos pedazos. Cuando el plato es roto, también lo son los últimos vínculos que tenía el santero muerto con el mundo material, y su espíritu es finalmente libre. Esto termina el itutu.

Mi madrina siempre decía que los ikú y los Orishas son la misma fuerza; la diferencia es que ellos andan "diferentes" caminos. Después de todo, dice mi madrina, todos los santos, con excepción de los ángeles, son también ikús porque en un tiempo todos ellos vivieron en la tierra encarnados en cuerpos humanos. Ellos simplemente han cortado sus ataduras con el mundo material y desarrollado poderes dados por Dios.

Durante algún tiempo, mi madrina estuvo preocupada por mi obvia desgana de "trabajar" con los muertos, y mi violento disgusto de cualquier cosa relacionada con los ikú. Muchas veces trató de convencerme de la importancia de desarrollar fuertes vínculos amigables con los miembros muertos de mi familia, ya que podían ayudarme a resolver muchos problemas. Más importante, ella temía que mi indiferencia podría causarles pesar y confusión lo cual se reflejaría sobre mí en la vida diaria. Después de una cuidadosa consideración, se le ocurrió lo que ella pensó era la perfecta solución.

Una mañana bien temprano, mi madrina me llamó para pedirme que fuera a su casa, ya que ella tenía algo importante que decirme. Debía traer flores blancas, una botella de ron y velas.

Algo en su voz me dejó un poco inquieta, pero ya había prometido cumplir con sus deseos, y no me atreví a volverla a llamar para cancelar. Por consiguiente, compré las flores, el ron y las velas, y poco tiempo después estaba golpeando a su puerta.

Tan pronto como entré a su casa, supe que mis presentimientos habían sido bien fundados. Su mesa de comedor estaba cubierta con una sábana blanca, y alrededor de ella habían cinco personas, incluyendo mi madrina. Las luces estaban todas tenues y habían flores y velas en la mesa junto con la inevitable agua florida. Inmediatamente reconocí todas las señales siniestras.

"Madrina", le dije mientras le daba las cosas que había solicitado. "¿Por qué no me dijo que iba a tener una sesión espiritista? Usted sabe que no me gusta invocar a los muertos. Creo que debería dejárseles descansar en paz".

"De eso se trata", dijo. "No pueden descansar en paz sino les ayuda a encontrar la luz que necesitan".

Ignorando mis objeciones, tomó su lugar en la cabecera de la mesa y me dijo que me sentara cerca de ella. Las flores fueron colocadas aparte en un florero junto a mí. Ella encendió una de las velas que yo había traído y una de las que ya estaban en la mesa.

La sesión —que los santeros llaman misa espiritual— empezó con una colección de oraciones típicamente prolongada, las cuales son leídas de un devocionario espiritista recopilado por el afamado espiritualista francés Allan Kardec. Después de las oraciones, mi madrina abrió la botella de agua florida y roció la mesa y a todos los que estaban sentados a ella. Sentándose una vez más, ella empezó a rezar a los muertos de mi familia y les pidió que se acercaran.

Tan pronto como oí a mi madrina empezar a invocar a mis muertos, quedé petrificada. Aunque no tengo sino el más profundo afecto por los recuerdos de los que me han precedido, la idea de establecer contacto real con cualquiera de ellos me era antinatural. Si cualquiera de ellos en realidad se manifestara durante la sesión, simplemente no sabía como reaccionaría.

Sentada en silencio al lado de mi madrina, el sudor corriendo por mi espalda, junté mis manos sobre la mesa en un acto inconsciente de oración. Inmediatamente mi madrina me dijo que abriera mis manos y las pusiera en la mesa.

"Si usted junta las manos", me dijo en voz baja, "estará cortando el flujo de energía entre todos nosotros. También, asegúrese de no mantener sus pies cruzados, por la misma razón". La obedecí en silencio. Al otro lado de donde estaba, una joven santera quien supe era hija de Yemayá tensó su cuerpo y empezó la laboriosa respiración que precede a una manifestación. Mi corazón empezó a latir más rápido dentro de mi pecho. Durante unos desenfrenados momentos, pensé en levantarme de la mesa y dejar la sesión. Pero, sabiendo que tal acción podría tener como resultado desagradables consecuencias psíquicas, permanecí sentada al lado de mi madrina.

La esforzada respiración de la santera creció hasta que estuvo haciendo un horrible sonido áspero en su garganta, similar a un estertor. Me incliné hacia mi madrina y le pregunté si podía levantarme para conseguir un vaso de agua. No tenía sed, simplemente estaba buscando una excusa para dejar la mesa. Pero mi madrina movió su cabeza en silencio y me indicó que permaneciera en el mismo sitio.

Una de las otras personas en la mesa era un hombre mayor que había sido santero durante treinta años. Empezó a interrogar a la hija de Yemayá, quien continuaba respirando con dificultad.

Cuál era el problema del espíritu, él quería saber. ¿Había alguna cosa que pudiéramos hacer por él, o había alguien en el salón para quien tenía un mensaje? Todas estas preguntas no fueron contestadas. Finalmente mi madrina se puso de pie y abrió la botella de ron que yo había traído. Tomando una gran bocanada del fuerte líquido, roció la cara de la santera poseída. La mujer tembló violentamente y tensó su cuerpo aún más. De nuevo mi madrina roció ron sobre la cara de la santera. Esta vez la reacción de la mujer fue más definida. Se puso de pie torpemente, empujando su silla hacia atrás hasta que dio vuelta con un fuerte ruido sordo. De pronto, ella extendió sus manos en mi dirección y dijo, "usted, deme sus manos".

Miré a mi madrina sin esperanza, pero me indicó que obedeciera a la santera. Me puse de pie lentamente y extendí mis manos a la iyalocha. Los ojos de la mujer, que habían estado cerrados, se abrieron ahora. Por unos minutos me miraron fijamente con intensidad hipnótica. Sus manos se cerraron como un torno al rededor de las mías, e inmediatamente sentí como si una carga eléctrica hubiera sido pasada a través de mis dedos hasta la corona de mi cabeza. Empecé a temblar violentamente, castañeando audiblemente mis dientes.

"¿Sabe quién soy?" preguntó el espíritu que poseía a la santera.

Moví mi cabeza en silencio, sin poder hablar.

"Soy su bisabuela Tonia", dijo el espíritu, todavía fijándome con sus terribles ojos que no pestañeaban.

"¿Una de sus abuelas se llamaba Tonia?" me preguntó mi madrina con voz baja. Asentí con la cabeza, todavía en silencio. "Luego la posesión es auténtica", dijo mi madrina. "Escuche lo que ella le dice".

Las manos de la santera continuaron presionando las mías hasta que sentí que seguro todos los huesos de mis dedos serían triturados. Su respiración se relajó lentamente a medida que la posesión se completaba, pero todavía hacía el sonido áspero profundo dentro de su garganta.

"Ha oído de mí, ¿no es cierto?" el espíritu insistió.

"Asentí con la cabeza." A menudo había oído a mi mamá recordar acerca de su impresionante abuela, que montaba caballo a pelo como un hombre y casi sin ayuda construyó un imperio de caña de azúcar y tabaco.

"Hábleme", ordenó el espíritu con autoridad.

"Sí", dije con una voz apenas perceptible.

"Bueno", dijo el espíritu, más amablemente. "Usted nunca me conoció. Morí antes que naciera, pero nunca estoy lejos de usted. La vigilo todo el tiempo y me aseguro que nada malo le suceda".

Una fina neblina pareció extenderse sobre mis ojos y mi voz tembló ligeramente cuando le contesté: "Gracias".

"Sé por qué tiene miedo del mundo del espíritu", continuó mi bisabuela.

"Para usted es lo desconocido, un mundo de sombras y temor. Pero para nosotros que hemos cruzado la barrera de la luz, no es un mundo de miedo y sombras. Es un lugar de gran paz y tranquilidad. Pero solamente", añadió ella frunciendo el ceño de pronto, "si tenemos el entendimiento para saber quienes somos y donde estamos. Muchos de nosotros no tenemos tal entendimiento. Estos seres están confundidos y atemorizados y a menudo no están conscientes de que ya no están en el mundo material. Por eso es que las velas, ofrendas y oraciones son útiles, porque son grandes recursos de energía espiritual que elevan los niveles vibratorios de las almas oprimidas, despertándolas a su realidad espiritual. ¡No tenga miedo de nosotros!. Ruegue por nosotros y nos volveremos más fuertes, y pronto podremos compartir esa fuerza con usted".

"Sí", dije suavemente.

El espíritu sonrió y sus manos se ablandaron sobre las mías.

"Quiero darle un regalo", dijo de pronto. Extendió una mano hacía las flores que yo había traído y escogió una sola rosa blanca; sostuvo la rosa en su mano durante unos momentos, estremeciéndose su brazo por la tensión. Luego aflojó la presión sobre la rosa y la extendió hacía mí.

"Guárdela siempre", dijo. "Le traerá muchas bendiciones. Y recuérdeme en sus oraciones. Recuerde que todos la amamos; la esperaremos hasta el día que se reúna con nosotros, y entonces todos nos regocijaremos juntos".

Mi bisabuela fue el único espíritu que se manifestó esa noche. Cuando salí de la sesión me sentí mucho más calmada. Al llegar a mi casa, coloqué la rosa que había recibido de ella en un florero con agua que puse sobre mi escritorio. Duró sin cambiar durante tres meses. Al terminar este tiempo, todos los pétalos cayeron del tallo, pero todavía retenían su frescura y fragancia original. Los guardé en un pequeño sobre azul, que lleve conmigo por mucho tiempo. Los pétalos están ahora marchitos, pero el olor de rosas frescas todavía puede ser percibido cuando abro el sobre.

Después de esta experiencia, empecé a rezar firmemente a los muertos en mi familia. Ya no me siento nerviosa cuando entro en contacto con los muertos, y ya no les tengo miedo. Creo que mi bisabuela quería decir, que mi temor era hacia lo desconocido —un temor humano innato—.

Los lunes, antes de poner mi atención en Elegguá, enciendo una vela a todos los muertos en mi familia. Siempre les ofrezco un pequeño vaso de agua fresca y ya no temo agitar mi palo y hacerles saber a mis muertos que todavía los amo.

CAPÍTULO QUINCE

ASHÉ

EL PODER DE LOS SANTOS

El ashé de los santos es el poder de las fuerzas de la naturaleza. El panteón Yoruba está compuesto de más de seiscientos Orishas, cada uno de los cuales tiene un significado dual. Cada Orisha representa una fuerza natural; pero también personaliza una preocupación humana. Por ejemplo, Changó simboliza el fuego y el relámpago, pero también la pasión, la alegría, virilidad y victoria sobre los enemigos. Yemayá es las aguas del océano, pero también la maternidad y feminidad. Elegguá representa todas las puertas y encrucijadas, pero también esperanza y oportunidad. Los Orishas, entonces, funcionan en el macrocosmos y el microcosmos. Su esencia es tanto humana como divina.

Del gran panteón Yoruba, Santería adora activamente a sólo dieciséis: Elegguá, Obatalá, Orúnla, Changó, Oggún, Ochosi, Babalú-Ayé, Aganyú, Orisha-Oko, Inle, Osain, Obba, Yemayá, Oyá, Oshún, y los Ibeyi o gemelos celestiales.

En muchas formas, los Orishas son un sistema de archivo gigantesco para todo lo que existe. Cada piedra, pájaro, flor, árbol, y fruta y todos los fenómenos naturales tales como los arco iris, nubes, y lluvia son atributos de uno de los Orishas. Igualmente, cada pensamiento, acción y empresa humana es representada por un Orisha.

Cuando el Yaguó recibe los misterios de su santo, él también recibe el poder de controlar todas las cosas que su Orisha representa. Más importante aun, junto con los poderes de su Orisha personal, el Yaguó recibe los poderes de Elegguá, Obatalá, Changó, Yemayá y Oshún, los cinco Orishas que conforman la base de Santería.

Con Elegguá, el santero recibe la esperanza de un futuro prometedor lleno de brillantes oportunidades, siempre que se ajuste a las leyes divinas. Con Obatalá, recibe los dones de paz y claridad mental. Con Changó, recibe el don de la auto realización, control sobre las dificultades, y la alegría de vivir. Con Yemayá, recibe el don de la maternidad o el amor de mujer. Con Oshún, recibe las bendiciones del amor y un feliz matrimonio, y todo el dinero que pueda necesitar. Para complementar estos poderes, los santeros a menudo reciben otras iniciaciones vitales, tales como el de Babalú-Ayé, para asegurar buena salud; Olocun para riquezas y poder; Orisha-Oko para prosperidad y estabilidad material; y Oggún para el éxito comercial, proteccion contra todo peligro.

La esencia de los Orishas es reunida en los otanes y unida a ellos por la sangre de los animales de sacrificio. Desde el comienzo del tiempo, cada pacto hecho entre Dios y el hombre ha sido ratificado con un sacrificio de sangre. El viejo Testamento está lleno de ejemplos. La víctima de sacrificio es vista en estos casos como necesaria para probar la espontánea intensión del hombre de honrar el pacto. La sangre misma representa la energía con la cual todos las cosas son creadas. Ofrecer sangre a la deidad es hacerle un regalo de pura energía que él puede usar para recrearse nuevamente.

La sangre de sacrificio, las velas, y ofrendas de comida dadas a los Orishas, y a través de ellos a Olofi (Dios), son todas fuentes de energía a través de las cuales los Orishas reponen sus poderes. Ni los Orishas ni los ikú "comen" en realidad la sangre o la comida que les es dada. Lo que hacen es absorber la energía de estas ofrendas. La combustión de una vela actúa de una manera similar, porque libera grandes cantidades de energía a medida que la cera se derrite. De estos tres tipos de ofrenda, la de sangre es la más importante e indispensable porque la energía que es liberada es energía viviente, de la cual el mundo espiritual está tanto formado como nutrido. Por esta razón, Dios siempre ha demandado un sacrificio de sangre del hombre durante la ratificación de cada pacto. La muerte de Jesús en la cruz es un ejemplo del último sacrificio durante el cual él derramó su sangre para establecer un nuevo pacto con Dios.

Tal vez la importancia más grande de Santería como experiencia religiosa es que reconoce la sangre del animal de sacrificio como el derecho divino de los Orisha —y por consiguiente de Dios— el "dulce sabor al señor" del cual hablaban las escrituras. Aceptar la validez de los sacrificios de sangre ceremoniales para Dios no es lo mismo que perdonar la matanza sin sentido de un animal por alguien que carece del entrenamiento y el balance psicológico que es recibido a través de los adecuados ritos iniciatorios. La ofrenda ritual de sangre para un Orisha no es una matanza sin sentido de parte de los santeros, sino de una ceremonia religiosa dirigida con suprema gravedad y respeto.

Durante el asiento, los poderes que el santero recibe del Orisha —y los que él adquiere durante otras iniciaciones— permanecen latentes dentro de él hasta que se desarrollan plenamente. Este desarrollo crece a través de su miento de leyes naturales y su estudio de los usos de naturales en una variedad de ebbós. El control de la voluntad es también vital, y esta es la razón por la cual tantas abstinencias son demandadas del Yaguó durante el primer año de iniciación. A través de esta humildad al aceptar todos los sacrificios requeridos de él, el Yaguó afila su poder de voluntad hasta un fino corte. Es esta voluntad la cual él deberá invocar para dirigir sus imponentes proezas mágicas más tarde, cuando es un practicante en pleno de Santería.

Santería, una religión de la tierra, adora a Dios y a los Orishas en las fuerzas de la naturaleza. Los santeros no creen que Dios es la naturaleza, sino más bien que la naturaleza es una manifestación de la voluntad de Dios. Como la mayoría de las religiones naturales, Santería practica un tipo de magia simpatetica basada en la vieja ley de similitud que "igual produce igual". Esta magia simpatetica tiene un precepto positivo y uno negativo. El precepto positivo le dice al mago (en este caso el santero) cómo lograr algo por medio de rituales y ebbós. El precepto negativo, bajo el cual caen todos los llamados tabúes de la magia, enseña al mago lo que debe evitar para asegurar el éxito de sus sortilegios.

La ley de similitud, también llamada magia imitativa u homeopática, establece que un efecto debe parecerse a su causa. En la magia imitativa, el mago "imita" su objetivo final en el ritual o sortilegio. Por ejemplo, la práctica del Vudú de acribillar a una efigie con alfileres para causar dolor o muerte a la persona que la representa es una forma de magia imitativa. Quemar imágenes de cera en nombre de alguien o escribir su nombre en una barra de jabón y luego derretir la vela o disolver el jabón en agua son otros ejemplos de este tipo de magia. La idea del mago es que lo que le está sucediendo al objeto mágico le sucederá a la persona a quien representa. Ya sea el propósito bueno o malo, el mago establece su voluntad de la misma manera: "Igual que esto está sucediendo aquí, así le sucederá a tal o cual persona". Un ejemplo de esta magia imitativa es un simple sortilegio de amor muy popular en Latino América. Este hechizo requiere escribir el nombre del amante en un pedazo de papel y en volver el papel en varias yardas de hilo rojo. De igual forma que el nombre de la persona deseada esta siendo envuelta en el hilo, también esta persona estará amarrada y envuelta en amor —representado por el color rojo— para con quien hace el sortilegio.

En Santería, las leyes básicas de la magia simpatetica están reforzadas por los poderes de los Orishas. Cada ebbó por lo tanto es dedicado al Orisha que controla una reacción humana particular. Hace muchos años, cuando todavía estaba casada, mi esposo (quien se especializaba en pintar miniaturas de militares) estaba teniendo muchas dificultades en vender su arte. El problema era que al gerente de ventas del almacén de deportes donde sus miniaturas eran vendidas no le agradaba mi esposo, y por lo tanto desanimaba a los coleccionistas para que no compraran las miniaturas. El antagonismo del hombre le costó a mi esposo miles de dólares en ingresos perdidos, y nuestra situación financiera muy pronto se volvió insostenible.

Aunque mi esposo siempre trató de alejarse de lo que él llamaba "todo ese bullicio mágico", finalmente me preguntó si había "algo" que pudiéramos hacer para evitar que el gerente de ventas arruinara la venta de sus figuras. Le dije que conocía a Doña Gina, una santera de el Bronx que era famosa por sus poderes mágicos y que haría una cita con ella tan pronto como fuera posible.

Varios días después fuimos a ver a la iyalocha. Doña Gina, como Doña Mercedes, era una profesora de escuela retirada, pero mientras que Doña Mercedes era rubia de ojos azules, Doña Gina era muy negra y se parecía mucho a María. Como ella hablaba inglés con fluidez, mi esposo pudo explicarle con sus propias palabras lo que estaba sucediendo.

Doña Gina leyó los caracoles. "Usted tiene un serio problema", dijo.

"Este hombre siente gran animosidad hacía usted y está determinado a arruinarlo".

"¿Pero por qué?" preguntó mi esposo. "Nunca le he ofendido en ninguna forma. ¿Por qué querría él destruirme?"

"Alguna gente no necesita razón para lastimar a otros", dijo Doña Gina sentenciosamente. "Ellos sólo disfrutan ocasionando perjuicios".

"¿Hay algo que usted pueda hacer para ayudarme?" preguntó mi esposo.

Doña Gina estuvo pensativa durante algún tiempo.

"Si la hay", dijo finalmente, "pero involucra algún peligro, ya que este ebbó es muy poderoso. Necesita la ayuda de Oshún", añadió, asintiendo con la cabeza para enfatizar sus palabras, "porque ella controla el dinero que le está siendo quitado. Prepararé algo para que se libere de este hombre. Tan pronto como lo ponga en sus manos, debe llevarlo al río y arrojarlo allí con cinco centavos como derecho de Oshún. Pero tenga mucho cuidado cuando maneje hacía el río, porque lo que voy a darle es una verdadera bomba de tiempo.

No quiero que se asuste, pero usted corre peligro mientras guarde el ebbó en su posesión".

"Tendremos cuidado", dijo mi esposo.

"Esta bien entonces", dijo Doña Gina. "Le prepararé el ebbó ahora". Alargando la mano debajo de su mesa de trabajo, sacó una gran cesta con docenas de polvos, aceites, raíces y muchos otros ingredientes mágicos. Luego me pidió que le trajera un limón verde grande de una cesta de frutas en su cocina. Yo obedecí de inmediato y le traje el limón.

Con un cuchillo pequeño, Doña Gina cortó el limón en cuatro partes, sin cortarlo hasta el fondo, de manera que los cuatro pedazos todavía estaban unidos. Luego escribió el nombre del hombre en un pedazo de papel y lo colocó en el centro del limón. Sobre el papel espolvoreó cenizas de tabaco, pimienta, pólvora y otros ingredientes, incluyendo unos pocos granos de un polvo rojo que ella afirmaba era tan volátil que ni siquiera le gustaba tocarlo. Ella no quiso decirme su nombre, aunque ahora sospecho que podría haber sido la resina conocida como sangre de dragón.

Después que echó los polvos sobre el nombre del hombre, Doña Gina unió los cuatro pedazos de limón, colocando cincuenta alfileres en forma de una cruz por todo el limón. Luego la puso dentro de un frasco oscuro de cuello ancho, añadió algo de café negro, y le pidió a mi esposo que escupiera dentro de la botella tres veces.

"De esta manera usted dominará a su enemigo", le dijo a mi esposo. Luego le puso la tapa al frasco y se lo dio a él. "No se olvide de lo que le dije", le recordó. "Conduzca cuidadosamente de camino al río, y no pare en ninguna parte bajo ninguna circunstancia".

Le pagamos cincuenta dólares por el sortilegio —una cantidad que reflejaba la mano de Oshún en el ebbó—. Los pocos minutos que nos llevó conducir de la casa de Doña Gina al río Harlem parecieron interminables. Mi esposo condujo a veinte millas por hora, pero estuve diciéndole que desacelerara para evitar la posibilidad de un accidente.

Finalmente llegamos y arrojamos la botella dentro de su bolsa de papel en las turbias aguas. Al golpear el agua, la botella produjo un sonido parecido a una fuerte explosión. Instintivamente me eché para atrás, esperando que algo del agua me salpicara. Cuando volví a mirar, la botella se había hundido al fondo del lecho del río. Sintiéndome muy aliviada, le pregunté a mi esposo la hora y me dijo que eran las dos en punto de la tarde.

Tan pronto como volvimos a casa, mi esposo llamó al almacén donde se vendían sus miniaturas y pidió hablar con el gerente de ventas. El vendedor que contestó dijo que el hombre ya no estaba con el almacén, ya que había acabado de ser despedido. El despido había ocurrido justo después del almuerzo, alrededor de las dos la tarde.

El nuevo gerente de ventas contratado por el almacén era muy amigable e hizo todos los esfuerzos para fomentar las ventas de las miniaturas de mi esposo. Este episodio no sólo fortaleció la creencia de mi esposo en Santería, sino que tuvo otras agradables repercusiones, ya que ambos nos encariñamos mucho de Doña Gina, quien continuó siendo una de nuestras amigas más cercanas hasta que murió.

Hay miles de ebbós como el que preparó Doña Gina, que usa tantos ingredientes naturales como la fuerza de un Orisha. Algunos, usados para lastimar a alguien, caen bajo la égida de la "magia negra", mientras que otros son estrictamente "magia blanca", o natural, es decir, magia para protección, para amor, o simplemente para curar.

Santería no tiene muchos sortilegios negativos, ya que los santeros desaprueban dicho comportamiento. Pero los ebbós protectores como el dado a nosotros por Doña Gina, son muy comunes. Como la serpiente de cascabel enrollada en la bandera original americana, el santero le dice a sus enemigos: "No te me pares encima".

La adoración de los ancestros que es una parte tan vital de Santería tiene sus raíces en la creencia de que los Orishas también son ikús, simplemente otro aspecto de la misma fuerza. Los muertos son la base mas fundamental de Santería. Propiciarlos es abrir las puertas que llevan a los Orishas.

Para desarrollar y fortalecer su relación con los muertos, algunos santeros reciben la iniciación del Palo Monte o Palo Mayombe. Los paleros trabajan exclusivamente con los muertos, nunca invocando a los Orishas a menos que hayan recibido la iniciación de Santería. Ser "rayado" en Palo confiere al iniciado el título de mai o pai de prenda (mamá o papá de la "prenda"). La prenda es un gran caldero donde unos pocos huesos robados de una tumba son guardados, junto con muchos otros ingredientes. Como describí esta práctica en detalle en mi primer libro sobre Santería, no es necesario que lo haga aquí.

Palero es otra palabra para el experto en yerbas. Aunque algunos paleros se involucran en trabajo más bien negativo, muchos practicantes de Palo usan su gran conocimiento de ciencia herbal y sus vastos poderes para aliviar el sufrimiento humano. Cuando por primera vez escribí acerca del palero o mayombero fui más bien negativa en mis descripciones de las prácticas de Palo. Desde entonces he conocido a muchos paleros, la mayoría de los cuales usan su conocimiento para ayudar a la humanidad, algunas veces sin recompensas monetarias. A causa de su gran habilidad herbal, la curación es uno de los poderes mejor conocidos de los paleros. La epilepsia, parálisis, leucemia y otras formas de cáncer son sólo unas de las muchas enfermedades curadas por algunos paleros conocidos míos. Debido a que el conocimiento herbal que es parte de la tradición del Palo, muchos médicos son atraídos al culto. Conozco al menos dos doctores en el área metropolitana de Nueva York que están involucrados en la práctica de Palo. Uno de ellos es un palero iniciado.

El Palo no desciende de los Yorubas, sino de la tribu Congo. Algunos santeros creen que es más sabio recibir la iniciación de Palo —si se quiere— antes del asiento, ya que el Palo se especializa en la adoración de los muertos, que va antes que los Orishas. Una vez que una persona se ha iniciado en la Santería no debe ser rayada en Palo.

Hay santeros que se rayan en Palo después del asiento, pero los olochas más viejos consideran esta práctica peligrosa para la estabilidad mental del iniciado. "Es como volver atrás", un viejo babalawo una vez me dijo. "Como regresar a la escuela primaria después de que se gradúa de la universidad".

Ser rayado en Palo es altamente descriptivo: durante la ceremonia de iniciación, el nuevo palero recibe ciertos cortes rituales con un cuchillo en varias partes de su cuerpo. La prenda también es conocida como nganga. Algunos paleros la alimentan con unas gotas de su propia sangre de vez en cuando, pero la mayoría de los practicantes del culto denuncian tales prácticas como muy peligrosas, porque "una vez la prenda aprende a beber sangre humana, demandará el mismo sacrificio cada vez. Puede matarlo si no lo obedece".

Una palera conocida mía me contó que su "prenda" le habla. "Susurra a mi oído", me dijo. "Puede predecir todo lo que va a suceder y me previene por adelantado de cualquier peligro que pueda estar enfrentando. Es mi mejor amigo. No podría vivir sin él".

Aunque algunos santeros son rayados en Palo, la mayoría no lo son. Como la rivalidad existente entre los santeros y babalawos, tampoco hay muy buenas relaciones entre paleros y santeros, muchos de los cuales denuncian la práctica de Palo como necromántica y por lo tanto negativo.

Cuando empecé a escribir este libro, consideré discutir las diferencias y similitudes entre Santería y otras religiones de origen africano tales como el Vudú haitiano, Changó de Trinidad, y Macumba de Brasil. Pero realmente no creo que sea necesario. Mi propósito no ha sido escribir un estudio comparativo de Santería, sino más bien relatar cómo mis experiencias personales en la religión han afectado mi vida.

Para muchos santeros, Santería es escapismo, una vida dentro de una vida. Las fiestas de santo, los tambores, las iniciaciones, e incluso el itutu son rutas espirituales que ellos viajan para escapar de las exigencias de un mundo materialista. En los Orishas, encuentran una realidad espiritual infinitamente preferible a la de ellos. Pero para la gran mayoría de los miembros de la Religión, Santería es un suceso colectivo, una forma de vida. Los santeros verdaderamente devotos tejen sus vidas alrededor de los Orishas. Nada existe fuera de los santos, y su voluntad es ley.

Durante una reciente fiesta de santo, conocí a una hija de Yemayá que me dijo en tono afectuoso como su madre había evitado que ella se mudara varias veces porque la elección de la casa no cumplía con la aprobación del Orisha.

"¿Cómo sabía que Yemayá no quería que se mudara?" le pregunté a la iyalocha.

"A través del coco, por supuesto", me dijo. "Cada vez que encontraba una casa que me gustaba, le preguntaba a Yemayá si quería vivir allí, y siempre decía que no. Finalmente, después de muchos meses de búsqueda, di con una casa que a mi mamá le gustó. Nos mudamos allí inmediatamente, y debo decir que ella sabía lo que estaba haciendo. La casa es hermosa, el barrio muy agradable. Mi mamá no pudo haber hecho una mejor elección".

Durante la misma fiesta, el santero que estaba celebrando el cumpleaños de su santo también tenía algunos comentarios para hacer acerca de Yemayá, muy querida entre los santeros.

"Hoy se puso los moños, Yemayá", manifestó él. Continuó afectuosamente, "Esta tarde, después de que terminé de lavarla en el omiero, ella no sabía donde sentarse dentro de la sopera. Primero se sentó a la izquierda, luego se sentó a la derecha, luego finalmente, se decidió por el medio. De seguro que está sentada allí ahora, escuchándome y esperando hasta que estemos solos para ponerme en mi lugar". El santero estaba describiendo la posición de los otanes (Yemayá) en la sopera (su silla). Después de lavar los otanes en el omiero, como siempre es hecho durante una fiesta, él obviamente tuvo alguna dificultad en reemplazarlos dentro de la sopera en su adecuado orden. Porque para un santero los otanes son la representación de un Orisha él veía los otanes de Yemayá como la Orisha misma, toda nerviosa antes de asistir a una fiesta, y no sabiendo donde "sentarse", dentro de su sopera.

No ha sido mi intención defender las practicas de la Santería. Obviamente, Santería no es para todos. Es para mí, y para la gente que, como yo, estamos buscando una identificación con las fuerzas de la naturaleza y una comprensión más profunda del yo interior. Muchos sistemas ofrecen el mismo conocimiento y los mismos poderes, pero pocos con tal grado de pureza y total entrega a la voluntad divina.

Antropomorfizar a las fuerzas de la naturaleza y los varios elementos en el carácter emocional de un ser humano a menudo ha sido tildado de atavístico e ignorante. Pero es precisamente la personificación de los Orishas como individuos definidos lo que hace a Santería tan útil en lo que Jung llamó el proceso de individuación, la cual es la armonización perfecta de los varios elementos que forman la profundidad del inconsciente dentro de la psiquis humana.

Realmente no importa si vemos a Changó como Orisha o como arquetipo del inconsciente colectivo. Lo importante es que él sea absorbido e integrado a la psiquis. Una vez está completa esta integración, las energías psíquicas que forman su esencia siempre estarán disponibles para la liberación inmediata cuando se necesite. Lo mismo es cierto con todos los otros Orishas.

Muchas de las experiencias que yo he tenido en la Santería y que he citado aquí pueden ser difíciles de creer, pero palidecen en comparación con las que a propósito no cité —¡porque son completamente increíbles!—. Los Orishas me han dado amor, éxito, dinero, protección y sobre todo, mayor comprensión de mi misma y un sentido de paz interior.

De todos los maestros que he tenido dentro de la religión, la que más influyó en mi fue María. Cuando era niña, me enseñó que había un canal abierto entre las fuerzas naturales y yo, un canal que hizo posible comunicarme e identificarme con la naturaleza. Tal enseñanza, recibida de una mujer que no sabía leer ni escribir, puede ser comparada con muchos años de terapia psicoanalítica. Mis muchas humildes y enriquecedoras experiencias en Santería me han enseñado cuan grandes son mis limitaciones y también que infinitas son mis posibilidades, todo posible a través del ashé, el poder de los santos.

APÉNDICE

LA MAGIA DE SANTERÍA

Las prácticas mágicas de Santería están profundamente conectadas con las fuerzas naturales y cósmicas que han sido identificadas con los Orishas (o deidades) del panteón Yoruba. Cada Orisha representa, no sólo una fuerza de la naturaleza, sino también un interés o esfuerzo humano. La Tabla I muestra esta interrelación entre algunos de los Orishas y las fuerzas naturales.

TABLA I
CORRESPONDENCIA ENTRE LOS ORISHAS Y LAS FUERZAS NATURALES

Orisha	Fuerza natural/cósmica	Función/poder
Elegguá	Esquinas, encrucijadas	Oportunidades cambios, destino
Obatalá	Paternidad, blanco	Paz, substancias blancas, pureza
Changó	Fuego, trueno,	Pasión, virilidad, relámpago, fuerza

Oggún	Hierro, acero, bosques	Empleo, guerra, hospitales
Ochosi	Todos los animales de caza	Cacería, salas de corte, cárceles, policía
Babalú-Ayé	Epidemias	Dolencias de las piernas, enfermedades
Yemayá	Aguas de los océanos, los siete mares	Maternidad, feminidad
Oyá	Viento, muerte, rayo	Los muertos
Oshún	Agua de los ríos	Amor, matrimonio, dinero, oro, arte, placeres, niños, el área abdominal

La creencia central de Santería es que todo el universo está hecho de energía cósmica conocida como ashé. El primordial arquetipo del universo y la fuente de este ashé es Dios, el Creador, un misterioso ser conocido como Olodumare. Los Orishas son los mensajeros de Olodumare y los depositarios de su ashé o energía. Los seres humanos necesitan que este ashé funcione para llenar todas sus necesidades y para sobrevivir. Para recibir el ashé de los Orishas quienes son dueños de él, es necesario darles ebbó, una ofrenda o sacrificio. Los Orishas toman el ebbó y a través de sus poderes mágicos lo transforman en el tipo de ashé necesario para conseguir lo que se desea. Las ofrendas o ebbós difieren entre los Orishas y deben ser preparados con los atributos de cada Orisha en particular.

TABLA II
ATRIBUTOS DE LOS ORISHAS

Orisha	*Atributos*
Elegguá	Rojo y negro, número 3, dulces, juguetes, ron, cigarros, maíz, pollos machos, cocos, manteca de corojo
Obatalá	Blanco, número 8, ñame, coco, cascarilla, manteca de cacao, algodón, palomas blancas.
Changó	Rojo y blanco, números 4 y 6, manzanas, bananas, gallos, carneros.
Oggún	Verde y negro, número 7, llantenes, ron, cigarros, gallos.
Ochosi	Violeta, número 7, peras, gallos, ron, cigarros.
Babalú-Ayé	Tela de saco, número 17, maíz seco, todos los granos, pollos machos.
Yemayá	Azul y blanco, número 7, melao de caña de azúcar, sandía, patos
Oyá	ropas floreadas, número 9, berenjena, cabras, gallinas.
Oshún	Amarillo, número 5, miel, espejos, calabazas, bizcochos, vino, gallinas amarillas, canela, joyas

Cada Orisha tiene un ashé distintivo que es usado para influenciar a las áreas controladas por ese Orisha. Por ejemplo, Oshún controla el amor entre otras cosas. Por lo tanto, su ashé es necesitado para resolver los problemas de amor. Cualquier ebbó dado a ella para lograr su ayuda en el amor debe incluir al menos algunos de sus atributos. Un ebbó típico u ofrenda para el amor o matrimonio requiere una calabaza hueca llena de miel y aceite de oliva. Una mecha es flotada sobre el aceite y encendida. La llama debe permanecer encendida durante cinco días. A menudo el nombre de la persona deseada es colocada dentro o debajo de la calabaza.

La mejor forma de asegurarse de que un ebbó complacerá a un Orisha y logre lo que uno desea, es preguntarle al Orisha mismo. Esto lo hace mejor un santero a través de los caracoles. Pero si un santero no está disponible, entonces se puede tratar de apaciguar al Orisha haciendo la ofrenda apropiada y esperar que el Orisha la acepte. Una vez que el Orisha acepta la ofrenda o ebbó, él o ella transformará la energía de la ofrenda en la energía necesaria para lograr lo que el solicitante quiere. En otras palabras, el ashé del ebbó es transmutado en el ashé de la cosa deseada. Lo que el Orisha hace es manipular energías, transformando una cosa en otra por virtud del poder o ashe en el ebbó. Básicamente de eso es de lo que se trata la magia de Santería. Se le da ebbó a un Orisha para conseguir el ashé necesario para adquirir lo que se necesita o desea.

Lo central de las prácticas mágicas del santero es una creencia en las purificaciones ritualísticas y baños lustrales. Los Orishas cuentan entre sus atributos muchas hierbas, plantas, flores, cortezas de árboles, y raíces. Estas son a menudo usadas en baños y rituales de frotamiento. Debido a que hay tantos atributos imputados a cada Orisha, sólo he dado unos pocos en la Tabla 2. Tampoco es posible dar una lista completa de todos los ebbós, u ofrendas dadas a cada Orisha. Por esa razón, he decidido enumerar sólo unos pocos ebbós tradicionales; así como también algunas de las purificaciones y baños más populares usados en la Santería.

BAÑOS Y PURIFICACIONES

Para purificar una casa

Un simple ritual de purificación para librar a una casa de vibraciones negativas es llenar un cubo de agua fría y añadir un cuarto de amoníaco. Este líquido es entonces rociado por toda la casa. Algunos santeros recomiendan que esto debería ser seguido por un desahumerio de resinas de pino, incienso y cáscaras de ajo para completar la purificación.

Para purificar el aura

Una de las prácticas más comunes en Santería cuando una persona está sitiada por la mala suerte es cubrir tres huevos con aceite de palma (manteca de corojo), soplar algo de ron y humo de tabaco sobre cada huevo, y ponerlos dentro de una pequeña bolsa de papel. Esta bolsa es luego frotada por todo el cuerpo; de pies a cabeza. Después los huevos son rotos en tres esquinas o encrucijadas por separado. Mientras los huevos están siendo rotos, se pide que la mala suerte sea rota de igual forma que lo fueron los huevos. Se cree que esto libera el aura de las vibraciones negativas. Este tipo de purificación está generalmente asociado con Elegguá, quien es dueño de las esquinas y encrucijadas.

Para disipar influencias negativas

Un baño popular requiere que se hiervan juntas las siguientes plantas: quita maldición, arrasa con todo y rompesaraguey. El líquido es colado y se añaden unas pocas gotas de amoníaco y asafétida. Los santeros recomiendan añadir agua bendita como ingrediente "extra". Generalmente los baños se hacen en números impares. Este baño a menudo es hecho durante tres noches seguidas.

Un baño de exorcismo

Tal vez uno de los baños más poderosos conocidos en Santería, este baño requiere hervir tres plantas: tartago, pasote, y anamu. Esta última planta, anamu, es tan potente que algunos santeros ni siquiera la tocan, especialmente los sacerdotes y sacerdotisas de Obatalá que no pueden tolerarla. Anamu es un agente exorcizador tan poderoso que puede expulsar incluso influencias positivas. Por eso es que sólo se recomienda para gente que está particularmente sitiada por la mala suerte y amenazados por peligros muy reales. Una persona debe estar realmente "salada" para usar esta planta. Pero el baño se dice que es inmensamente útil para los que verdaderamente lo necesitan. A este baño se le añaden tres gotas de amoníaco, asafétida , y citronela con unas gotas de agua bendita. Ninguno de los baños, especialmente éste, son vertidos sobre la cabeza. Los baños son vertidos sobre los hombros, ya que los santeros creen que la cabeza es el sitial del ángel guardián u orisha de esa persona y debe ser respetada. Sólo el agua de coco puede ser vertida directamente sobre la cabeza, ya que es uno de los atributos de Obatalá y él gobierna la cabeza.

Una purificación ritual

Cuando una persona está teniendo muy mala suerte o las cosas no salen como él o ella quiere, los santeros recomiendan frotar dos palomas blanca cuidadosamente sobre el cuerpo (de cabeza a pies) con cuidado de manera que las palomas no se lastimen. A las aves luego se les permite volar, asegurándose que sean liberadas lejos de la casa de la persona. Se dice que esto libera las influencias negativas y purifica el aura.

Para obtener un empleo

Los santeros recomiendan hervir juntas las siguientes plantas: rompesaraguey, anís, albahaca, toronjil y yerba buena. El líquido es colado y algo de azúcar y agua bendita son añadidos. El baño es repetido durante siete noches consecutivas.

Para conseguir un aumento

Anís, alumbre, y cacahuates triturados son tostados juntos. Un poco de este polvo es regado en el trabajo durante siete días.

Para atraer la buena suerte

Un baño muy popular para la buena suerte y triunfar en todos los esfuerzos requiere hervir las siguientes plantas: hojas de eucalipto, flor de cerveza, laurel, menta, salgazo, mejorana y salvia. Al líquido colado son añadidos la clara de un huevo, melao de caña de azúcar o miel, agua florida, y agua bendita. El baño es repetido durante siete noches. Este es uno de los baños tradicionalmente atribuidos a Yemayá.

Para el amor

Para atraer el amor de alguien o tener suerte en el amor, los santeros recomiendan hervir juntas las siguientes plantas y cortezas: sándalo, canela, mirto, verbena y pachulí. Rosas rojas y azucenas también son añadidas al agua hirviendo. Al líquido colado se le añade miel, champaña, yema de huevo y perfume de lavanda. El baño es repetido durante cinco noches. Una vela amarilla perfumada es ofrecida a Oshún después de cada baño.

Un poderoso exorcismo

Este es un ebbó dedicado a Oyá, la dueña de los cementerios y patrona de los muertos en Santería. Es llevado a cabo cuando una persona esta infestada de sueños perturbadores de los muertos o amenazado por cualquier clase de peligro. La gente que cree que está bajo la influencia de una maldición o perseguidos por un espíritu negativo —lo que es conocido en Santería como enviación— a menudo se les pide que lleven a cabo esta purificación.

Una berenjena es cortada en nueve rebanadas y colocadas sobre un plato blanco. Tres velas cortas blancas, cada una cortada en tres pedazos, se colocan sobre la berenjena. A estos son añadidos nueve dulces y nueve pedazos de coco. La persona procede a frotar todos estos ingredientes sobre su cuerpo, de pies a cabeza. Después de que todos han sido usados de esta manera, son colocados dentro de una bolsa de papel con nueve centavos. Esta bolsa se deja luego cerca de la puerta de un cementerio, pidiéndole a Oyá que quite cualquier peligro que pueda estar rondando a la persona. Este ritual es usualmente seguido por una serie de baños de purificación como los ya sugeridos.

Para dispersar influencias negativas en el hogar

Una cebolla grande es colocada dentro de un vaso de agua en la sala. Si la cebolla se pudre, es arrojada lejos y reemplazada con otra. Se dice que esto es particularmente efectivo contra las personas que pueden visitar la casa con intenciones negativas.

Para fertilidad

Aunque Yemayá es el símbolo de la maternidad en Santería, Oshún es la dueña del área abdominal y por lo tanto la que más se propicia cuando una mujer quiere concebir. Debido a que las calabazas están entre los atributos favoritos de Oshún los santeros recomiendan que la mujer coloque una pequeña calabaza debajo de la cama en un plato amarillo. Cada mañana, al despertar, se debe frotar la calabaza sobre el abdomen y pedirle a Oshún que le conceda su fertilidad y el regalo de un niño. Este ritual deberá ser continuado diariamente durante cinco meses, o hasta que la mujer conciba. El mismo ritual también es usado para las mujeres que tienen tumores o cualquier tipo de problema en el área abdominal.

Para amor o dinero

Un ebbó muy simple y muy efectivo para lograr la ayuda de Oshún a fin de adquirir amor o dinero es llevar una jarra grande de miel a un río y verterlo lentamente en el agua. A medida que la miel fluye con el agua del río, la persona debe especificar lo que él o ella desea de Oshún.

Para el dinero

Elegguá es muy a menudo invocado en problemas de dinero porque es el Orisha que hace todas las cosas posibles y puede transformar la peor suerte en la mejor. Un ebbó popular consiste en mezclar miel, aceite de palma (manteca de corojo), pescado y jutía en polvo con suficiente harina de maíz para producir cuatro bolas del tamaño de las pelotas de beisbol. Todos los ingredientes son mezclados hasta que tienen suficiente consistencia para hacer las pelotas. Estas son luego depositadas en las cuatro esquinas de la manzana en la cual está localizada la casa de la persona. Este ebbó es muy efectivo, y muy recomendado por los santeros para obtener dinero rápido.

Para el amor

Changó es muy popular en los sortilegios de amor porque él es la esencia viva de la pasión y el deseo. Un sortilegio común de amor que logra su ayuda se prepara con seis manzanas. Cada manzana es ahuecada y luego llenada hasta la mitad con miel, sobre la cual se echa aceite de almendra. La fotografía de la persona es colocada sobre un plato blanco rodeado de las seis manzanas. Una mecha es flotada sobre el aceite en cada manzana y se enciende durante una hora todos los días, pidiéndole ayuda a Changó para obtener el amor de esa persona.

Para el matrimonio

Oshún es la patrona del matrimonio. Para que ayude a convencer a alguien para que tome el transcendental paso matrimonial, los santeros recomiendan el siguiente ebbó: Se ahueca una calabaza. En el fondo, se coloca el nombre o fotografía de la persona reacia. Su nombre o foto deberá ser perforada con cinco ganchos de pescar. Sobre esto se ponen cinco yemas de huevo, bien rociadas de canela y cubiertas con miel. Encima de esto, se vierten partes iguales de aceite de almendras, aceite de oliva, aceite de maíz, aceite de almizcle y aceite de coco. Luego se encienden cinco mechas sobre los aceites por una hora, durante quince días. Durante este tiempo los aceites deben ser repuestos. Si la calabaza se daña antes de que los quince días terminen, la situación es más difícil de lo que parece y requiere medidas más fuertes. Si no, la persona puede obtener lo que desea.

Para la paz

Cuando una persona es muy obstinada y constantemente discute o crea discordia, los santeros recomiendan cubrir un coco con manteca de cacao y cáscara de huevo en polvo (cascarilla). Este coco es ofrecido a Obatalá a nombre del problemático individuo y cubierto de algodón. El ebbó es colocado sobre un plato blanco en el piso. Frente del coco, se encienden dos velones blancos durante 24 días. Cada día, la persona que hace la ofrenda debe pararse frente al coco y pedirle a Obatalá que calme a la persona para quien está preparado el ebbó. Tan pronto como las velas se acaben, deben ser reemplazadas hasta que terminen los 24 días. El coco es luego guardado, todavía cubierto de algodón, donde nadie lo encuentre.

Para la buena suerte

Hay un ebbó muy popular para Yemayá que se hace para traer buena suerte a una casa y sus ocupantes. Requiere lo siguiente: Dentro de un tazón de cristal se coloca un poco de melao de cana, 77 centavos, 7 imanes y 7 bolas de añil. Sobre esto se coloca una rosa de Jericó. Esta es una flor verde similar a una alga, cuyos pétalos parecidos a zarcillos se abren ampliamente cuando es colocada en agua y se cierran tan pronto como es retirada del líquido. Después de que la flor es colocada en el tazón, se llena con suficiente agua hasta apenas cubrir sus pétalos. Tan pronto como se abren los pétalos, algo de champaña es vertida sobre estos junto con polvos plateados. Algunos santeros colocan una pequeña imagen de la virgen de Regla (Yemayá en Santería) encima de la flor, pero esto no es necesario. El ebbó es colocado en alto cerca de la puerta. Como se ve muy bonito, usualmente pasa como adorno. En realidad es un poderoso amuleto para atraer el dinero y la buena suerte.

Contra la enfermedad y mala suerte

Los santeros ofrecen muchos ebbós o Babalú-Ayé para dispersar la enfermedad y mala suerte. Una ofrenda típica consiste en un gran plato de maíz tostado sobre el cual ha sido vertido algo de aceite de palma (manteca de corojo). Esto se deja en la casa durante 17 días —el número de Babalú— y luego se lleva al monte donde los pájaros y ardillas puedan comer el maíz.

Antes de tener una cirugía

Oggún es el patrón de los metales, incluyendo el acero del cuchillo del cirujano. Para pedir su ayuda antes de la operación, los santeros consiguen un pedazo de carne de res y lo cubren bien con manteca de corojo. Luego se sopla un poco de ron directamente de la boca a la carne y se le sopla humo de tabaco. La carne es colocada dentro de una bolsa de papel la cual es frotada sobre el cuerpo, de la cabeza a los pies. Siete centavos son colocados dentro de la bolsa la cual es arrojada en las vías del ferrocarril (los ferrocarriles son sagrados para Oggún). La persona hace esto en el nombre de Oggún, pidiendo su ayuda durante la operación. Para propiciar más al Orisha, los santeros recomiendan ofrecerle siete plátanos verdes bien cubiertos de manteca de corojo. Estos son más tarde llevados a un monte con siete centavos.

Para éxito en la corte

Ochosi es el Orisha que gobierna las cuestiones legales. Para lograr su ayuda en cualquier clase de litigio, los santeros recomiendan ofrecerle siete peras cortadas en pequeños pedazos. Los pedazos son colocados en un plato profundo y cubierto de leche, miel, harina de maíz y manteca de corojo. Bajo esta mezcla los santeros recomiendan colocar una pequeña ballesta o arco y flecha, los símbolos de Ochosi. Un pedazo de papel con la solicitud al Orisha es usualmente colocado debajo de este plato.

Mucha gente piensa que el uso de la magia para obligar a una persona a que haga algo contra su voluntad es magia negra (o gris en el mejor de los casos), Santería enseña que antes de que cualquier ritual o sortilegio se haga para otra persona, incluyendo la adivinación, debe solicitarse el permiso del ángel guardián de la persona. Esto elimina la responsabilidad de hacer el sortilegio porque si el ángel guardián de la persona permite que se realice, el poder de voluntad de la persona no ha sido violado. Lo que suceda pasará con el consentimiento del ángel guardián de esa persona, quien es parte de su inconsciente. Si el sortilegio falla, el ángel guardián de la persona rechazó la solicitud. En otras palabras, a través del sortilegio, el santero,(o quien esté haciendo el ebbó) está pidiéndole a la persona que cambie de parecer acerca de algo. Si la persona —en un nivel inconsciente— está de acuerdo con el cambio, su voluntad no ha sido forzada y la magia usada fue blanca no negra. No hay coerción, simplemente un acuerdo. Naturalmente, esto no puede ser usado en la magia negra porque el ángel guardián de una persona nunca estará de acuerdo con nada que sea dañino al bienestar del individuo.

Santería enseña que cada persona está protegida por uno de los Orishas, aún si esa persona no practica Santería o no cree en ella. Esto se debe a que cada Orisha simboliza un arquetipo humano epecífico que abarca a mucha gente, de muchos orígenes variados. La única manera segura de saber el Orisha regente de un individuo es a través de un registro dirigido por un santero o babalawo. Este ritual determina quien es el Orisha protector de una persona. Este Orisha es también identificado por el santero como el ángel guardián de la persona.

Cuando alguien no tiene el recurso de un sacerdote de Santería hay otra forma (aunque menos segura) de identificar al Orisha protector o regente. Este método alterno requiere un conocimiento básico de las principales características de cada Orisha importante. El Orisha con quien usted comparte la mayoría de las característica; es usualmente su Orisha protector o ángel guardián.

La siguiente es una lista de los Orishas mas importantes y sus principales características, según los santeros. No será difícil para cada lector encontrar al Orisha con quien él o ella comparte la mayoría de las características.

Elegguá— escabroso, amante de la diversión, enredador, juguetón, extravagante, mañoso, hábil, evasivo, insondable, variable (destino).

Obatalá— sabio, solemne, serio, severo pero amable, pacífico, místico, magnánimo, generoso, idealista (paz, paternidad).

Changó— fiero, orgulloso, apasionado, atrevido, obstinado, audaz, temerario, dominante, sensual, determinado, irascible, generoso (pasión).

Oggún— revolucionario, implacable, honesto, apasionado, duro, excéntrico, no convencional, inconformista, militante, trabajador, hace sus propias leyes (trabajo, guerra).

Ochosi— justo, estricto, severo, honesto, inquebrantable, moral, ético.

Yemayá— amorosa, maternal, gentil, amable, generosa, dignificada, altiva pero terrible enojada, orgullosa, sabia, majestuosa (feminidad).

Oyá— fiera, tempestuosa, fascinante, perspicaz, una guerrera innata, capaz de grandes sacrificios por los amados, mística, tranquila y despreocupada pero con pasiones ocultas (adversidad).

Oshún— seductora, tierna, gentil, irresistible, obstinada, insaciable, coqueta. Suave aunque tenaz, generosa, deseable, ambiciosa, egocéntrica, peligrosa, inolvidable, vulnerable aunque fuerte (amor, riqueza).

Esta es sólo una lista parcial de los principales Orishas que representa los arquetipos humanos más comunes. Algunos rasgos son compartidos por varios Orishas, subrayando el hecho de que todos los tipos humanos tienden a mezclarse entre si. Una vez que las características de los Orishas son conocidas es fácil identificarlos con figuras bien conocidas. Entre los hijos típicos de Oshún uno puede fácilmente identificar a Marilyn Monroe y Elvis Presley mientras que Woody Allen, Cher y la Duquesa de York son claramente los hijos de Elegguá. ¿Típicos hijos de Changó? Beethoven, Bill Clinton, Rodolfo Valentino, Elizabeth Taylor ¿Una típica Oggún? Madonna. ¿Un típico Ochosi? George Bush. ¿Una típica Oya? La Reina Isabel. Es fácil ver como cualquiera puede ser identificado con uno de los Orishas.

Una vez la identidad del Orisha de una persona ha sido determinada, ese conocimiento puede ser usado para ampliar la comprensión del ego de esa persona. Conocer los atributos de ese Orisha también es útil porque ayuda a armonizar las fuerzas interiores de un individuo. Una persona bajo la influencia de Changó usaría sus colores en ocasiones importantes, aquellas cuando es imperativo tener éxito. Los número 4 y 6 y sus múltiplos también pueden ser usados para decidir fechas importantes o en cualquier momento que los números deban ser usados. A una hija (o hijo) de Changó le haría bien mantener manzanas (al menos 4 ó 6) en la casa todo el tiempo, y estar preparado para encender una vela roja durante tiempos de debilidad o indecisión. Todos los otros atributos también pueden ser usados con creatividad e imaginación. Lo mismo es posible con los otros Orishas.

Pero lo más importante que puede hacerse con el Orisha personal es identificarse con él, reconocer la fuerza natural que lo representa y fusionarse con él totalmente. Los hijos de Oyá deberían buscar el viento, dejarlo correr a través de su cabello y envolverse alrededor de sus cuerpos y almas. Los hijos de Yemayá deberían tratar de tocar al alma del mar y sentarse en la playa donde las olas los acaricien, saludando al mar con amor y reverencia. Los hijos de Changó deberían saludar al trueno y el relámpago con regocijo y recoger algo de esa impresionante fuerza en el interior de su ser. Identificarse con un Orisha es fusionarse con la naturaleza, y esto es tal vez el regalo más grande que Santería puede ofrecer.

GLOSARIO

Abikú: Un espíritu dañino que posesiona a un niño pequeño y lo enferma hasta que muere.

Acuelle: Bendición.

Afoché: Un polvo mágico preparado por el babalawo de la raíz de ñame.

Aganyú: Una deidad Yoruba sincretizada como San Cristóbal y se dice que es el padre de Changó.

Agogó: Las campanas usadas para invocar a los Orishas.

Ahijado: Una persona respecto a sus padrinos.

Ainí: Sucio, descuidado.

Ajá: Agua

Akoñrín: Cantante o llamador ceremonial de los Orishas.

Akpetebí: Señora, amante de un Orisha varón.

Alabbgwanna: El espíritu solitario, se dice que es la mamá de Elegguá.

Alafia: Bendición; también uno de los títulos de Changó.

Alakisa: Sucio, mal oliente.

Alégbo: Feo.

Aleyo: Un no creyente o no practicante de Santería; alguien no iniciado en la religión.

Alforjas: Atributos de Babalú-Ayé.

Aloguó: Muy bueno.

Alogura: Fuerte, poder.

Aluyá: El baile favorito de Changó, que él ejecuta mientras esgrime un hacha de doble hoja en cada mano.

Amalá: Comida favorita de Changó, preparado con okra y harina de maíz.

Amarre: Sortilegio arrojado para asegurar el afecto de un amante.

Anafre: Lata de estaño llena de carbones encendidos que es usada como horno por los pobres en los trópicos.

Apotí: El trono usado por un Orisha durante la iniciación del asiento.

Ara: Cuerpo.

Arani: Feliz.

Aré ikú: Santeros mayores muertos.

Arikú baba awó: Bendiciones para ti padre santo.

Arón: Enfermedad.

Asé: Alimento.

Asentar: Iniciar a alguien como santero.

Ashé: Poder, bendición.

Asiento: La principal ceremonia de Santería, durante la cual una persona es iniciada como santero.

Asoñá: Amén.

Ayé: Uno de los cinco igbo, o elementos usados en el sistema de adivinación conocido como La Tabla de Ifá.

Ayugbona: El santero o santera que asiste a la madrina o padrino durante el asiento.

Babalawo: Sumo sacerdote de Santería e hijo del Orisha Orúnla.

Babalú-Ayé: Orisha que es patrón de los enfermos, sincretizado como San Lázaro.

Babaocha: Santero varón.

Baba-oro: Padre celestial.

Batá: Los tres tambores sagrados de Santería, llamados Iya, Itótele y Okónkolo.

Batea: Tazón de madera de Changó donde se guardan sus otanes e implementos.

Bilongo: Un sortilegio maligno.

Bohío: Choza puertorriqueña, con piso de tierra apelmazada y techo hecho de madera de frondas de palma entretejida.

Botánica: Almacén de géneros religiosos que proveen las necesidades de los santeros.

Brazalete de mazo: Brazalete ritual recibido por el santero durante el asiento.

Burucu: Maligno.

Cabio Sile: Saludo tradicional para Changó, también usado cuando el nombre del Orisha es mencionado.

Cambio de cabeza: Que tiene lugar cuando un Orisha transfiere su propiedad de la "cabeza" de un individuo a otro Orisha.

Canastillero: Donde el santero guarda las soperas con los otanes e implementos de los Orishas.

Candomblé: Versión brasilera de Santería, también conocida como santuario.

Caracoles: Usados por el santero para adivinar el futuro.

Cascarilla: Cáscara de huevo en polvo usado por los santeros como elemento de purificación, también conocido como efún.

Changó: Patrón del fuego, trueno y relámpago, quien trae victoria sobre los enemigos y todas las dificultades, sincretizado como Santa Bárbara.

Cheketé: Bebida preparada para los Orishas con naranjas.

Collar de mazo: Uno de varios collares de cuentas pesados que el santero usa durante la iniciación.

Collares: Elekes, la primera iniciación de Santería.

Coquitos: Medias cortezas de coco, pulidas a un brillo de alto caoba y usado para beber café en los trópicos.

Corojo: Una semilla amarilla usada para propósitos rituales.

Cosi: Desterrar, echar.

Concha de cauri: La concha marina usada por el santero para adivinar el futuro.

Cundiamor: Hierba sagrada para Babalú-Ayé y usado para curar diabetes.

Daque: Silencio.

Daradara: Fuerte.

Derecho: Pago ritual para los Orishas.

Despojo: Purificación ritual.

Día del medio: El día después de la iniciación, cuando los no iniciados pueden rendir sus respetos al yaguó.

Didún: Dulce.

Dilloggún: Sistema de adivinación por caracoles.

Ebbó: Sortilegio mágico, ritual de purificación, cualquier número de rituales hechos para purificación o protección para ocasionar un cambio deseado para la vida de un individuo.

Ebbó de entrada: Un ebbó dirigido a purificar al iniciado antes del asiento.

Eburegua aimó: Extremadamente sucio, vergonzoso.

Efun: Cascarilla o cáscara de huevo en polvo.

Eggó: El monte.

Eledá: Angel guardián de un individuo.

Elegguá: El mensajero de los Orishas y guardián de las puertas; sin él nada puede ser logrado; es sincretizado como San Antonio y como el niño Santo de Praga.

Elekes: Los collares rituales de Santería.

Ellifé: Una de las cinco posesiones del coco durante el sistema de adivinación del coco.

Eluke: Un abanico hecho de plumas usado para refrescar a los Orishas cuando se agitan.

Eri aworan: Uno de los cinco igbo o elementos usados en la Tabla de Ifá.

Erú teché: Semilla especial usada durante la preparación del asiento.

Escoba amarga: Planta usada en los baños de purificación y para alejar a los abikú; es conocida botánicamente como parternium hysterophorus.

Eshú: Los veintiún aspectos de Elegguá; hay veintiún Eshús.

Espíritu solitario: Alabbawanna, se dice que es la madre de Elegguá.

Estera: Usada por los santeros para rendir sus respetos a los Orishas.

Ewe: Plantas, yerbas.

Ewe ayó: Uno de los cinco igbo usados en el sistema de adivinación conocido como la Tabla de Ifá.

Fibú: Algo malo.

Fiesta de santo: Fiesta especial en honor de los Orishas.

Flamboyán: Poinciana real, árbol nacional de Puerto Rico.

Florecita: Palabra española que significa flor pequeña.

Foribale: Genuflexión hecha a un Orisha o a un santero más viejo.

Fundamento: Los cinco collares o elekes; también el ingrediente secreto de cualquiera de las iniciaciones.

Güemilere: Una fiesta para los Orishas o santos.

Guerreros: (Elegguá, Oggún, Ochosi y Osun), una de las más importantes iniciaciones de Santería.

Hacer el santo (asentar): Ser iniciado como santero.

Hekua: Bendiciones.

Ibeyi: Gemelos celestiales.

Ide de Orúnla: Brazalete sagrado para el Orisha Orúnla, preparado por el babalawo y dado a un individuo durante una iniciación especial para adquirir la ayuda y protección del Orisha.

Ifá: Otro nombre de Orúnla, el dueño de la Tabla de Ifá.

Ife: La ciudad legendaria de donde vienen los Orishas al sur de Nigeria.

Ifé: Amor.

Igbo: Los cinco elementos que comprende la Tabla de Ifá.

Igbdu: Santuario donde tiene lugar la iniciación.

Igbón: Santeros mayores muertos.

Ikú: Todos los muertos; muerte.

Ilé: Hogar.

Ilé Olofi: La casa de Dios.

Ilé-Orisha: La casa de un Orisha, que significa usualmente casa de un santero.

Inafa: Collar de iniciación, o collar de mazo.

Inle: Patrón de la medicina, sincretizado como San Rafael.

Iré: Buena suerte.

Irolé: Día.

Irora: Pesar.

Itá: Todas las predicciones hechas por el babalawo y los santeros para el iniciado, o yaguó, después del asiento.

Itagua: Una de las posiciones del coco en el sistema de adivinación del coco.

Italero: Santero que se especializa en la lectura de los caracoles y que instruye a otros santeros en este arte.

Itótele: Uno de los tambores sagrados de Santería.

Itutu: Ceremonia dirigida en la muerte de un olocha.

Iya: Madre; también uno de los tambores sagrados de Santería.

Iyalocha: Santera.

Iyá-oro: Madre celestial.

Jíbaro: Campesino puertorriqueño.

Jícara: Calabaza hueca, cortada en la mitad y usada como recipiente de beber.

Jutía: Zarigüeya, ingrediente mágico de muchos sortilegios y rituales y alimento favorito de Elegguá.

Karioriocha: Nombre africano del asiento.

Lalafia: Bueno, feliz.

Letra: Mensaje del coco o los caracoles.

Libreta: Donde los santeros anotan todos sus secretos y los detalles del asiento.

Lucumí: Nombre cubano de los yorubas.

Macumba: Versión brasilera de Santería.

Madrina: La profesora o instructora del iniciado en los misterios de los Orishas.

Mai de prenda: Palera, mujer iniciada en el culto del palo.

Majá: Serpiente tropical.

Mamalocha: Santera.

Manigüa: Palabra cubana para el bosque.

Manilla: Brazalete especial sagrado para una Orisha.

Máscaras: Usadas el día de los inocentes en Puerto Rico.

Matanza: El ritual de sacrificio de los animales durante el asiento.

Medio asiento: Medio iniciación usualmente dirigida para un niño nonato sobre el abdomen de su madre.

Melao de caña: Melaza.

Modopué: Gracias.

Moyubar: Saludar a los muertos o a los Orishas, pidiéndoles su bendición.

Mundele: Persona blanca.

Negreros: Comerciantes de esclavos.

Nganga: Prenda, o calderón, donde el palero guarda sus secretos.

Noumeno (pl. noumenos): Algo intangible, incognoscible por los sentidos pero concebible por la razón.

Oba kosso: Uno de los títulos de Changó.

Obatalá: El padre de los Orishas, patrón de paz y pureza, sincretizado como Nuestra Señora de la Merced.

Obba: Esposa de Changó y patrona del hogar.

Obi: El coco, quien en un tiempo fue también un Orisha pero cayó en desgracia a causa de su pecado de orgullo.

Obi güi güi: Coco seco.

Obí kolá: Una de las semillas usadas en la preparación del asiento.

Obini: Chica, mujer, hembra.

Ocana sode: Una de las posiciones del coco en la adivinación del coco.

Ocha: Orisha, santo.

Ochí: Horrible.

Ochosi: Patrón de los cazadores, uno de los Guerreros, sincretizado como San Norberto.

Ochu: Luna.

Ochumare: Arco iris.

Odduarás: Piedras de chispa usadas por Changó en algunos sortilegios.

Oddudúa: Esposa de Obatalá, dada a él por Olofi.

Oggún: Patrón de los metales y toda la gente trabajadora, sincretizado como San Pedro.

Okónkola: Uno de los tambores sagrados y la base sobre la cual Itótele e Iyá se hablan el uno al otro.

Okuelé: Los ocho medallones unidos por una cadena que el babalawo usa para adivinar el futuro.

Olocha: Santero o santera.

Olocun: Aspecto de Yemayá, se dice que vive en las profundidades del océano.

Olodumare: Dios el creador del universo.

Olofi: Dios como creador de la humanidad y la fuente de los Orishas.

Olorún: Otro nombre para Dios.

Omiero: El líquido sagrado preparado con un mínimo de veintiuna y un máximo de 101 hierbas para cualquiera de las principales iniciaciones de Santería.

Omo: Hijo.

Omo-Changó: Hijo de Changó.

Omodere: Niños.

Omo-mi: Mi hijo.

Omo-Orisha: El hijo de un Orisha, o santero.

Oñí: Miel, atributo de Oshún.

Ordún: Cualquiera de los patrones de los caracoles.

Oriaté: Maestro de ceremonias y lector experto de los caracoles.

Orisha: Santo, una de las deidades del panteón Yoruba.

Orisha-oko: Patrón de agricultura, sincretizado como San Isidro Labrador.

Oro: Cielo, también música de tambor tocada a Olorún-Olofi.

Orobó: Buena suerte.

Ororó: Malo, maligno.

Oru: Sol.

Orúnla: Adivinador principal del panteón Yoruba, conocido también como Ifá y Orúnmila; el patrón de los babalawos.

Orúnmila: Otro nombre de Orúnla.

Osain: Dueño del monte y todo ewe; tiene sólo un ojo, una pierna y un brazo, el resultado de una batalla con Orúnla.

Oshún: La hermosa Venus del panteón Yoruba, patrona de amor, matrimonio y oro; ella es una de las akpetebís favoritas de Changó y es sincretizada como nuestra señora de la Caridad del Cobre, santo patrón de Cuba.

Osun: Uno de los Orishas, que siempre está con Elegguá y previene a los santeros cuando el peligro esta cerca.

Osún: Comida de funeral ofrecida a un santero muerto.

Ota: Uno de los cinco igbo usados en la adivinación de los caracoles.

Otá: Enemigo.

Otanes: Las piedras planas y suaves que representan a los Orishas.

Otutu: Frío.

Oyá: Patrona del cementerio y dueña de la llama; ella es una de las favoritas de Changó y es sincretizada como Santa Teresa y Nuestra Señora de la Calendaria.

Oyekun: Uno de los patrones en el sistema de adivinación del coco.

Padrino: El profesor e instructor del iniciado y el que dirige el asiento.

Pai de prenda: Palero, hombre que ha sido iniciado en el culto del palo.

Palero: Individuo iniciado en los misterios del culto de palo.

Palo: Culto africano basado en las creencias y prácticas mágicas de la tribu de Bantus, también conocidos como congos; hay dos caminos en el palo, palo monte y palo mayombe.

Papá Dios: Dios el padre.

Parada: Una de las partes importantes del asiento, cuando el santo u Orisha es coronado en la cabeza del iniciado.

Paraldo: Ebbó o sortilegio.

Patakí: Leyenda de los Orishas.

Pava: El gran sombrero de paja usado por el jíbaro puertorriqueño.

Pilón: El butaco donde el iniciado se sienta durante el asiento.

Plaza: Ofrenda de frutas y manjares tropicales para un Orisha.

Prenda: El nganga o calderón, donde el palero guarda sus secretos.

Prendición: Parte del asiento cuando el collar de mazo es deslizado por sorpresa alrededor del cuello de un iniciado.

Puerta: El cortador de caña principal en una cuadrilla de cortadores de caña.

Rayado: Alguien que ha sido "cortado" en Palo, cuando el iniciado recibe los cortes tribales de los Bantus en ciertas partes de su cuerpo.

Rayar: Ser "cortado" en palo.

Registro: Lectura con los caracoles, las cáscaras de coco, o el okuelé.

Rogación de cabeza: Purificación ritual de la cabeza del individuo, hecho con coco rayado, cascarilla, y manteca de cacao, entre otros ingredientes.

Santería: Culto latinoamericano basado en las religiones y prácticas mágicas de los Yorubas; la palabra significa adoración de los santos y acertadamente describe la práctica de religiones de la adoración de los Orishas, sincretizado como Santos Católicos.

Santero: Iniciado y practicante de Santería.

Santero mayor: Mayor entre los santeros.

Santo: Orisha Yoruba, sincretizado como Santo católico.

Santuario: Versión brasileña de Santería.

Setí: Pez diminuto, nativo de Puerto Rico, usado para preparar un plato tropical conocido como empanadas de setí.

Sopera: Usada para albergar los otanes.

Sureye: Invocación ceremonial a los Orishas.

Tabla de Ifá: Principal sistema de adivinación de Santería.

Talaca: Pobre.

Tambor: También una fiesta especial dedicada a un Orisha cuando los batá son tocados en honor de ese Orisha.

Toque de santo: Tambor.

Unsará: Desaparecer.

Yaguó: El iniciado durante y después del asiento.

Yemayá: Patrona de los mares de la maternidad; madre de catorce de los más importantes Orishas, incluyendo a Changó, sincretizada como Nuestra Señora de Regla.

Yerbero: Experto en yerbas.

Yeza: Marcas tribales del Yoruba.

Yoruba: Tribu nigeriana cuyos mitos y ritos son la base de Santería.

BIBLIOGRAFÍA

Ajisafa, A.K. *Laws and Customs of the Yoruba People*. London, 1924.

Aquinas, Thomas. *Summa Theologica* (T. Gilby, ed.). New York, 1969.

Babin, M.T. *Panorama de la Cultura Puertorriqueña*. New York, 1958.

Bass, R.H. *The Story of Natural Religion*. New York, 1963.

Bastide, R. *Les Religions Africaines au Brésil*. Paris, 1960.

Baxter, R. *The Certainty of the World of Spirits*. London, 1961.

Binder, V. et al. *Modern Therapies*. New York, 1976.

Blofeld, J. trans. *Zen Teaching of Huang Po*. New York, 1958.

————. *Zen Teaching of Hui Hai*. New York, 1962.

Blumber, M.F. *A History of Amulets*. Edinburgh, 1887.

Breger, L. *From Instinct to Identity*. New York, 1974.

Bromhall, T. *A Treatise of Specters*. London, 1658.

Burland, C.A. *Myths of Life and Death*. New York, 1974.

Buxton, T.F. *The African Slave Trade*. New York, 1893.

Cabrera, L. *Contes Négres de Cuba*. Paris, n.d.

————. *El Monte*. Miami, 1971.

Constant, A. *The Mysteries of Magic*. London, 1886.

Courlander, H. *Tales of Yoruba Gods and Heroes*. New York, 1973.

Dean, S.R. ed. *Psychiatry and Mysticism*. Chicago, 1979.

Dorsainvil, J.C. *Une Explication Philogique du Voudou*. Port-au-Prince, 1924.

Durant, W. *The Story of Philosophy*. New York, 1953.

Eliade, M. *Rites and Symbols of Initiation*. New York, 1958.

Farrow, C.S. *Faith, Fancies of Yoruba Paganism*. London, 1924.

Frazer, J. *The Golden Bough*. London, 1890.

Freud, S. *Totem and Taboo*. New York, 1952.

García Cortés, J. *El Santo (La Ocha)*. Miami, 1971.

Garrido, P. *Esotería y Febores Populares de Puerto Rico*. San Juan, 1942.

González-Wippler, M. *The Complete Book of Spells, Ceremonies & Magic*. St. Paul, 1988.

———. *A Kabbalah for the Modern World*. St. Paul, 1974.

———. *Santería: African Magic in Latin America*. New York, 1973.

Graves, R. *The White Goddess*. New York, 1948.

Gross-Louis, K. et al. *Literary Interpretations of Biblical Narratives*. New York, 1974.

Hascom, W.R. *The Yoruba of Southwestern Nigeria*. New York, 1969.

Hume, D. *A Treatise of Human Nature*. New York, reprinted 1967.

Hurston, Z. *Voodoo Gods*. London, 1939.

Iamblichus, *De Mysteriis*. London, reprinted 1968.

Idowu, E.B. *Oludomare: God in Yoruba Belief*. New York, 1963.

Johnson, S. *History of the Yorubas*. London, 1921.

Jonas, Sulfurino. *El Libro de San Cipriano*. Mexico, 1952.

Jung, C.G. *The Interpretation of Nature and the Psyche*. London, 1955.

———. *Man and His Symbols*. London, 1964.

———. *Mysterium Coniunctionis*. New York, 1963.

———. *The Structure and Dynamics of the Psyche*. New York, 1960.

Kant, I. *Critique of Pure Reason*. New York, 1965.

———. *Prolegomena to Any Future Metaphysics*. New York, 1967.

Klein, H.S. *Slavery in the Americas*. New York, 1946.

Lachetenere, R. *El Sistema Religioso de los Lucumís y Otras Influencias Africanas en Cuba*. Havana, 1940.

———. *Oh mío, Yemayá*. Manzanillo, Cuba. 1938.

Lévi-Strauss, C. *Totemism*. New York, 1963.

Leyel, C.F. *The Magic of Herbs*. New York, 1925.

Lucas, J.O. *The Religion of the Yorubas*. Lagos, 1948.

Magnus, Albertus. *The Book of Secrets*. London, circa 1860.

Maimonides. *Mishneh Torah* (P. Birnbaum, trans.). New York, 1974.

Malinowski, B. *Magic, Science and Religion*. New York, 1954.

Mead, M. *Coming of Age in Samoa*. New York, 1961.

Michaelis, S. *A Discourse of Spirits*. London, 1613.

Milburn, S. *Magic and Charms of the Ijebu Province*. London, 1932.

Montagu, A. *Man: His First Million Years*. New York, 1962.

———. *Man's Most Dangerous Myth: The Fallacy of Race*. New York, 1974.

Nietzsche, F. *Thus Spake Zarathustra*. New York, 1968.

Oba, Ecún. *Orisha*. Miami, 1987.

———. *Itá*. Miami, 1989.

Ortiz, F. *Brujos y Santeros*. Havana, 1938.

Paracelsus. *Selected Writings*. (Jacobi J, ed). New York, 1951.

Pierson, A.D. *Negroes in Brazil*. Chicago, 1942.

Plato. *Timaeus*. London, 1954.

Poll, S. *Ancient Thoughts in Modern Perspective*. New York, 1968.

Price, A.F. and Wong, M.S., trans. *The Diamond Sutra*. Colorado, 1969.

Progoff, I. trans. *The Cloud of Unknowing*. New York, 1957.

———. *Jung, Synchronicity and Human Destiny*. New York, 1973.

Ramos, A. *Introduão a Antropologia Brasileira*. Río de Janeiro, 1943.

———. *O Negro na Civilizacão Brasileira*. Río de Janeiro, 1956.

Reps, P. ed. *Zen Flesh, Zen Bones*. New York, n.d.

Rhine, J.B. *The Reach of the Mind*. London, 1948.

Rigaud, M. *Secrets of Voodoo*. New York, 1970.

Rogers, A.R. *Los Caracoles*. New York, 1973.

Rosario, J.C. and Carrion, J. *Problemas Sociales: El Negro en Haiti, Los Estados Unidos, Puerto Rico*. San Juan, 1940.

Russell, B. *Mysticism and Logic*. London, 1962.

———. *Wisdom of the West*. London, 1959.

St. Clair, D. *Drums and Candle*. New York, 1971.

Santayana, G. *The Life of Reason*. New York, 1970.

Schoeps, J.H. *The Jewish-Christian Argument*. New York, 1963.

Schopenhauer, A. *The World as Will and Idea*. New York, 1954.

Simpson, G.E. *Shango Cult in Trinidad*. San Juan, 1965.

Spinoza, B. *Ethics*. New York, 1959.

Teilhard de Chardin, P. *How I Believe*. New York, 1969.

Thoreau, H. *On Man and Nature*. New York, 1960.

Verger, P. *Dieux d'Afrique*. Paris, 1928.

———. *Flux et reflux de la traité de négres*. Paris, 1917.

Weyer, P. *Primitive Peoples Today*. New York, 1960.

Williams, J.J. *Voodoos and Obeahs: Phases of West Indies Witchcraft*. New York, 1933.

Wyndham, G. *Myths of Ife*. London, 1921.

ÍNDICE

LLEWELLYN ESPAÑOL

lecturas para la mente y el espíritu...

* Disponibles en Inglés

MANTÉNGASE EN CONTACTO...

Visítenos a través de Internet, o en su librería local,
donde encontrará más publicaciones sobre temas relacionados.

www.llewellynespanol.com

CORREO Y ENVÍO

- ✔ $5 por ordenes menores a $20.00
- ✔ $6 por ordenes mayores a $20.01
- ✔ No se cobra por ordenes mayores a $100.00
- ✔ En U.S.A. los envíos son a través de UPS. No se hacen envíos a Oficinas Postáles.
  Ordenes a Alaska, Hawai, Canadá, México y Puerto Rico se envían en 1ª clase.
  Ordenes Internacionales: *Envío aéreo*, agregue el precio igual de c/libro al total del valor ordenado más $5.00 por cada artículo diferente a libros (audiotapes, etc.).
  Envío terrestre, agregue $1.00 por artículo.

ORDENES POR TELÉFONO

- ✔ Mencione este número al hacer su pedido: 1-56718-335-2
- ✔ Llame gratis en los Estados Unidos y Canadá al teléfono: 1-877-LA-MAGIA.
  En Minnesota, al (651) 291-1970
- ✔ Aceptamos tarjetas de crédito: VISA, MasterCard y American Express.

OFERTAS ESPECIALES

- 20% de descuento para grupos de estudio. Deberá ordenar por lo menos cinco copias del mismo libro para obtener el descuento.

4-6 semanas para la entrega de cualquier artículo. Tarifas de correo pueden cambiar.

CATÁLOGO GRATIS

Ordene una copia de Llewellyn Español. Allí encontrará información detallada de todos
los libros en español en circulación y por publicarse. Se la enviaremos a vuelta de correo.

LLEWELLYN ESPAÑOL

2143 Wooddale Drive
Woodbury, MN 55125-2989
1-877-526-2442